新 道徳教育全集 ● 第2巻

諸外国の道徳教育の動向と展望

日本道徳教育学会全集編集委員会

柳沼　良太
行安　　茂
西野真由美
林　　泰成

● 編著

学文社

執　筆　者（執筆順，＊は編著者，（院）は大学院生）

押谷　由夫　武庫川女子大学大学院教授（刊行のことば）
＊柳沼　良太　岐阜大学大学院教育学研究科教授（はじめに，第1章，第16章）
＊行安　　茂　岡山大学名誉教授（第Ⅰ部概要，第9章，第10章，おわりに）
　吉田　杉子　お茶の水女子大学非常勤講師（第2章）
　梅本　　洋　早稲田大学文学部教授（第3章）
　嶋﨑　太一　長野工業高等専門学校講師（第4.1章）
　宮嶋　秀光　名城大学人間学部教授（第4.2章）
　渡邉　　満　広島文化学園大学人間健康学部教授（第5章，第28.1章）
　山邊　光宏　安田女子大学名誉教授（第6章）
　広岡　義之　神戸親和女子大学発達教育学部教授（第7章）
　髙宮　正貴　大阪体育大学教育学部准教授（第8章）
　諸富　祥彦　明治大学文学部教授（第11章）
　徳重　公美　姫路文学館学芸員（第12.1-12.2章）
　清水　真裕　元お茶の水女子大学大学院人間文化創成科学研究科（院）（第12.3章）
＊西野真由美　国立教育政策研究所総括研究官（第Ⅱ部概要，第13章，第19章，第23章，第28.2章，附録）
　大津　尚志　武庫川女子大学学校教育センター准教授（第14章）
　濱谷　佳奈　大阪樟蔭女子大学児童教育学部准教授（第15章）
　山田　美香　名古屋市立大学大学院人間文化研究科教授（第17章）
　関根　明伸　国士舘大学体育学部教授（第18章）
　中島　悠介　大阪大谷大学教育学部准教授（第20章）
＊林　　泰成　上越教育大学学長（第Ⅲ部概要，第21章）
　荒木　寿友　立命館大学大学院教職研究科教授（第22章）
　土屋　陽介　開智国際大学教育学部准教授（第24章）
　菊地かおり　筑波大学人間系助教（第25章）
　渡辺　弥生　法政大学文学部教授（第26章）
　滝　　　充　国立教育政策研究所名誉所員（第27章）

刊行のことば

日本道徳教育学会全集編集委員会（代表　押谷由夫）

　コロナ禍で，日々の生活がすっかり変わってしまいました。コロナ禍の世界的影響によって，今まで行われてきた社会改革や教育改革が何であったのかが，あらためて問われています。コロナ禍は，まさに全人類に，一人ひとりの生き方を直接問いかけています。これからの教育は大きく変わっていくことが予想されますが，その根幹には，人間としてどう生きるかを追い求める道徳教育が位置づくことは間違いありません。

道徳教育を国民的課題と捉え，総合的・実践的に考察し提言する

　文部科学省では，道徳教育の抜本的改善・充実について検討され，その核として 2015（平成 27）年に「特別の教科　道徳」が設置され，具体的な取組がなされています。日本道徳教育学会では，このような道徳教育改革を今後の道徳教育に大きな影響を与えるエポックメイキングな改革と捉え，4 年前より，学会の総力を結集して「新道徳教育全集」の構想を練り，検討を重ねてきました。道徳教育を国民的課題として，教育に関心をもつ多くの人々に読んでいただけるように，学会員以外の研究者や実践者にもご執筆をお願いし，総合的な視点から検討・分析しながらこれからの道徳教育を提言したいと考えました。そしてまとまったのが，『第 1 巻　道徳教育の変遷・展開・展望』『第 2 巻　諸外国の道徳教育の動向と展望』『第 3 巻　幼稚園，小学校における新しい道徳教育』『第 4 巻　中学校，高等学校，特別支援教育における新しい道徳教育』『第 5 巻　道徳教育を充実させる多様な支援―大学，教育委員会，家庭，社会における取組―』の 5 巻です。ちょうど原稿が揃いはじめたところに，コロナ禍が発生しました。

コロナ禍における道徳教育の影響

　そこで，確認したのが，このような時代においてこそ，真の道徳教育が求められるということです。2017 〜 2019 年度に連続して実施された全国規模の道

徳教育調査では，「道徳教育を重視している」学校が９割以上，「道徳の授業を全校体制で取り組んでいる」学校が95％以上，「先生方が道徳教育に熱心である」と答えた学校が７割以上でした。また，「道徳の授業を積み重ねると道徳性が高まる」に肯定的に答えた先生が９割以上でした。コロナ禍の中で，学校現場は大変だったと思います。いろいろな実態が報告され，さまざまな課題が指摘されています。しかし，私は，各学校が道徳教育の充実に取り組んでいただいていたために，混乱しつつもしっかりとした対応ができたのではないかと思うのです。

　道徳教育は，子どもたち一人ひとりが，人間としての自分らしい生き方をしっかり考え，日常生活やさまざまな学習活動の中で主体的に追い求め，自分を成長させていけるようになることを目的とします。その要としての「特別の教科　道徳」は，人間らしさの根幹にある道徳的価値意識を育み，その価値に照らして自分を見つめ直し，さまざまな状況下において多面的・多角的に考え，判断し，具体的な行動へと繋げていける力を育てることを目標としています。このような道徳教育が充実していれば，子どもたちは，コロナ禍という未曾有の状況においてのみならず，科学技術の驚異的発達による急激な社会の変化によるさまざまな課題も，むしろ自分が試されていると捉え，共に幸せに生きる生き方を，現実を直視しながら考え，新しい社会を創っていってくれるであろうと確信する次第です。

　それには，子どもたちにかかわる大人自身が，道徳教育について広い視野から学び，実態を把握し，確たる生き方をもち，具体的に実践していく必要があります。「新道徳教育全集」（全５巻）が，そのための道案内ができればと願います。

　執筆者の皆様には，このような思いを共有してご執筆いただきました。また，学文社の田中千津子社長と編集部の皆様には，厳しい出版状況にある中，本全集の意義をご理解くださり，全面的にご支援いただきました。上廣倫理財団からは助成をいただきました。お世話になりました皆様に心より感謝申し上げます。

はじめに

柳沼　良太

　「新道徳教育全集」の第2巻にあたる本巻は，諸外国の道徳教育の動向と展望について総合的に考察した書である。わが国の道徳教育と道徳科授業のあり方を根本的・俯瞰的に考える上では，諸外国の道徳教育と比較検討することが，きわめて重要になる。そうすることを通して，わが国の道徳教育・道徳授業を相対的に捉え直し，その独自性や課題を冷静に把握できると共に，その改善・充実策も具体的に見出せるからである。

　これまでわが国の道徳教育は，歴史的経緯を尊重するあまり過去の文教方針を踏襲する傾向が強かったといえよう。しかし，21世紀も20年以上が経ち，グローバル化や情報化が急速に進展し，価値観がますます多様化する今日の社会状況においては，道徳教育のあり方も，諸外国の道徳教育の理論や実践の動向を踏まえて，柔軟かつ適切に改革・改善していくことが望まれる。そうした趣旨で本巻では，それぞれの専門分野の研究者が結集して諸外国の道徳教育の理論・歴史・実践などについて解説し吟味すると共に，わが国の道徳教育のあり方についてもさまざまな提案・提言を行っている。

　本巻は3部構成になっており，第Ⅰ部では思想家ごとに「世界の道徳教育思想」，第Ⅱ部では国単位で「世界各国の道徳教育の動向」，第Ⅲ部では理論ごとに「道徳教育論の現代的潮流」を扱っている。思想家，国，理論によっては部の構成を超えて重複して取り上げるところもあるが，重要な道徳教育の理論や実践を多面的・重層的に検討しているとご理解いただきたい。

　Ⅰ部の「世界の道徳教育思想」では，世界の道徳教育の思想的源流から現代的思想まで根本的に検討している。ここでは古代から中世・近世を経て，近代・現代に至るまで，世界の道徳教育はどのように捉えられ，どのように実践されてきたかについて概観できる。ここでは思想家別に分類しており，欧米の教育思想としてソクラテスから，ホッブズ，シャフツベリ，スミス，ルソー，

カント，ペスタロッチー，シュプランガー，ボルノー，シュタイナー，ミル，グリーン，デューイ，ロジャーズ，コールバーグ，そして中国の儒教思想として孔子・孟子，朱子，王陽明までを取り上げている。こうした古今東西の道徳教育思想の根幹や普遍的原理を理解することで，これからのわが国の道徳教育の理論的な展望を見出すこともできるだろう。

　第Ⅱ部の「世界各国の道徳教育の動向」では，今日の諸外国における道徳教育の背景から現状や諸実践までを取り上げている。ここでは国別に分類しており，欧米（イギリス，フランス，ドイツ，アメリカ）をはじめ，東アジア（中国，韓国），東南アジア（シンガポール），イスラーム（アラブ首長国連邦）までを幅広く検討している。各章では，まず世界各国の学校制度と教育課程の特色を紹介し，次に学校における道徳教育の展開，道徳教育カリキュラムの実際，そして近年の動向と展望までを具体的に検討している。こうした世界各国のリアルな道徳教育の実際と比較することを通して，わが国の道徳教育と道徳授業を相対化して捉えると共に，その改善・改革のヒントも見出せるだろう。

　第Ⅲ部の「道徳教育論の現代的潮流」では，今日の世界で広まっている多様で質の高い道徳教育の潮流を検討している。わが国の従来の道徳授業は，画一的で実効性に乏しい点がしばしば指摘されてきたが，今日の世界を見渡せば，実に多種多様で効果的な道徳授業が盛んに展開されている。そのなかでも本書では代表的な理論として，ケアリング，道徳性心理学，徳倫理学，子どもの哲学（P4C），市民性教育，SEL（社会性と感情の学習），いじめ問題への取組，対話と議論の道徳教育を取り上げ，世界の道徳教育の現代的潮流を紹介すると共に，わが国の道徳教育・道徳授業への提言をしている。

　総じて，世界各国の道徳教育に関する歴史，思想・理論，実践，そして現代的潮流までを，これほど多種多様に取り上げ，学際的にアプローチしている書は，きわめて稀であろう。ぜひ本書で紹介・解説する諸外国の道徳教育の理論や実践について理解を深め，これからのわが国の道徳教育と道徳授業を多様かつ効果的に開発・展開する上でご活用いただければ幸甚である。

　令和3年1月29日

目　　次

第Ⅰ部　世界の道徳教育思想

第Ⅱ部　世界各国の道徳教育の動向

第 I 部

世界の道徳教育思想

概　要

行安　茂

　「世界の道徳教育思想」は第1章から第11章までの欧米の思想家と第12章の中国の思想家とから構成される。欧米の道徳教育思想は古代ギリシャの思想家（ソクラテス）から現代アメリカのコールバーグまでの15人の思想家がとりあげられる。ソクラテスは現代道徳教育の方法を考えるとき，その源流であるとみることができる。ソクラテスは対話を通した教育法を「助産術」と呼んだ。それは対話を通して無知を自覚させる知性の建設的方法であった。

　道徳教育は知性以外に道徳的感情に訴える部分がある。この点に注目したのが第2章のシャフツベリである。かれは道徳感覚を主張し，善悪はこの感覚によって判断されるという。スミスはこの感覚を発展させ，「公平な観察者」とよぶ。

　ルソーの『エミール』のなかで注目されるのは，かれが子どもの発達段階を「子ども期」と「青年期」とに分けたことである。ルソーは「青年期」以降の教育において道徳が中心的位置を占めるという。この時期において理性が確立されるとルソーはいう。理性の立場から道徳教育論を主張したのがカントである。人間は理性的存在であり，自律的に道徳法則にしたがう。カントは道徳を人間の道徳的完全性への不断の努力として考える。ペスタロッチーは孤児院の教師となり，かれらとの共同生活を通して道徳教育が行われるという。ペスタロッチーが「生活が陶冶する」というのはそのためである。

　シュプランガーは道徳を社会的道徳と個人的倫理とに類別する。両者は車の両輪にたとえられる。社会的道徳は慣習道徳であり，個人的倫理は良心に基づく高次の自己（最高の自我）である。個人的倫理は社会的道徳を批判し改善することによって個人と社会とを同一にする。シュプランガーは道徳教育の目的をこの同一化に置く。

　現代ドイツの教育思想家として注目されているのが第7章のボルノーとシュ

タイナーとである。両者に共通する点は徳論の内容である。それは教師あるい
は親と子どもとの間の「信頼」「感謝」「尊敬」である。子どもは信頼し，尊敬
する教師をもたなければ，子どもの成長は妨げられる。子どもから信頼され，
尊敬される教師がいなければ子どもの道徳的成長は期待されないとボルノーや
シュタイナーはいう。

　第8章ミル，第9章グリーン，第10章デューイの道徳教育思想は今まで見
てきたヨーロッパ大陸の思想家とは視点が違って道徳的行為はいかにして成立
するかという問題が検討される。イギリスにおいては第2章で見たように，道
徳的感情や欲求が中心テーマであった。ミルの功利主義の究極目的は幸福であ
った。幸福とは快楽であり，これを最大化する行為が善であるとミルはいう。
これに対してグリーンは，欲求は快楽を直接的に目的とするのではなくて，具
体的対象を欲求し，その実現によって自我は満足され，これが善であると主張
する。その根底には欲求，知性，意志の統一意識があり，これは自我とよばれ
る。デューイはグリーンの自我実現を発展させ，有機体と環境作用との相互作
用によって選択された行為が善であると主張する。行為は過去の反省と未来の
展望によって連続的に形成される。道徳は成長のプロセスとして考えられると
デューイは主張する。

　デューイ以降の道徳教育思想はロジャーズとコールバーグによって展開され
る。ロジャーズは「有機的価値づけ過程」を提唱する。この過程は成長と共に
分裂するが，これは，幼児の成長に見られるように，親や教師による共感的承
認によって解消するとロジャーズはいう。コールバーグは道徳性の認知発達理
論を提唱する。この理論は三水準，六段階から構成される。これらの段階にお
いては他律から自律への過程を慣習道徳への批判から超慣習的レベルへの移行
のなかで考えることが重要な点であるとされる。

　第12章「中国における道徳教育思想」の内容は孔子，孟子，朱子，王陽明
である。孔子は礼と仁とを重視する。礼の本質は仁であり，仁は親兄弟に対す
る思いやりである。孟子は孔子の教えを継承し，五倫説や性善説を説く。孟子
以降朱子学が発達する。その修養論（「居敬窮理」）は注目される。

第1章　ソクラテス

―――― 柳沼　良太

　西洋道徳教育の根源を考える上で鍵となる重要人物は，やはり古代ギリシャの哲学者ソクラテス（希語 Σωκράτης，英語 Socrates）であろう。彼は四聖人のひとりと数えられ，「人類の教師」と称されるほどであるが，それは彼が真理を根本的に追究すると共に，自他の魂を真摯に世話したからである。こうしたソクラテスは，「徳とは何か」「徳は教えられるか」という道徳教育上のテーマを生涯にわたって探究したことでも知られており，彼の思想や教育は西洋の哲学や教育（特に道徳教育）に大きな影響を及ぼしてきた。

　ただし，歴史上のソクラテスは自身の思想を体系づけているわけではなく，彼の思想も時期的に変容しているところがある。そこで，本章ではソクラテスが道徳についてどう考え，道徳教育はどうあるべきと考えていたのかについて，プラトン（希語 Πλάτων，英語 Plato）の対話篇に注目して時期的に吟味することにしたい。

第1節　道徳は教えられるか

1　徳とは何か

　ソクラテスは道徳や教育をどのように考えていたのか。それを知る上で先ず参考になるのが，プラトンの初期対話篇『メノン』である。ここでは青年メノンがソクラテスに人間の徳（アレテー）は人に教えられるのか，それとも生まれつきの素質によるのかを問うところから始まる（Πλάτων 1：70A，邦訳2012：22）。それに対して，ソクラテスは徳が何であるか知らないので，メノンの説を聞かせてほしいと頼む。そこで，メノンは「男の徳」は国事をよく処理

すること，「女の徳」は家事を上手にこなすことなどと答え，それぞれが成し
遂げるべき仕事に合わせて，一人ひとりの人間に応じた徳があると答える。

　これに対して，ソクラテスは個々の立場に応じてさまざまな徳があることは
認めつつも，それらは立場や時や場所によって異なることを指摘し，そうした
制約のある諸徳目ではなく，さまざまな徳に共通する相（本質的特性）は何か
を考えるのである。このように「いかにして徳は人々に備わるのか」を問う前
に，「徳はそれ自体として，いったい何であるか」を問い，単なる徳目（道徳
的諸価値）の理解ではなく，徳の本質的特性に目を向けたところにソクラテス
の斬新さと先見性がある。

2 徳は教えられるか

　この後，ソクラテスはこうした徳が教えられるかを考え出す。ソフィストは
道徳的諸価値を教えているが，彼らから徳を学んだはずの若者が社会的に堕落
することもある。そもそも言行一致した「徳のある人」をみつけることすら難
しいのに，「徳の教師」とよべる人がいるのか疑問をもっている。

　ここでソクラテスは観点を変えて，そもそも徳は（ソフィストがいうように）
知識として教えられるかに着目する。よき人間は徳をもつ有益な人間であるた
め，徳を有益なものと関連づけることができる。しかし，徳が有益であるため
には，正しく用いられる必要がある。さらに，ソクラテスは何かを正しく導く
ことができるのは，絶対的な「知識」だけか，それとも「正しい思わく」でも
よいかと問いかける。永続性や普遍性をもつ点で「知識」は単なる「思わく」
よりも価値をもつが，人間の行為を導き出すという結果だけでみれば，知識も
「正しい思わく」もそれほど違いはない。徳が教えられるとすれば，絶対的な
知識ではなく，「正しい思わく」かどうか吟味することになる。

　このようにソクラテスは，徳を個々の具体的な価値内容で安易に定義しよう
とはせず，抽象度の高い普遍的な徳の本質を探究しようとしている。また，徳
を絶対的な「知識」とみなすのではなく，「正しい思わく」として捉え，その
行為の結果や有益さから定義し直そうとする現実感覚ももち合わせている。

3 善悪と快苦

　以上の「徳は教えられるか」というテーマは，『プロタゴラス』でも語られている。ここでソクラテスは，当時「徳の教師」として著名なソフィストだったプロタゴラスと以下のように議論している。まず，ソクラテスは「徳は教えられない」という立場をとり，正義や節制や勇気などの徳が「知」として捉えることができれば，それらを教えることができると考える。一方，プロタゴラスは，「徳が教えられる」と主張して，道徳的諸価値とされる「正義」「節制」「敬虔」などは「徳」の一部であるとみなす。それに対して，ソクラテスはこの道徳的諸価値が「徳」の一部であれば，部分同士（たとえば正義と敬虔）で相反する関係になると反論し，実際はそれらが同じものか類似的なものではないかと指摘する。

　ソクラテスは徳と快苦を結びつけ，善を快，悪を苦と対応させる。ここでソクラテスは，人間の「幸せ」とは「快く生きる」ことであり，そのためにはその場かぎりの快苦に惑わされることなく，長い目でみて本当に快となることを選ぶべきであると主張する。つまり，ソクラテスのいう快とは，短期的で目先の下等な快（長期的には苦）ではなく，長期的によりよい生き方となる快なのである。そのため，目先の少ない「快」「善」に惑わされて後の多くの「善」「快」を捨てることがないように，秤にかけてより多い「快」「善」を選ぶべきだと考える。こうした判断をするためには正しい「知識」が必要になる（Πλάτων 2：356E，邦訳 2010：179）。

　また，プロタゴラスは諸徳のなかでも「勇気」だけは「知恵」がなくても成り立ちえると考える。それに対して，ソクラテスは「勇気」であっても「恐ろしい（悪い）事柄」を避け，「恐ろしくない（良い）事柄」へ向かうので，それを見分ける知恵と関連していると指摘する。ここでプロタゴラスもソクラテスに同意し降参することになる（Πλάτων 2：360E，邦訳 2010：195）。

　このようにソクラテスは，対話を通してよりよく生きることは（長期的な）快を伴うことであり，徳（善）と幸福（快）は，決して矛盾・対立するもので

はないことを示唆してくれる。こうした徳は，単なる道徳的価値の実践事例を示す程度では到底教えることはできないことも鋭く指摘しているのである。

第2節　対話を通した教育

1 助産術としての教育

　前節でみたように，ソクラテスは徳を具体的な徳目として具体例を示しながら教えることは難しいといいながらも，彼自身は若い頃から若者を相手に対話しながら徳の教育をしている様子もある。というのも，周知のようにソクラテスは，市中で若者と出会うと気楽に話しかけ，徳をテーマに語り合うことが多かったからである。彼は対話のなかで若者の言論をよく吟味し，そのなかに誤謬や矛盾があれば，議論の行き詰まり（アポリア）を示していく。若者はソクラテスとの対話のなかで自分の見解や価値観が思い込みに過ぎないことを自覚し，自らの無知を自覚し，真理を探究しようとするのである。

　こうした対話でソクラテスは，若者に知識（真理）を教えようとはせず，若者が対話を通して自ら真理を生み出せるよう支援するのである。こうした教育法をソクラテスは『テアイテトス』のなかで「助産術」とよんでいる。この点について，ソクラテスは，初めまるで無知と見える者でも，対話が進むにつれて驚くばかりに進歩して，自分で自分のなかに多くの美しいものを見出し生み出すという（Πλάτων 3, 150d, 邦訳 2019：63）。それゆえ，ソクラテスの対話は，一方的に知識を伝達する教化ではなく，あくまでも双方向的な交流を通した支援であった。

2 徳の教師とソクラテス

　ソクラテスは，あくまでも若者と対等な立場で対話しながら，一緒に真理探究する形をとっているが，若者が道徳的テーマの議論で行き詰まってしまうと，解決のヒントや示唆を適宜提示することはある。実際のところ，ソクラテスは若者よりはるかに抽象度の高い答えを知っていながら，それを知らないふ

りを装っているように思えるところもある。こうした表面を偽って卑下している
るような態度は，「ソクラテスの皮肉」とよばれることもあった。しかし，そ
れはソクラテスがあえて自分の意見は控えて，若者が自ら真理を生み出そうと
するのを尊重していたからである。この点についてソクラテスは『テアイテト
ス』において，神が自分には助産することだけを命じ，自分で生むことを禁止
していたと弁明している（Πλάτων 2, 150C，邦訳 2019：63）。

　そもそもソフィストのように「徳とはこういうものだ」と具体的に定義して
若者に教えたところで，それは徳に関する主観的な思わくや個別的な事例にす
ぎない。また，若者が徳（徳目）に関する言動を概念として覚えたとしても，
それで徳を体得したわけではないし，よい人間になれるわけでもない。

　それゆえ，ソクラテスはソフィストのように徳についての知識を伝達する教
育のあり方に疑問をもち，若者自身がよりよい生き方を求めて論理的に探究す
るのを支援（助産）することに徹したのである。

第3節　追求する愛と道徳教育

1　知を追求する愛

　ソクラテスはいつも「自分は何も知らない」といっていたが，『饗宴』のな
かで「エロスだけは知っている」と語っている。エロスというのは本来，積極
的に何かよいものを追求しようとする作用であるため，真理を追い求めるかぎ
り自分のなかにエロスを自覚できるという。それゆえ，ソクラテスは次のよう
にいう。「人はみなエロスを尊重しなければならぬ。そして私自身もエロスの
道を尊び，かつ特に熱心に練習しているし，また他人にもそれを勧告してい
る」（Πλάτων 4：212B，邦訳 2013：153）。さらに，ソクラテスは同書でディオ
ティマから聞いた話として，エロスとは「よいものを永遠に自分のものにする
ことを求め」（Πλάτων 4：207A，邦訳 2013：139），その発展過程において調和，
慈愛，恋愛，知識愛，友愛，無償の愛（アガペー）などの諸現象になっていく
という。このようにソクラテスのいうエロスとは，単に個人が何かよきものを

追求する愛だけを意味するのではなく，さまざまな愛の諸現象全体をも含む。それゆえ，彼にとって教育とは，自らエロスを尊重して，よいものを追求すると共に，他人が自らの愛に従って真理を見出しつつ，その愛を発展させるのを支援することでもあるのだ。

それでは，具体的に若者をどう教育すればよいか。ソクラテスは，まず教育者が若者に親愛の情をもつべきであると考える。若者は教育者に愛されることにより，自分以外の対象を愛する能力に目覚め，自ら愛を働かせるようになる。その愛は，まず尊敬と信頼の対象である自分の教育者へと向かい，それからその教育者が勧め，後には自分も心から求める真理へと向かっていく。

次に，教師は真理を正しく追求する「方法」をモデルとして示すことである。ソクラテスのように教師が真理を正しく追求する方法を対話のなかでいろいろ示すことができれば，若者は真理を追求する方法を実践的に学ぶことができ，その後は自力で真理を探究することができるようになる。

このように教師は，若者の潜在能力を尊重して信頼関係を築いた上で，若者の資質や知的レベルに合わせて対話をし，その時々で若者の論理（ロゴス）を吟味して，時にその探究方法を示してあげることが大切になるのである。

２ 無償の愛と道徳教育

初期のソクラテスは若者を相手に対話をしながら一種の道徳教育をしていたわけだが，後にデルフォイの神殿において巫女を通してカイレポンに「ソクラテス以上の知者はいない」という神託が授けられると，その真偽を確かめるために有名な知者たち（ソフィスト）と論争することになる。そうしたなかでソクラテスは，知者たちが何でも知っているかのように装うが，実は物事の本質をよくわかっていないことを明らかにする。彼自身は「自分が何も知らない」ことを自覚しているため，その分だけ賢明であることに気づき，それ以降，一般市民をも含めて誰もがよりよく生きられるように対話を通して啓発活動をするようになる。汝自身を知れというデルフォイの神殿に掲げられたソロンの言葉は，ソクラテスにとって謙虚に自己の内面を理解し，愛の諸現象を発現さ

せ，自他の魂に配慮すべきだという助言であり戒めの言でもあった。

　こうした論争や対話で用いられるのも，基本的に上述した助産術であった。ソクラテスとしては，誰もがよりよく生きられるよう対話を通して支援しようとしたわけだが，一般市民からすれば公開で自分の臆見を論破され辱められるだけに感じることもあった。これについてソクラテスも次のように弁明している。「人々は私がその助産術を心得ていることを知らない。そのため人々は私を奇妙な人間で，人々を悩ます人間であると言う」(Πλάτων 3：151C，邦訳 2019：66)。晩年のソクラテスの教育活動の活力源は，同胞（アテネの一般市民）への人道的な愛であり，神への愛にも通じる無償の愛（アガペー）であった。ただし，そうした無条件の愛であっても，彼の本意を理解しない一般市民のなかからは恨みや反感を買うこともあった。また，ソクラテスと対話した若者のなかには社会的な常識や因習を疑い，社会的な権力者に反抗する者もあらわれた。そのため，ソクラテスの対話（教育）に対する恨み・反感が高まり，若者への悪影響も問題視され，後に彼が裁判にかけられ死刑となる訴因ともなったのである。

第4節　真の徳の教師　ソクラテス

　以上の考察から，ソクラテスは知を追求する愛（エロス）に忠実になって真理を論理（ロゴス）により解明しようとする優れた哲学者であると共に，人びとと対話をしながら相手が真理を生み出したり，魂の世話をしたりするのを手伝う偉大な（道徳）教育者でもあることがわかる。

　哲学者としてのソクラテスは，「徳」を単なる道徳的諸価値と混同したり具体的な道徳的行為に還元したりすることなく，より普遍的で抽象度の高い「徳」概念として捉え直し，快苦のような現実的な臨場感と関連づけながら，よりよい生き方を徹底的に探究している。こうした人間の無知を深く自覚した上で，多様な現実的事象や幸福と関連づけて真摯に徳の原理や本質を追求しようとするソクラテスの態度は，今日の「徳倫理」に通じるところがあり，現代の道徳研究の指針にもなるだろう。

　また，教育者としてのソクラテスは，単に知識や道徳的諸価値を若者たちに教え伝えるのではなく，若者たちの魂を尊重して親愛に満ちた信頼関係を築いた上で，対話をしながら若者たちが自ら真理を生み出すのを助けている。このように若者が主体的に道徳的問題を考え判断することを尊重し，協働して徳や価値を探究し創出できるよう支援する指導方針は，「主体的・対話的で深い学び」を取り入れた道徳科の授業でも活用できるだろう。

　さらに，晩年デルフォイの神託をうけて回心した後のソクラテスは，若者のみならず一般市民を相手として，誰もが平等によりよく生きられるように対話を通して魂の世話をしている。そこでは，既にロゴスによる真理探究にも十分熟達したソクラテスが，愛（エロス）の発展形態である無償の愛（アガペー）によって公平な無私の精神で，一般市民向けに生涯学習を行っているともいえる。このようにソクラテスの対話は，生涯を通して自他の魂の世話をし，よりよき生き方を求め続ける教育活動なのである。

　こうしたソクラテスこそ「人類の徳の教師」とよばれるべきであり，彼の思想を西洋道徳教育の源流に位置づけることができる。古くて新しいテーマ「徳とは何か」「道徳をどう教育するか」を今日改めて考える上で，われわれはソクラテスの哲学と教育から学ぶべきことは甚大であるといえるだろう。

• 参考文献 •‥‥‥‥‥‥‥‥‥‥‥‥‥‥‥‥‥‥‥‥‥‥‥‥‥‥‥‥‥‥‥‥‥‥

Πλάτων1, Μένων（渡辺邦夫訳〔2012〕『メノン』光文社）

Πλάτων2, Πρωταγόρας（中澤務訳〔2010〕『プロタゴラス』光文社）

Πλάτων3, Θεαίτητος（渡辺邦夫訳〔2019〕『テアイテトス』光文社）

Πλάτων4, Συμπόσιον（中澤務訳〔2013〕『饗宴』光文社）

村井実（1972）『ソクラテスの思想と教育』玉川大学出版部

第2章 ホッブズ，シャフツベリ，スミス

————吉田　杉子

第1節　中世から近世へ―ホッブズからシャフツベリ―

中世社会においてその精神的基軸はカトリック教会であり，人びとはその価値体系に基づいて行為を選択していたが，そのような中世的封建社会の瓦解によりその基軸は失われた。外的拘束から解き放たれた人びとは，それぞれが欲望と行動力を有するものとして捉えられ，人びとは道徳的価値評価の基準を見出す努力を余儀なくされることになる。新興近代市民社会はそのような思想的問題を抱えてはじまるものである。

1　近世への流れ

この時期の思想的問題に対して，ホッブズ（Hobbes, T.）は理論的体系を与え，それは中世から近世へと移行する時代の流れのひとつの線引きになった。一般に，ホッブズの著書『リヴァイアサン』に描かれた利己的人間観は近代的人間観の原像であるといわれる。ホッブズは，人間の本来的性質を強固な自己保存に拠るものであるとし，主権の必要性を説く。ホッブズは自然権を立脚点として人間を捉え，自然権は自然法によって制限されるべきであり，「万人の万人に対する戦い」という状態を回避するために死の恐怖を以て市民法の遵守を迫る。しかし，ここでは以下の矛盾点が指摘される。それは，ホッブズにとって第一の善とは「生命の維持」であるにもかかわらず，そのために人びとは絶えず死の恐怖に脅かされるという点である。彼は伝統的人間観である人間のポリス的性質を意図的に拒否するところから始めている。ホッブズにおいて人間は孤立した存在として捉えられており，このような人間観は一面的であろう。

14

　イギリス道徳哲学—ここでいうイギリス道徳哲学とは，17世紀後半から18世紀にかけての多分にホッブズ的な問題意識を継承したそれである—がホッブズから引き継いだ課題とは，宗教的背景を欠いた状況のなかで人びとはいかにして人間の内部に規制原理を確立するかというものであり，それはまたどのような方法論を以て人間の内部に道徳の諸原理を見出すかということでもある。

2　シャフツベリ—思想の源流とその道徳思想—

　17世紀後半になると，ホッブズの無神論・機械論に批判を加えるかたちでケンブリッジ・プラトン学派（以下「学派」）は信仰と理性の調和をその基本理念に据えた人間の精神的あり方を提唱した。学派は，合理主義神学を打ち出し，自律的な行為の主体としての社会的・道徳的行為者という視点から人間存在にまなざしを向けた。通常イギリス道徳感覚学派の祖であるとされるシャフツベリ（Shaftesbury, A.A.C.）の思想の源流はそこにある。シャフツベリは，理性のみならず人間の感情という機能にも着眼したが，シャフツベリが常に，人間の精神を統べる位置に普遍的精神を想定する背後にはつよく学派の思想的影響がみとめられる。シャフツベリは，特定の宗教的枠組みを取り払い，理性を包括したともいえる感情（affection）の存在の可能性を示した。

　シャフツベリは，人間の自然的感情を社会的感情に置き，社会的感情へと促される独立した感覚として道徳感覚を捉えている。それは，徳の実現にとって重要であり，道徳感覚は個体を全体の善へと導く位置に置かれている。道徳感覚とは，善本来の価値に向けられる情念に基づいて不正や悪に対する本来的な反感や嫌悪感によって「感じとる」という性質を有する。また，これは行為に対して是認または否認の感情をもつことでもある。ここで留意すべきことは，シャフツベリは，気質と精神を以て感情のはたらきを捉えており，前者を主観的性質を有するもの，後者を客観的性質を有するものとしてカテゴリーを分けている点である。シャフツベリは道徳感覚のことをあらたな感情を引き起こす際に，その導き手となるセンスである，ともいっている。シャフツベリの説く感情は理性的側面を併せもつものであり，その意味でそれは理性の成熟の上に

なる高次の知的直覚であるといえる。また，道徳感覚は人間の内部に根付くものであるが，それはその根底において個人の意識を包括しつつ新たなる意識的存在へと昇華される段階をもつものであると考えられた。以下，道徳感覚のルーツについて簡単に触れる。

　シャフツベリが，世界を統べる位置に普遍的精神を想定しており，彼はこれのことを一者（One）ともよんでいる。これは，人生の証人かつ観察者であり，物理的に隔離された場所にあろうと，深遠な孤独のうちにあろうと，常にわれわれと共にある存在であるとされている。シャフツベリは，これは，宇宙におけるすべての事柄を詳細に認識し，人間の生活を検閲し，それに正当な価値評価をくだす位置にあるものとしている。また，彼は，この存在によって導かれる調和的秩序は人を感嘆させるという特徴をもつと考えるのであるが，この感覚は道徳感覚から伝達される快不快の作用に近いものであろう。

　しかし，シャフツベリの説く道徳感覚説は主観的性質が強く，続くアダム・スミス（Smith, A.）およびカント（Kant, I.）からも否定され道徳論としての成立をみることはなかった。すなわち，人間は，道徳感覚の快不快を通じて普遍的精神からの伝達を誤りなく現実の精神活動のレベルに引き下ろせる能力，換言すれば普遍的精神からの伝達を受け取る際に，個人が自分以外の人間と共通して所有すると考えられる客観的な精神的基盤を想定することは不可能であるという点が強く批判され，道徳感覚説は確固たる客観的基盤をもたないものとして論破された。しかし，シャフツベリは人間が固有に有する感情という機能に注目し，そこから遡って普遍的精神へと到達しえる可能性を示唆した。彼は，従来顧みられることの少なかった人間の感情という機能に新しい位置づけを与えた。その点は看過すべきではなく，これはひとつの近世的視点であると考えられる。

　シャフツベリの道徳感覚説はハチスン（Hutcheson, F.）に継承され体系化された。シャフツベリの道徳感覚説のなかで示されている観察者という概念はハチスンによって明確化されたといわれている。次に取り上げるスミスは，グラスゴー大学におけるハチスンの直接の教え子である。

第2節　スミス

『国富論』が公刊されるまで，スミスは道徳哲学者として知られていた。『道徳感情論』が大きな反響をよんだのは，「公平な観察者」(the impartial spectator) という概念によって，人間の利己的な行動や利他的な感情の発動の適正さをもとめようとしたことにある。これによって，利己心あるいは利他心は新しい位置づけをもつことになる。つまり，ある行為が利己的意思によって選び取られたとしても，それもまた公平な観察者の是認を得るべきものであり，むしろ，それによってこそ社会はその活発な運動を維持することができるとスミスはいっている。彼は，人間はまず第一に自分自身のことに配慮するように宿命づけられているとし，近代市民社会の人間関係の骨格の形成は，主として人間に内在する利己的意思の発動に基礎を置くものであり，利他的意思によって推進されるものではないと考えている。

1 公平な観察者

スミスの倫理思想は「公平な観察者」という事情に精通した理想的かつ中立的第三者が，その行為に「共感」(sympathy) し得るか否かという点に集約される。公平な観察者について，スミスは以下のように述べ，それと良心とは異なるものであることを示すのであるが，公平な観察者の裁き（スミスは道徳的価値評価の過程を裁判所に擬えている）の前に2つの裁判官を置いている。

第1審，そこにおける裁判官は現実の観察者であり他人の観察的な目である。しかし，生身の人間は多く貪欲で，利己的な受動的感情を有し，時として公平さに欠けるという制限をもつ。

第2審，この法廷の裁判官は理念的観察者すなわち良心の法廷であり，裁判官は「胸のうちなる理想の人」である。裁くものが同時に裁かれるものとなることにより，第1審の裁判官のもつ不公平性という制限を克服する。通常の解釈であれば，良心の前に人間は赤裸々に自己の弱さあるいは潔癖性などをさらけだし，ここにおいて正当な判断がなされると考えがちである。しかし，スミ

スはさらに上位の法廷を展開する。

　第3審，この法廷の裁判官は公平な観察者であり，その基本的性質は第2審の理念的スペクテイターである。しかし，スミスは公平なスペクテイターを「半神」(demigod) ともよび，その裁きの絶対性を否定する。そして，良心の拠り所をかたくなに固守することなく，第1審に赴いて地道に自らの正当性を主張することを人びとに促す。以下，その主張の背景について記述する。

2　共　　感

　公平な観察者の是認すなわち共感（スミスはこれを「道徳感情」ともよんでいる）を得ることについて次のように考えている。すなわち，スミスはシャフツベリの道徳感覚説は否定したが，共感というかたちで感覚的作用を最後まで切り捨てずに残したのは，人間の精神活動のなかには，理性的判断を主たる価値評価の基準としつつも，そのなかに感覚的要素が微かにみとめられる部分があると考えたからであろう。スミスは，その作用に人間の概念思考に満たない心理的状況を掬い上げることがあることを示し，また，そこには，中世の神の概念によって説かれていた人間の普遍的精神からの何らかの伝達がみられる可能性があることも同時に示唆した。しかし，それと同時に，スミスは共感によって引き出されるものは上述の伝達であるだけでなく，一方で，深く現実に根差した人間の集合的な精神活動からの伝達でもあるという点も視野に入れていたのである。

　スミスは人間の自己欺瞞という性向に気づいており，自己欺瞞は人間の致命的な弱点であるとしているが，この致命的弱点の克服法として，スミスは，人間は，他人の行動を絶え間なく観察することにより，無意識のうちに行為の選択の是非についての何らかの原則を自分のなかに打ち立てるようになるという点をあげている。

　その原則とは，道徳的な価値評価を，当事者と観察者が相互に関わり合いながら，両者の感情の一致を見出し，承認に至るというものである。そして，需要と供給の釣合が市場価格を自然価格として決定するように，感情の一致が適

正点として，当事者に道徳的価値評価を与え，また，観察者の主観性を超える一般的な妥当性を与えるというものである。

　総括すれば，人間は日常生活の営みのなかで共感に誘導されながら道徳の領域における一般原則を確認しようとつとめる存在であるという点において半神とよばれる公平な観察者と関係する存在である。公平な観察者は不完全であり，また，共感からの伝達を意識化する際における不完全性，それに加え共感には現時点の時代性または地域における共同体の共同感情に照らし合わせてその是認否認がなされるという面もある。そういった制約を免れることは不可能であることをも視野に入れ，スミスは第３審である公平な観察者の判断の絶対性を否定し，現実の観察者の発言を顧慮すべきであると述べるのである。

● 参考文献 ●...

Roberts, R. (2014) *How Adam Smith can change your life : An unexpected guide to human nature and happiness*, Penguin.（村井章子訳〔2016〕『スミス先生の道徳の授業』日本経済新聞出版社）

濱田義文（1991）「イギリス市民社会の倫理」日本倫理学会編『イギリス道徳哲学の諸問題と展開』慶應通信

星野勉（1986）「〈共感〉の倫理」小倉志祥編『近代革命期の倫理思想』以文社

山口（吉田）杉子（1998）「《道徳感覚》と《公平なスペクテイター》についての考察─近代市民社会成立期の個人の自律的行動原理についての一視点─」日本倫理学会編『倫理学年報』47：97-110

第3章 ルソー

———梅本　洋

第1節　『エミール』における3種類の道徳

　1712 年にスイスのジュネーブに生まれたルソー（Rousseau, J.-J.）は，後年フランスで活動することになってからも，「ジュネーブ市民（citoyen de Genéve）」を自らの肩書きとして用いることに終生強い誇りを抱き続けた。そのようなルソーが自らをフランス人と思っていたとは考えがたい。それゆえ，近代フランスを代表する道徳教育論者としてルソーを位置づけるのはルソーその人の気持ちにはそぐわないであろうが，本章では近代のフランス語圏を代表する思想家ということでルソーを取り上げ，最後にフランス革命後の動向にもごく簡単に触れることにしたい。

　以下では，ルソーによる古典的教育論『エミール』における道徳教育の問題について検討するが，『エミール』をもっぱら児童中心主義の新教育と結びつける一般的通俗的な受け止め方からすると，道徳教育との関連で『エミール』を論ずることには違和感があるかもしれない。発達段階説に基づく教育論『エミール』では，前半を占める第Ⅰ編～第Ⅲ編で子ども期の教育が扱われ，道徳の問題が本格的に論ぜられるのは青年期・成人期の教育が扱われる後半部の第Ⅳ編と第Ⅴ編においてであるが，同書はかなり大部な著作であり（岩波文庫版の邦訳書では上中下 3 冊合計で 1,500 ページほどもある），ピータースが「『エミール』を全編通読する人はまずいない」（Peters, 1981：15）と断じているように，多くの人は子ども期の教育を論じた前半部のみで同書の新教育的なイメージを形作っているのではなかろうか。しかし，道徳教育が大いに比重を増す『エミール』後半部に目を転ずれば，同書のイメージも大きく転換されるであろう。

『エミール』には，ルソーにとって重要な3種類の道徳が登場する。それらはまさに三者三様であり，相互に鋭く対立する側面さえみられるが，ルソーはそのいずれに対しても明確に肯定的な態度を示している。しかし，ルソーが『エミール』における道徳教育論に本格的な形で組み込んだのは，後述するようにこれら3つのうちのひとつに限定されているのである。

第2節　共同体に根ざした道徳─古代国家と『社会契約論』

ルソーはその著作でしばしば古代国家の題材を好んで取り上げている。『エミール』もその例外ではなく，たとえば，「自然人」と「社会人」（ないし「市民」）とを対比する文脈で，ルソーは，後者の例として三百人議会の議員に選出されるべく出向いていった古代スパルタ人パイダレートスをあげている。ルソーは，議員に選出されなかったパイダレートスが，そのことにいささかも落胆せず，スパルタが自分に勝る人間を300人擁していることにすっかり満悦したことを強調している。ルソーは，また，戦場に5人の息子たちを送ったあるスパルタの婦人の例もあげているが，この婦人の最大の関心事がわが子の安否ではなくてただただ自国軍の勝利にほかならなかったことにルソーは注目している（Rousseau, 1964：9-10，邦訳：上33-34）。ルソーが描き出す古代国家の人間（「社会人」）は，このように自分や自分の身内の私的利益には一切拘泥することがない。その行動原理も思考もさらには感性までもがことごとく古代国家という唯一の基準によって強力に統制されているからである。ここにみられるのは，個人の外部にある共同体に根ざした極端な形態の道徳にほかならない。ルソーは，個人を分子に，共同体を分母になぞらえて「社会人は分母によって価値が決まる分子にすぎない」（Rousseau, 1964：9，邦訳：上33）と述べている。

個人が自分や自分の身内の利益にこだわるのは人間として自然な傾向であるから，この傾向に完全に背反する上述の道徳は明らかに自然から逸脱している。これはルソーも認めるところで，「優れた社会制度とは，人間をこの上なく脱自然化することを心得た社会制度である」（Rousseau, 1964：9，邦訳：上33）とルソーは主張している。ルソーの見方に従えば，古代国家はこうした社

会制度によって力強く営まれていたのである。

　古代国家に対するルソーの基本的なスタンスについて2つの点を指摘することにしたい。第1は，ルソーが古代国家を限りなく理想化し，強い憧憬の対象としていたという点である。上にみたように，古代国家の道徳においては「分母」がすべてなのであるが，この「分母」はルソーによってはじめから理想化されているのである。このスタンスはルソーのユニークな歴史観にも色濃くあらわれている。啓蒙の世紀ともよばれる18世紀においては，コンドルセ（Condorcet,M.J.A.N.de C.）に代表される進歩史観が主流であったのとは対照的に，ルソーは，原始時代や古代を人類史の頂点に位置づける独特な歴史観を提示しており，「古代の暗黒と古代人の素朴さを通して，彼らの多くのうちに，きわめて偉大な徳，ことに彼らの純粋さのまちがいない兆しである習俗のきびしさ，誠実，歓待，正義がみとめられ」る（ルソー，1968：131-132）と手放しで賞賛している。ルソーが『エミール』のなかで古代スパルタ教育を高く評価していることも（Rousseau，1964：120,168，邦訳：上247，338），何ら驚くには当たらないのである。

　第2は，こうした古代国家はルソーにとって，もはや永久に失われた過去に属しており，回復は不可能であるという点である。ルソーは教育を公共教育と私教育に二分しているが，ルソーのいう公共教育はただ古代国家においてのみ可能であったにすぎないと主張している。「公共教育はもはや存在しないし，存在することもできない」（Rousseau，1964：10，邦訳：上35）と考えざるをえなかったルソーが『エミール』で提示したのは私教育の構想であり，そこに理想化された古代国家の道徳が本格的に組み込まれることはありえなかったのである。

　回復不可能な失われた古代から目を転じて，次に，未来を志向していると思われる『社会契約論』に注目することにしたい。ルソーの著作のなかでもっとも有名であると思われる『社会契約論』が刊行されたのと同じ年の1762年に『エミール』も刊行されており，両者には浅からぬ関係が認められる。『エミール』第V編には『社会契約論』の要約がかなりの紙幅を費やして提示されている（Rousseau，1964：585-596，邦訳：下296-315）ことからも，それがわかる。こ

こで注目されるのは，その『社会契約論』の内容が根本的に道徳的な性格を有
しているという点である。それは，ルソーが，社会契約の要である「一般意志
は，つねに正しく，つねに公の利益を目ざす」(Rousseau, 1975：252，邦訳：46)
と主張し，社会契約が人間の「行為において本能を正義におきかえ，以前には
欠けていた道徳性をその活動に与える」(Rousseau, 1975：246，邦訳：36) と述
べていることなどからはっきりと読みとることができる。

　それでは，『エミール』の道徳教育論はこうした社会契約的な道徳性を基軸
に据えて構想されているのであろうか。『エミール』における教育によって人
間は道徳的主体として形成され，その道徳的主体が社会契約に参加することに
よって近代的な民主的政治体制を実現するに至るといった道筋をつい思い描い
てみたくなるかもしれない。しかし，ルソーがそのような道筋を考えていた形
跡はまったく認められないのである。『エミール』第Ⅴ編における『社会契約
論』の位置づけについて透徹した考察を行っているトドロフによれば，すでに
成人となったエミールにとって『社会契約論』の内容は現実の政治体制につい
て検討を加えるための尺度を提供するものにほかならず，「それは行動計画で
はなく分析の道具なので」ある（トドロフ，1988：136）。

　さらにそれを裏づける傍証を付け加えることにしたい。一般にはほとんど知
られていないが，実は『エミール』にはルソーが書いた『エミールとソフィー
または孤独な人たち（Émile et Sophie ou les Solitaires）』という続編（未完）があ
る。この続編は，完璧な教育をうけたエミールが自分にふさわしい女性ソフィ
ーとの結婚後にどのような人生を送ることになったのかを，かつての教師にエ
ミール自身が報告した手紙という形式で書かれている（ルソー，1979：471-
528）。そのロマネスクな内容は，一見したところ驚くようなものである。

　「孤児」であるエミールは結婚後，田園にある妻ソフィーの実家にはいり，
夫婦の間にはやがて１男１女の子どもができる。エミールは義理の両親共々3
世代で暮らすが，やがて嵐のような苦難が次々と一家に襲いかかるようにな
る。まず義理の両親が亡くなり，続いてまだ幼い娘も亡くなってしまう。愛す
る両親や娘の思い出に満ちた土地で暮らし続けることに耐えることができない

妻ソフィーの様子を見かねたエミールは，ソフィーと息子を連れてパリに転居する。ところが悪徳の渦巻くこの大都会で妻のソフィーがあろうことか不倫事件に巻き込まれてしまい，夫エミール以外の男性の子どもを妊娠するに至って，ソフィーとの婚姻関係が破局を迎えたことを悟ったエミールは放浪の一人旅に出る。やがて地中海航路の船に乗ったエミールは，悪徳船長の陰謀によって他の乗客と共に北アフリカで奴隷として売り飛ばされてしまう。奴隷の身に転落したエミールは，やがて理不尽な現場監督のもとに配属され仲間の奴隷ともども生命の危機に直面する。エミールは仲間を組織し決死のストライキを敢行してレジスタンスを展開したところ，その手腕の見事さが評判となり，図らずも土地の権力者に行政官として取り立てられるが，その後その地位を辞することになる……。続編にはおよそこのような内容が展開されているのであるが，そこには『社会契約論』的な方向性は微塵も感じとることができない。

第3節　個人に根ざした道徳─教育的人間像としての有徳人

　一般に小説形式の教育論といわれている『エミール』は，小説にしては物語的な記述がかなり希薄ではあるものの，ひとりの教師がひとりの生徒エミールを生まれたときから25年間つきっきりで教育するという一貫した形で内容が展開されている。ルソーは，生徒エミールを「孤児」として設定し，この設定を非常に重視しているのであるが，その真意は何なのであろうか。教育論の枠組のなかでエミールをことさらに「孤児」として設定するということは，エミールの教育に関する限り実質的に両親をとり去るということであるが，実のところ，話は決してそれだけにはとどまらない。エミールを「孤児」として設定するということは，さらに，両親が属している社会階層，その社会階層のあり方を規定している国家体制といったものが，少なくともエミールの教育に関する限りことごとく効力を失うということをも意味しているからである。

　ルソーがこうした設定に強くこだわったのは，現実の世の中では社会的な身分や地位が個々人の教育のあり方を決定づけていることに対して強烈な批判的スタンスをとったためである。世の中にはさまざまな身分や地位があって，貴

族の子は貴族に，平民の子は平民にというように，たまたま生まれ落ちてきた
身分や地位にふさわしい人間になるように教育が施されている。これが世の習
いである。身分制の束縛が強かったルソーの時代ならぬ21世紀の日本にあっ
ても，たとえば，代々病院を経営している医者の家に生まれてきた一人っ子で
あれば，親の跡継ぎになることが当然とされ，医学部に進学する以外の進路は
許されないといったことは少なからずみられることである。社会的な身分や地
位さらにはそれに付随する職業といったものは，ルソーが構想するエミールの
教育にとってはいわば不純物以外の何ものでもなかったのであり，そうした不
純物による制約，さらにいえば特定の時代や国家による制約を超えた次元に立
脚するという意味で，ルソーは，普遍的な教育のあり方を『エミール』で探究
しようとしたのであった。「私の生徒を将来，軍人にしようと僧侶にしようと
法律家にしようと，それは私にはどうでもいいことだ。（中略）生きること，
それが私の生徒に教えたいと思う職業だ」と述べたうえで，ルソーは，生徒エ
ミールを「抽象的人間」とさえよんでいる（Rousseau，1964：12，邦訳：上38，
39）。それは，特定の時代における特定の国家や社会を何ら前提としない個人
なのであって，モーリのいうように「ルソーにとって教育とは個人の教育なの
である」（Maury，1999：71）。それでは，そうした普遍的な次元における教育の
基盤として，ルソーは，何に着目しているのであろうか。それは，ルソー流の
いい方をすれば，人間における成長発達の「自然の歩み」ということになる
が，それを今日の教育学や心理学の用語に翻訳すると発達段階ということにな
る。『エミール』は，発達段階説に基づく教育論の典型である。

　道徳教育との関連で特に注目すべきは，理性に関するルソーの主張である。
諸々の学問的真理や宗教の教えなどとならんで道徳を学びそれを自らの血肉と
なしうるためには，理性の働きが確立されていなければならないことを繰り返
し主張するルソーが強調してやまないのは，「人間のすべての能力のうち，理
性は（中略）もっとも困難な道をたどってもっとも遅く発達する能力である」
（Rousseau，1964：76，邦訳：上160）という論点である。『エミール』における発
達段階は，理性以前（子ども期）と理性以後（青年期・成人期）とに大きく二分

されると考えてよいであろう。理性以前の発達段階に対応する教育形態が有名
な消極教育である。消極教育は「徳や真理を教えることにではなく，心を悪習
から精神を誤謬から守ることにある」(Rousseau, 1964：83，邦訳：上171)とル
ソーが述べているように，理性以前の子ども期の教育は，本格的な道徳教育と
してではなく，その前提条件を整える教育として位置づけられている。

　「理性だけが私たちに善悪を知ることを教える。それゆえ，私たちに善を好
ませ悪を憎ませる良心は理性から独立したものであるとはいえ理性なしには発
達しえない」(Rousseau, 1964：48，邦訳：上103)とルソーはいうのであるが，
その理性の働きが確立されるのはルソーによれば青年期であり，青年期以降エ
ミールの教育は積極教育に転換される。それに呼応して精神的世界が大規模に
拡張され，新たな次元がエミールに対して次々に開示されてゆくようになる。
子ども期の発達段階にあって生徒の「感受性が自分自身に限定されている限
り，彼の行動には道徳的なものは何もない。感受性が自分の外へ広がり始める
とき，彼はまず善悪の感情を次いでその観念をもつようになり，それらが彼を
真に人間として形成し人類を構成する一員とするのである」(Rousseau, 1964：
257，邦訳：中29)というルソーの指摘は，青年期以降の教育においては道徳が
中心に位置づけられることを端的に示している。

　こうして発達段階を順次踏まえつつ展開してゆくエミールの教育が，最終的
に目指しているものは何なのであろうか。エミールの教育の最終的な到達点を
示す人間像を，ルソーは「有徳人 (l'homme vertueux)」とよんでいる。『エミー
ル』第V編における有徳人に関する内容展開は，この教育論全体のクライマッ
クスというべきものであり，そこにおいてルソーは，エミールの教師に次のよ
うに語らせている。「有徳人とは何か。それは，自分の情愛を支配するすべを
心得た人だ。そうすればその人は自分の理性と自分の良心に従うからだ。その
人は自分の義務を果たす」(Rousseau, 1964：567，邦訳：下256)。そうした有徳
人とは，きわめて強固な自律的存在にほかならない。有徳人の強さについてル
ソーは以下のように説いている。「徳という言葉は，力という言葉から来てい
る。力はあらゆる徳の基なのだ。徳は，その本性からすれば弱いがその意志に

よって強固である存在にのみ見られるのだ。正しい人間の美点は，ただこのことの内にだけあるのだ」（Rousseau, 1964：567，邦訳：下255）。

　有徳人に関するこうした抽象的議論をただ並べたてるだけでは，単なる「長たらしい道徳訓」（Rousseau, 1964：568，邦訳：下259）に終わってしまうのが落ちであろう。しかし，ルソーは有徳人に向けてのエミールの道徳教育が劇的な効果を発揮するように周到な設定を行っているのである。人は2度生まれるとルソーはいう。「1度目は人間として，2度目は男か女として」（Rousseau, 1964：245，邦訳：中5）。それゆえ，理性の働きが確立される青年期以降は性的次元と不可分であり，『エミール』第Ⅴ編に至ってエミールの結婚相手となる女性ソフィーが登場する。やがてエミールはソフィーへの恋愛感情を急速に強めてゆく。教師の計算通りである。有徳人に向けての教育がエミールに施されるのは，まさにその恋愛感情が激しく高まったときにほかならない。この潮時を捉えて教師は，いきなりエミールに向かってソフィーが急死したかのような演出を行うのであるが，これは教師の教えにエミールを集中させるための考え抜かれた方略である。すっかり取り乱してしまったエミールに教師はソフィーが無事であることを告げて安心させてから，有徳人について語るのである。そのなかには次の言葉が含まれている。「君は今初めて情念を感じている。それは，君にふさわしい唯一の情念だろう。君が人間としてその情念を支配することができれば，それは最後の情念となるだろう。君は他のすべての情念を押さえつけて，徳への情熱だけに従うことになるだろう」（Rousseau, 1964：567，邦訳：下257）。人間としての自らの未熟さを完膚なきまでに思い知らされたエミールは，この後断腸の思いでいったんソフィーと離別し，教師とともに各国を視察する2年間の旅に出ることになる。前節で取り上げた『エミール』続編では，実人生の荒波や苛酷な運命にも押しつぶされずに最後まで果敢に生き抜こうとする強固な人間（決して絶望したり自殺を考えたりしない人間）としてエミールが描かれているが，それはまさしく有徳人の教えを体現しているのである。

　こうした有徳人を志向する道徳教育は，アパテイアの理想を掲げる古代のストア派の倫理思想と通底している。ペレは「ストア哲学は，何一つ予見しえな

い移ろいゆくばかりの世界において教育がもつ可能性を考えるために，ルソーの教育論的思索が依拠した基盤を形作っている」（Pérez, 2013：282）と述べているが，そうした捉え方には確かにもっともなところがある。しかし，『エミール』においてルソーが提示している，個人に根ざした道徳にはきわめて近代的な要因が認められるのも事実であり，その点を見失ってはならないであろう。ルソーは『エミール』第Ⅳ編の「サヴォアの助任司祭の信仰告白」のなかで自らの自然宗教を論じているが，そこにおいてサヴォアの助任司祭の口を借りる形でルソーは，人間の「心の根底には正義と徳の生得的原理」があるといい，さらに「この原理にこそ私は良心という名を与える」（Rousseau, 1964：352, 邦訳：中218-219）と述べている。その上でルソーは，良心を「神的本能」，「善と悪との不可謬の判定者」とよびつつ，その良心が「人間を神と同じような者にする」（Rousseau, 1964：354-355, 邦訳：中223-224）とまで主張している。ルソーの自然宗教は，人間ではなくて神を中心に位置づける伝統的なユダヤ・キリスト教有神論とはおよそ異質なものであるが，人間の良心に関するルソーの以上のような主張をみれば，その道徳観が，神に対して人間の地位が限りなく上昇しついには人間の自己神化に至り着く西洋近代のヒューマニズム（人間中心主義）と軌を一にしていることが看取できるであろう。

第4節　フランス革命後の動向

　ルソーは18世紀のフランス社会を覆っていた閉塞状況を見据えて「我々は危機の状態と革命の世紀に近づいている」（Rousseau, 1964：224, 邦訳：上449）と断言し，来るべきフランス革命を予言していた。ルソーの没後11年の1789年，果たしてフランス革命が勃発する。それまで教育界を牛耳ってきたカトリック勢力を教育界から一掃した革命政権のもとで，新たに樹立すべき公教育に関する多くの構想が議会に提示されている。道徳教育との関連においては，それらの構想は大きく二分される。ひとつは，「公権力は，知育のみを規定することとし，残余の教育はこれを家庭に委ねるべきである」（コンドルセ, 1962：36）と主張するコンドルセのように道徳を公教育の埒外の私的領域に位

置づける構想であり，もうひとつは，ロム（Romme,G.）のように「公教育は，
道徳教育（中略）に属するすべてのことを，ふくんでいるべきだ」（タレイラン
ほか，1972：73）と主張して道徳教育を公教育に積極的にとりこむ構想である。

　しかし，これらの公教育の構想とはおよそかけ離れた次元で現実の政治は展開
してゆき，共和制から帝政を経て王政復古の後，ふたたび共和制から帝政へと変
遷して，ようやく1870年に至って第三共和制が成立する。これをうけて，義務
制・無償制・世俗制を謳った初等学校の制度化がフェリー（Ferry,J.）によって
1882年に完成されるのである。『教育学辞典（*Dictionnaire de pédagogie*）』の編者
として知られ，フェリーのもとで教育行政にも尽力したビュイッソン（Buisson,F.）
の後任として1902年にソルボンヌ教授に就任したデュルケム（Durkeim,É.）
は，その『道徳教育論（*L'éducation morale*）』で「純粋に世俗的な道徳教育」
（デュルケム，1964：36）を追究しているが，その世俗性は今日のフランスにお
ける公教育でも重視されているライシテ（laïcité）の精神に連なるものである。

● **参考文献** ●‥‥‥

　Maury, L. (1999) *L'enseignement de la morale*. Que sais-je ? PUF.

　Pérez, V. (2013) "Le gouverneur, le philosophe et l'enfant: trois figures du temps
　　stoïcien dans *Émile ou de l'éducation*," A. -M. Drouin-Hans, et al. (sous la dir.
　　de), *L'Émile de Rousseau : regards d'aujourd'hui*, Hermann: 273-282.

　Peters, R.S. (1981) *Essays on Educators*, G. Allen & Unwin.

　Rousseau, J.-J. (1964) *Émile ou de l'éducation*, Garnier.（今野一雄訳〔2001〕『エミ
　　ール（上）（中）（下）』〔改訂版〕岩波文庫）

　Rousseau, J.-J. (1975) *Du contrat social et autres œuvres*, Garnier.（桑原武夫・前川
　　貞次郎訳〔1954〕『社会契約論』岩波文庫）

　コンドルセ, M.J.A.N.de C. 著，松島鈞訳（1962）『公教育の原理』明治図書

　タレイラン, C.M.de ほか著，志村鏡一郎訳（1972）『フランス革命期の教育改革構
　　想』明治図書

　デュルケム, É. 著，麻生誠・山村健訳（1964）『道徳教育論1』明治図書

　トドロフ, T. 著，及川馥訳（1988）『はかない幸福―ルソー』法政大学出版局

　ルソー, J.-J. 著，前川貞次郎訳（1968）『学問芸術論』岩波文庫

　ルソー, J.-J. 著，西川長夫ほか訳（1979）『ルソー全集　第八巻』白水社

第4章　カント

第1節　人間性への問い

―――嶋﨑　太一

1 カントにおける「人間」

　18世紀東プロイセンのケーニヒスベルク（現在のカリーニングラード）の哲学者イマヌエル・カント（Kant,I.）は，われわれの理性のあらゆる関心は次の3つの問いにまとめられるのだという（A 805/B 833，邦訳：6：89）。「私は何を知りうるか？」「私は何をなすべきか？」「私は何を望んでよいか？」である。そして，これら3つの問いは最後の問い「人間とは何か」に関係づけられるのだといわれている（IX 25，邦訳：17：34-35）。カントの批判哲学は，まさに人間であるこの「私」とはいかなる存在なのかという人間存在への問いでもあった。

　カントは『純粋理性批判』において認識する主観としての人間の能力を検討した。カントの認識論において，認識主観たる人間は2つの観点から捉えられる。カントによれば，経験に先立つ意識の統一である超越論的統覚は，時間の流れのなかにある経験的な自己意識（経験的統覚，内的感官）とは区別されなければならない（B 139，邦訳：4：210）。

　カントは，この自己意識の統一を「人格」とよぶ。『実用的見地における人間学』では，この「人格」こそ人間を他の動物から区別し，人間に「尊厳」をもたせるものだと語られている（VII 127，邦訳：15：23）。こうした人格主義は，実践哲学においてさらに展開されることになる。

2 実践哲学における人格

「私は何をなすべきか」という問いは，いかなる行為が道徳的かという問い
に言い換えることができる。カントによれば実践理性によりわれわれの意志が
自らを規定し，自己自身に対して普遍的道徳法則を立法していること，すなわ
ち意志の自律こそが道徳性の原理たりうる（V 33，邦訳：7：169）。誰もが幸福
を求めるだろう。しかし，幸福であることを根拠として自己を規定すること
は，他律的な原理である（V 34，邦訳：7：171）。カントは，幸福であることが
重要なのではなく，「幸福に値すること」が重要なのだという（A 806/B 834，
邦訳：6：90）。実践理性は，命令法の形でわれわれに行為を命令する。それは，
常に普遍的に成り立つ定言命法でなければならない（V 41，邦訳：7：182）。定
言命法とは，端的に「〜せよ」と命ずる。それに対して，「もし……なら，〜
せよ」という条件付きの命令を仮言命法という。幸福になるということを行為
の根拠とするなら，それは仮言命法にならざるをえない。定言命法は普遍的立
法であるがゆえに，道徳法則でありうる。

　人間は理性的存在者として自律的に道徳法則にしたがう。カントはこうした
在り方を「自由（実践的自由）」とよんだ。しかし，神ならぬ人間は感性的に衝
き動かされる存在でもある。実はカントの人格概念は鋭くこの人間の両義性を
反映させている。感性界にも属する存在である人格は，そのうちに英知的で自
由な人格性（人間性）[1]を含む（V 87，邦訳：7：249）。カントは人格性（人間性）
という概念を設定することによって，人間の在り方（人格）のうちに道徳性の
根拠となる性質を見出すのである。この人間性をもった人格こそ，道徳法則の
主体である。それゆえ人間は，単なる物のように手段として用いられてはなら
ない。そこで，定言命法の有名な定式，「汝の人格の中にも他のすべての人の
人格の中にもある人間性を，汝が常に同時に目的として用い，決して単に手段
として用いることのないよう行為せよ」（IV 429，邦訳：7：65）が導かれる。

　では，こうした道徳的な人格性（人間性）はいかにして形成されうるのか。

❸ カントの教育学における人間性の完成

　カントのケーニヒスベルク大学での講義をリンク（Rink,F.T.）が編集したの
が『教育学』という書物である[2]。そこでカントは「人間性の完成」（IX 444，邦
訳：17：222）を教育の目的に据える。カントによれば「人間は教育によっては
じめて人間になることができる」（IX 443，邦訳：17：221）。カントは，人間と
動物とに共通する子の「養育」を意味する自然的教育に対し，「人格性のため
の教育」（IX 455，邦訳：17：241）を実践的教育とよぶ。

　カントは，「人間性の完成」，すなわち人間を道徳的な完全性へと向かわせる
不断の営みとして教育を捉える。個人としての人間が完全性へと達することは
ない。むしろ人類全体として人間性が完全性へと向かって発展し続けることが
求められるのである。

　こうした人間性の完成に向けた陶冶の方法としてカントは，道徳的問答法
（ソクラテス的問答法）[3]を提唱する。ここでカントは，問答法と対話法を区別す
る。対話法は，教師と生徒とが互いに問い，かつ応答するというプロセスを踏
む。それに対して問答法においては，問うのはあくまで教師であり，生徒は常
に応答する側である。カントがこの問答法の方を支持するのは，「生徒は，自
分がいかに問うべきかをすら心得ていない」（VI 479，邦訳：11：372）からであ
る。

　あるいはこのことは，奇妙なことと思われるかもしれない。カントは，対話
法が問いを悟性へと向けるのに対し，問答法は問いを単に記憶へと向けるもの
であり，問答法はただ「経験的，記述的な認識」にのみ妥当すると指摘してい
る（IX 150，邦訳：17：207）からである。道徳において意志の自律を重視した
カントが，なぜ狭義の単なる記憶を要求する問答法を道徳教育の方法として採
用したのだろうか。

　実はこの点にカントの道徳教育方法論の独自性をみてとることができる。カ
ントの道徳的問答法は，記述的な問答法とは内実を異にしており，生徒の主体
的な思考を促すものですらあったように思われる。カントは，宗教的問答法と

道徳的問答法とを混同してはならないこと（VI 484，邦訳：11：379），むしろ宗教的問答法に道徳的問答法を先行させなければならないこと（VI 478，邦訳：11：372）を主張する。ここでカントが宗教的問答法とよぶのは，宗教的教義を問答の形で定式化し，それを暗唱することを求める宗教教育の方法である。ここで念頭に置かれているのは，ルターによる問答書である（Surprenant, 2014：81）。カントはこうした形式的な問答法によって道徳教育がなされるとは考えない。カントによれば道徳的問答法は「普通の人間理性から展開されうる」（VI 479，邦訳：11：372）。道徳的問答法は，子どもとの問答を通して，義務についての子ども自身の理性認識を引き出すことを目指す。自律的に道徳的行為を行う意志をもつ道徳的人格を完成させるための新たな問答法こそ，カントが道徳教育の方法として考えたものであったのである。

　最後に，近年研究が進みつつあるカントの最晩年の遺稿『オプス・ポストゥムム』に触れておこう。そこでは，超越論哲学の対象として，神，世界，人間という三者が置かれる。ここでいう「人間」とは，感性的なこの世界に住まう者でありつつ，道徳的存在としてこの世界と神とを統一するという役割を担う存在である（XXI 27）。フーコー（Foucault, M.）が示唆するように，カントのこうした言明を，「人間とは何か」という問いへのひとつの応答とみなすことができる（フーコー，2010：93）。カントは常に人間を両義的な存在とみなし，神のごとき道徳的完全性へと無限に近づいてゆく道徳的進歩を人類の課題としていた。カントの道徳教育論は，まさに人間性の完成への道標を示したものだったのである。

第2節　世界市民の共同による道徳の具体化

————宮嶋　秀光

　前節でみた通り，カント倫理学の核心は，普遍的立法としての道徳法則にある。しかし，その倫理説がしばしば「形式主義」と特徴づけられるように，道徳法則は普遍的であるがゆえに抽象的でもある。それは，市井に生きるわれわれのなかでいかに具体化されるのであろうか。この点について，本節では，第

1節で取り上げられた『教育学』に加え，もうひとつ別の面からも検討してみよう。

1 道徳法則に立脚する厳粛主義

　一般にカントの倫理説は，「厳粛主義（リゴリズム）」とも形容されるが，それは，彼が『実践理性批判』で示しているように，道徳的行為を規定する根拠として，「その実現が欲求される対象」のすべてを否定するからである（V 21，邦訳：7：149）。ここにいう「対象」には，快・不快や感性的な欲求の対象はもとより，われわれが日常的に達成したいと思い浮かべる目的も含まれている。

　一般に人間は，行為の動機となる雑多な欲求をもっているため，正しい行為の遂行のためには，自らに向けた要請である「命法」が必要になる。その際，第1節で示したように，「命法」には「仮言命法」と「定言命法」という2種類のものがある。前者では，一定の目的の達成を条件とする行為が求められる。カント自身の例を借りれば，「年老いて困らないためには，若い時に働き節約しなければならない」といったものである。後者は，同じく彼の例を用いれば，「虚偽の約束をすべきでない」というように，何の条件もつかない「命法」である。それは，無条件であるがゆえに，たとえその結果が当人に重大な不利益をもたらそうとも，その遂行が要請されることになる（V 20-21，邦訳：7：147-148）。

　この2つの「命法」に関して，カントは，「定言命法」が求めるものこそ道徳的行為であって，「仮言命法」は道徳とは無関係であると考える。なぜなら「仮言命法」には，その条件のなかに主観が思い浮かべる目的をはじめ，上で触れた欲求の「対象」が含まれているが，結局それらは，主観的な「表象」にすぎないからである（V 21，邦訳：7：149）。上の例でいえば，「年老いて困らない」状態は，人によってさまざまに異なったものとしてイメージされるということである。そのような主観的なものは，「理性的存在」が従うべき普遍的な道徳法則にはなりえないというのである。したがって，主観的なものに留まる快・不快をはじめ，あらゆる感性的な欲求は，道徳的行為の規定に際して排除

されることになる。「厳粛主義」とよばれる所以である。

　このような立場を堅持すれば，たとえばシラー（Schiller, F. v.）が幾分か皮肉を込めて述べたように，「好きで友人に親切にすること」は「有徳でない」ということになろう。むしろ，「嫌々」なすのが「道徳的」となってしまう（Schwegler, 1950：196，邦訳：145-146）。しかし，ここにこそ，道徳の真髄があるのも事実である。人間の内なる理性が普遍的に命ずる行為が，たとえ自分にとって大きな労苦を伴い，ことによると不利益さえもたらすとしても，あえて実行すること，つまり，そのような意味で「嫌々」行われる時こそ，本来の道徳が，そしてまた「義務」とよばれるものが問題になる。内なる理性の要請に服し，それに逆らう諸欲求に決して屈しない点にこそ，実は道徳の大前提たる「自由」が存立するのである（V 87，邦訳：7：249-250）。

　「君はできるのだから，行うべきだ」とはよくいわれることであるが，むしろ逆に，「君は行うべきであるから，できるのだ」という点にこそ，道徳の核心が存するのである（V 31，V 159，邦訳：7：165及び7：350）。

２ 世界市民による人間性の探求

　以上，簡単にカントの厳粛主義をみてきたが，彼はこれとはまったく異なる印象を与える著作も残している。主要著作の刊行と並行して，彼はケーニヒスベルク大学で30余年にわたり「人間学」の講義を続け，それを1798年に『実用的見地における人間学』（以下『人間学』）として刊行した。主に医学者たちの間ですでに使われていた「人間学」という学問名称は，この著作によってわれわれに馴染みの深いものになったといえよう。

　ところが，この著作に「人間とは何か」といった現代流の「人間学」の問いを期待すると，見事に裏切られる。確かにカントは，こうした問いに通ずる「生理学的な見地」にたった「人間学」の可能性も示している。しかし，その直後に「記憶」の例を取り上げ，それが何であり，いかなる自然原因によるのかを知ろうとしても，大脳の神経組織すら直接に観察できない状態では，そのようなことは「全くの徒労」にすぎないと，実に素気ない。これに対して，カ

ントが重視するのは「実用的な見地」にたった「人間学」である。それが問う
のは，「人間は自由に行為する存在として，自分自身から何を形成し，何を形
成することができ，あるいは何を形成すべきか」である。上の「記憶」の例で
いえば，「記憶」が何であるかではなく，それを確実なものにし，逆にその妨
げの原因を除去することに活用できるような「人間知」を「人間学」は求める
というのである（Ⅶ 119，邦訳：15：11-12）。

　彼にとって上の問いは，「実用的」なものであって，道徳と直接に関わ
る「実践的」なものではない。しかし，この問いは「自由に行為する存在」
を前提にし，また「何を形成すべきか」を問うている以上，そこで広義の道徳
が問題になっているのも間違いなかろう。

　とすれば，『人間学』も先にみた厳粛主義を説くものなのであろうか。とこ
ろが，まず読者を当惑させるのは，執拗に続く言葉の区別と説明である。確か
に『純粋理性批判』『実践理性批判』『判断力批判』という彼の批判哲学の代表
作における理論的な枠組み，たとえば，第 1 の著作における「感性」「悟性」
「理性」といった枠組みは堅持されている。しかし同時に，上の著作にはない
能力の細かな作用や特質，あるいはそれらの誤用などを指す日常的な用語が，
実に丁寧に解説される。感性的能力に関して，「酩酊」「睡眠」「失神」「麻痺」
「仮死」など，また上の第 2 の著作に関わる「勇気」との関連で，「憂慮」「不
安」「戦慄」「驚愕」などが事細かに区別・解説される。時折，人間の能力の用
い方に関する助言も登場はするが，総じて，微妙なニュアンスの違いをはらむ
日常用語や慣用句に関するドイツ語学習を強いられているかのようである（Ⅶ
165-167，Ⅶ 256-259，邦訳：15：80-83 及び 15：212-217）。

　では，先述の倫理説はどう扱われるのであろうか。快・不快や感性的欲求な
どを排除する点に，道徳の核心をみる立場には揺るぎがない。しかし，それは
実生活のなかで，それらを否定することとは異なる。たとえば，『人間学』で
は，感性的欲求を前提にする「快適な生活への傾向性」と道徳的な善へと向か
う「徳性」とは，確かに「闘争」関係に立つとされる。しかし同時に，前者の
一方的な勝利ではなく，前者を後者によって制限することが，「一面では感性

的で，他面では道徳という点で知的な気立ての良い人間」の目的になるとされる。そしてカントは，これら2つを適切に「統合」した人間の心のありようを「人間性」（フーマニテート）とよぶ（Ⅶ 277，邦訳：15：244）。つまり彼の倫理説は，『人間学』において，「人間性」の追求としてより現実的な姿をとるのである。それは，人類がたゆみなく「芸術や諸学問を通じて，自らを洗練化し，文明化し，道徳化すること」であり，それが『人間学』の「総意」なのであるという（Ⅶ 324-325，邦訳：15：317）。

その際，このような「人間性」の追求には，「ある社会の中で他の人々と共にあること」，換言すれば「私と共同している他の存在者からなる全体」としての「世界」が前提になっている（Ⅶ 130，邦訳：15：28）。そして実は，『人間学』そのものが，「世界市民としての人間に関する認識」，つまり，人びとが「世界」において，その成員として交わる際に役立つ知識の探究を使命とするのである（Ⅶ 120，邦訳：15：12）。したがって，普遍的ゆえに抽象的なものにとどまっていた彼の倫理説は，「世界市民」の交際において現実的な姿をとることになるのである。

ところで，カント自身「世界市民」による「人間性」の共同的な探求として，ある具体的なイメージを抱いていたようである。それは「よき交際における良き食事」，より正確には，そこで互いの自由を前提に交わされる「談話」（Konversation）である（Ⅶ 278，邦訳：15：245）。ここでは詳論する余裕はないが，彼は「人間性」にふさわしい食卓の「談話」に関する規則まで論じている（Ⅶ 281，邦訳：15：250）。この点も勘案すれば，先にみたように，『人間学』が日常用語や慣用句の解説書のごとき外観を呈していたことにも得心がいく。つまり，フーコーも指摘する通り，カントとって「世界」に住むとは，言葉のやり取りのなかにとどまることなのであり（Foucault，2008：64-65，邦訳：131），「世界市民性」の本質とは，共有された言葉を用いて行われる「談話」に他ならないからである。こうして，「世界市民」による「談話」を通じて，彼の倫理説は，「人間性」の探求として，日常に生きる具体的な姿をとることになるのである。

　教育のなかで子どもたちが育む道徳も，確かに一方では，人類が共有する普遍的な面をもたねばならないが，しかし同時に，それは単に抽象的・形式的なものにとどまらず，現実生活のなかで生きてはたらく具体的なものでもなければならない。とすれば，「世界市民」による「談話」，現代風にいえば，「対話」を通じた道徳の具体化というカントの『人間学』の狙いは，今日の教育に対しても示唆するものが多いのではなかろうか。

・注・…………………………………………………………………………………………

1）カントは人格性（Persönlichkeit）と人間性（Humanität, Menschheit）を多くの著作において同一視している。ただし，宗教論『単なる理性の限界内の宗教』（1793年）では両者が区別されている（Ⅵ26，邦訳：10：34）。

2）したがって『教育学』はカント自身が編集したものではなく，どの程度カントの思想，講義内容に忠実かという点がこれまで問題視されてきた。確かに，一見して比較的平易に書かれた『教育学』は確かに『純粋理性批判』などのカントの主著と外観が大きく異なる（Louden, 2014：138）。ただ最近の研究によれば，リンクはさほど大きな手を加えていない（カントの講義をある程度そのまま反映している）という可能性が高いという（Louden, 2012：50）。また，『教育学』は，使用されている用語などから『純粋理性批判』や『実践理性批判』などの批判哲学を展開していた80年代の講義に基づくものであるという説が文献学的に提唱されている（Stark, 2015：274）。

3）カントは『道徳の形而上学』においてソクラテスを問答法ではなく対話法の実践者とみなしているが，『教育学』では問答法を指して「ソクラテス的問答」とよんでいる。その背景に，カントが「問答」という語を2つの意味で用いていたこと（Formosa, 2012：174），さらにいえば，カントが二重のソクラテス観をもっていたことがあるように思われる（嶋﨑, 2019：56）。

4）カント自身が幼少期にルター（Luther, M.）の問答法による宗教教育をうけており，その教育の厳しさをのちに振り返っている（Kuehn, 2001：47，邦訳：114）。カントが『教育学』などで宗教的問答法を批判するとき，その根底にあるのは幼少期の自身の体験であった可能性が高い。

5）フランスのポストモダンの思想家フーコーが博士副論文としてこのカント論を著していたことはあまり知られていないが，この著作には，カントの人間学講義に関する文献学的考察に加え，カントの人間観の射程について多くの示唆が含まれている。

• 参考文献 •···

＊カントからの引用は，アカデミー版（*Kant's gesammelte Schriften.* Herausgegeben von der Königlich Preußischen Akademie der Wissenschaften.）の巻数とページ番号を示す。ただし，『純粋理性批判』からの引用は，慣例に従い，第一版（A）と第二版（B）の原書のページ番号を並べて示す。また，邦訳は，『カント全集』（岩波書店）の該当箇所を（邦訳：巻：ページ番号）で示す。ただし，本文中の翻訳は本章執筆者によるものである。

Foucault, M. (2008) *E. Kant, Anthropologie d'un point de vue pragmatique, précédé de Michel Foucault, Introduction À L'anthropologie,* Librairie philosophique J. Vrin.（王寺賢太訳〔2010〕『カントの人間学』新潮社）

Formosa, P. (2012) "From Discipline to Autonomy: Kant's Theory of Moral Development," In K. Roth & Ch. W. Surprenant (Eds.) *Kant and Education,* Routledge.

Kuehn, M. (2001) *Kant : A Biography,* Cambridge University Press.（菅沢龍文・中澤武・山根雄一郎訳〔2017〕『カント伝』春風社）

Louden, R. B. (2000) *Kant's Impure Ethics,* Oxford University Press.

Louden, R. B. (2012) "Not a Slow Reform, but a Swift Revolution: Kant and Basedow on the Need to Transform Education," In K. Roth & Ch. W. Surprenant (Eds.) *Kant and Education,* Routledge.

Louden, R. B. (2014) *Kant's Human Being,* Oxford University Press.

Stark, W. (2015) "Immanuel Kant's On Pedagogy: A Lecture Like Any Other," In R. R. Clewis (Ed.) *Reading Kant's Lectures,* Walter de Gruyter.

Schwegler, A. (1950) *Geschichte der Philosophie in Umriß,* (17. Aufl.) Fr. Frommanns Verlag.（谷川徹三・松村一人訳〔1958〕『西洋哲学史』岩波書店）

Surprenant, Ch. W. (2014) *Kant and the Cultivation of Virtue,* Routledge.

嶋﨑太一（2019）「『ソクラテス式問答』と道徳教育：カントの教育方法学」『HABITUS　第 23 巻』西日本応用倫理学研究会

第5章 ペスタロッチー

───────渡邉　満

第1節　近代教育の幕開けと道徳教育

　近代教育が登場する17，8世紀のヨーロッパは，政治と社会の大きな転換，いわゆる「近代化」のときであった。この転換の担い手は，産業経済の発展を推進する新興階級として台頭してきた市民階級であり，その市民階級の子弟のための学校教育の樹立が，国民国家が登場する新たな時代と社会に向けた市民と国民の育成に大きな役割を担うことを期待されていた。[1]

　ところが，この近代教育は困難な課題を伴っていた。教育が可能になるには，政治や産業を基盤にする社会の背後にあって，人間としての在り方と社会の秩序を規定し，学びを可能とするものが欠かせない（Mollenhauer，1985：34f.）。これを統合的世界観とよんでおこう。伝統的社会では，キリスト教会が，世俗の政治権力と人びとの内的及び外的生活において統合的秩序構造を支配していたが，近代化のなかでこの統合的世界観はその地位を失う。ドイツの教育学者，ベンナー（Benner,D.）は，これを「実践的循環の崩壊」（Zerbrechen des praktischen Zirkels）とよぶが（Benner，1978：14；小笠原，1985：16），教育や子どもの学びを支えるものの崩壊は，知識の学びの在り方を一変させ，困難にしてしまう。しかし，時代の変化は，新たな知識や技術を担う人びとを必要としていたのであり，きわめてパラドックス的な状況にあった。

第2節　『隠者の夕暮』の道徳教育思想

　18世紀半ば，ルソーが『エミール』（1762）を書いたおよそ20年後，このような事態とその課題に一農場経営者として対峙し，人間性の本質を自然と捉

え，やがて独自の宗教的道徳教育思想と直観教授法を唱え，ヨーロッパ，新大陸アメリカ，特にドイツ・プロイセンなどの国民教育の展開に大きな影響を与えたのがペスタロッチー（Pestalozzi, J.H.）であった。

スイスのチューリッヒに生まれ育ったペスタロッチーは，もともと法律と政治を学び，政治家を志したが，当時旧体制下での不正や社会の諸矛盾を告発し，その改革を求めて政治運動に携わったことから政治家への道を閉ざされ，地方の人びとの生計の基盤でありながら，崩壊の危機にあった農業の改革にモデル農場（ノイホーフ）の経営によってこの社会改革に取り組んだ。しかし，農場経営に失敗して，彼が取り組んだのが産業構造の転換のなかで土地と生活の基盤を失った貧農の子どもたちの教育であった。その方法は，人間の尊厳，人間性の本質をまず基盤とし，その上に道徳的，知的，身体的（技能・技術）教育を位置づけることによって行うものだった。この構想は当時の著作『隠者の夕暮』（1780）に綱領的に述べられている（Pestalozzi, 1780, 邦訳：1993）。

そこでの考え方は「合自然の教育」とよばれるが，それは，矛盾と混乱の状況にあった外的な社会的秩序に依存する教育ではなく，信仰篤い家庭における親と子の親密な家族関係を人間の内的秩序の基盤とする陶冶（Bildung）であり，教育（Erziehung）であった。彼はそれを次のように述べる。

> 「神に対する信仰は生命（生活…筆者）の安らぎの源泉だ。生命（生活…筆者）の安らぎは内的秩序の源泉であり—内的秩序はわれわれの諸力の整然たる応用の源泉だ。—われわれの諸力を応用する上の秩序は，諸力を発展させ陶冶して智慧となす源泉だ。……神に対する信仰よ，……善と悪に対する感覚と同様に，汝は正と不正に対する打ち消し難い感情と同様に，汝は人間陶冶の基礎として，われわれの本性の内部にゆるぎなく確乎として横たわっている」（Pestalozzi, 1780：273, 邦訳：23-24）

ここには，家庭から地域社会へ，そして国家へと同心円的に拡大していく生活圏を構想し，それまでの統合的世界観の崩壊に対応するために，人間である

ことの原点に立ち戻り，そこから人間としての諸力を形成しようとする合自然
の教育と道徳教育の基本的な考え方が示されている。この考え方は今や崩壊し
てしまった「実践的循環」に対して，家庭を人間としての在り方とその教育，
つまり道徳教育の基盤に位置づけ，さらにその基盤の上で知識や技能の教育を
諸力の陶冶として可能にしようとする，ルソーとは異なるペスタロッチー独自
の構想だったのである。

第3節　『シュタンツだより』における道徳教育の方法化

　ノイホーフで取り組んだ貧民学校の実践のなかで形成された人間教育の基本
的な構想は，『隠者の夕暮』に綱領的に描かれたが，その具体化は『リーンハ
ルトとゲルトルート』（第1〜4部　1781〜1787）という家庭教育と村の社会改
革とを描いた小説などにおいてその実際の教育活動としての方法化が練られて
いく。その直後，フランスにおける革命の勃発の影響は，都市を中心にする古
い体制が支配するスイスにも及び，ペスタロッチーは押し寄せる革命と新たな
社会への胎動に政治と社会の改革の可能性を「真理と正義」を軸心に置きなが
ら人間の本性という側面から追求する。『然りか否か』（1793）や『探究』
（1797）で，フランスやスイスでの革命運動の混乱を人間性の現実と本来的在
り方の両面から洞察し，人間性のアンビバレントな本質を追求するのである。
　1798年12月に革命運動の戦闘によって増加した孤児たちの養護と教育を革
命政府より託され，彼はシュタンツの孤児院の教師となる。翌年6月フランス
軍の侵入によって孤児院は閉鎖されるが，それまでの半年間ペスタロッチーは
80名にも上る孤児たちと共に暮らし，ほぼひとりで孤児たちの自立に向けた
共同生活と教育に取り組んだ。この半年間の悪戦苦闘のドキュメントが，孤児
院の閉鎖後に書かれた『シュタンツだより』（Pestalozzi, 1799）である。
　そこにはペスタロッチーが長年ノイホーフで温めてきた教育の方法（「メトー
デ」）の実践的構想が描かれている。特に戦乱のなかでの貧しい境遇ゆえに荒
れ果てた子どもたちに人間性を取り戻させる道徳教育の取組は，道徳的徳目の
理解を深める道徳教育とはまったく異なる。ノイホーフでの経験を基盤にしな

がら，すさんだ社会生活のなかでの放縦な振る舞いを克服するために，子ども
たちと教師との共同生活の場を，愛情を絆とする家庭に置き換え，教師ペスタ
ロッチーが父とも母ともなって信頼関係を築いて孤児院の内に家庭をモデルと
する情意的空間を作り出す。

　　「私の本質的な見地は今や何よりも次のごとくだった。すなわち子供は彼
　らが同居し始めたときの最初の感情によって，しかも彼らの能力を発展させ
　る最初から兄弟姉妹にならせ，学校は大きな家庭の単純な精神に融合させ，
　そしてそのような関係とその関係からでてくる気分とを土台として，正しい
　道徳的な感情を一般的に生き生きとさせるということだ」(Pestalozzi, 1799,
　邦訳：67)

　子どもたちの内に善への萌芽を見出し，子ども自身がそれに気づき，自分自
身のためにそれを求めることから始める。そこを出発点としながら道徳教育の
段階的な展開を設定していく (Pestalozzi, 1799, 邦訳：78)。第一段階は，「純真
な感情によって道徳的情調を喚起すること」であり，第二段階は，「正しくか
つ善良なもののなかで克己と奮励とをさせて道徳的訓練を行うこと」である。
最後の第三段階は，「すでに子供が自分の生活と境遇とを通じて立つ正義関係
と道徳関係とを熟慮させ比較させることによって道徳的見解を養うことだ」と
される。
　第一段階は，幼い時期の家族の一体感のもとに，信頼とともに正義の感情と
公平の感情を呼び起こす。第二段階は道徳的内容を行為として経験し，行為の
内に道徳的正しさを直観すると同時に，日常の生活のなかで努力しながら練習
することが必要とされる。それを「堪能を涵養せずになされるどんな教育や説
教にも優っている」(Pestalozzi, 1799, 邦訳：74) とペスタロッチーはいう。第
三段階は「汝の子供なりその周囲なりに起こることを子供に明瞭に理解させ，
彼らの生活なり境遇なりに関する正しい道徳的の意見を心に生じさせるため
だ」(Pestalozzi, 1799, 邦訳：68) というが，要は生活のさまざまな場面のなか

に正しい行為や考え方を発見し，熟慮によってその正しさの正当性を根拠づけること，そして自己の道徳的な考え方を確立することである。

　ここで注目されるのは，この第三の道徳の反省・熟慮の段階が子どもたちとペスタロッチーとの対話のなかで行われていることである。その成果は，戦乱によって難民となった人びとへの支援を自発的に申し出た子どもたちの行動に示されている。ここでは今や崩壊した統合的世界観ではなく，個々人が生活共同体を基盤に置きながら，各自の生き方を支える道徳原理を探り出すこととしての道徳の学びが追究されているといってよかろう。

　1810 年代にイヴェルドンの学校において「基礎陶冶の理念」が「メトーデ」に代わって登場するが，『隠者の夕暮』と『シュタンツだより』で構想した道徳教育思想と実践の発展は，「生活が陶冶する。」という基本理念で示されはしたが，その具体化は実現することはなかった。むしろ教育と教授（道徳教育と知識の教授）の関係の問題がイヴェルドンの学園崩壊の要因のひとつになった。[2]

　20 世紀の終わり近くになって，コールバーグ（Kohlberg,L.）が道徳性（正義についての道徳的意識）の発達段階論に基づいて発達段階の上昇をめざす道徳教育に代わって，学習共同体の発達と生徒の道徳意識の発達との関係の観点から道徳教育及び道徳の学習指導過程を明らかにしようとしていた構想（Just Community）とペスタロッチーの上記三段階の道徳の指導過程を比較してみることによって，1970 年代終わりにドイツにおいてみられたコールバーグに関する批判的・生産的な討議がさらに発展可能であることをドイツの教育学者クラフキー（Klafki,W.）は指摘している（クラフキー，1997：10-11）。

・注・・

1 ）ドイツの近代化がイギリスやフランスに比較して遅れていた状況については，今井康雄編（2009）『教育思想史』有斐閣：143-146 を参照。

2 ）イヴェルドン学園での宗教的・道徳的陶冶の実践開発は，ペスタロッチーの協力者ニーデラー（Niederer,J., 1778 ～ 1843）に期待されていたが，彼はペスタロッチーの期待に応えることができなかった。

• **参考文献** • ···

Benner, D. (1978) *Hauptströmungen der Erziehungswissenschaft*, 2 Aufl., München.

Klafki, W. (1971) *Pestalozzi über seine Anstalt in Stans. Mit einer Interpretation von Wolfgang Klafki*, Beltz Verlag.（森川直訳（1997）『ペスタロッチーのシュタンツだより　クラフキーの解釈付き』東信堂）

Mollenhauer, K. (1985) *Vergessene Zusammenhänge : Über Kultur und Erziehung*, Juventa Verlag.（今井康雄訳〔1987〕『忘れられた連関』みすず書房）

Pestalozzi, J. H. (1780/1927) *Abedstunde eines Einsiedler. Pestalozzi Sämtliche Werke Bd. 1*, hrsg. von A. Buchenau, E. Spranger, und H. Stettbacher, *Über den Aufenstalt in Stans*, Verlag von Walter de Gruyter & Co.

Pestalozzi, J. H. (1799/1932) Pestalozzïs Brief an einen Freund über seinen Aufenthalt in Stans, *Pestalozzi Sämtliche Werke Bd. 13*, hrsg. von H. Schönebaum und K. Schreinert, Verlag von Walter de Gruyter & Co.（長田新訳〔1993〕『隠者の夕暮　シュタンツだより』（岩波文庫改版）岩波書店）

小笠原道雄編著（1985）『教育学における理論＝実践問題』学文社

第6章 シュプランガー

──────山邊　光宏

第1節　社会的道徳と個人的倫理

　シュプランガー（Spranger,E.）は，道徳というものを「社会的道徳」と「個人的倫理」との2つに類別している。彼は前者を「超個人的道徳」とも，「集団的道徳」とも，また「国民道徳」ともよんでいる。この種の道徳は，社会的精神の現象形式であり，個々人を広く非組織的に規制する生活秩序である。これはもともと風習，慣習などから生まれてきたのであり，今日も一部そのようなものとして存在してもいる。

　これに対して後者，すなわち「個人的倫理」は，自己自身の内奥の「良心」による，道徳的な価値判断と態度決定とに基づいた個人的・自律的・自己決定的な行為規制を意味する。ゆえに，規範も規則も，基本的には自己自身から出てきて，自己自身が自己自身に与えるのである。その際，もし個人が社会的道徳に完全に服従したとしても，それは強制されたからではなく，その道徳に対する内的尊敬のゆえに，そうしたのである。これは，客観の主観化を意味し，「社会的道徳の内面的自覚」とよぶことができるであろう。

　こうした2種の道徳の相互関係や密接なからみ合いについて，もう少し考えてみよう。まず，個人的倫理は，社会的道徳を基盤にしてはじめて可能であるということである。個人的倫理は，道徳的真空状態のなかでは，決して生まれ，発達することができない。ちょうど個人がある言語圏のなかに生み込まれているように，彼は広く承認され通用している道徳のなかに生み込まれてもいるし，それに服従してもいる。

　それに従えば，個人は世間に認められ，よい評判や名誉を与えられるが，逆

にそれに背くと，非難され名誉を奪われ軽蔑され，時には追放されることさえある。この種の規制によって，一定の道徳的水準が維持されてきたことは，確かな歴史的事実であるといわざるをえない。社会が存続し発展するためには，伝統的遺産として継承されてきた，既存の道徳が不可欠なのである。

　しかし，それだけでは十分でない。「文は人なり」といわれるように，私たちが文章に表現するものは，客観としての共通な国語の法則と習慣に則りながらも，そこにはそれを書く人の独自な個性と人柄とが表現されている。これと同様に，道徳の場合にも，個々人は客観的で共通な集団的道徳に従いながらも，それぞれの人格と個性を表現すべきであろう。このような個々人の生活態度にかかわる主体的・自律的道徳が「個人的倫理」であり，人間が人格的・個性的存在である限りは，「まさしく私である私自身」の生き方としての，この個人的倫理の確立こそがもっとも肝要である。

　ゆえに，もし個人が既存の道徳に一方的に規制され，それにそのまま非主体的に服従してしまうとすれば，その人はまだ真に道徳的であるとはいえない。また，そういうことでは，社会的道徳自体の進歩も望まれえないであろう。社会的道徳に担われながらこれを担い，さらに創造し発展させる，独自の個人的倫理を有する自律的人格としての個人が求められる。個人は，ただ他律的に社会的道徳に適合するだけでなく，自己の良心のなかで，それを内面化し，是認しなくてはならない。これも，社会的道徳の内面的自覚といえる。シュプランガーの考え方に従えば，「良心という主観の内なる主―客合一」が求められるのである。

　これはすなわち，「客観の主観化」であり，また「主観のなかに入り込んだ客観」であり，いわば「個人的倫理のなかに入り込んだ社会的道徳」を意味する。いやむしろ，主観が主体的自律的に客観を自己のなかに取り入れ，内面化し「わがもの」とすることを意味する，といった方がよいかもしれない。

　しかしさらに，それを超えて，より激しく批判し，より大幅に修正し改革せざるをえない事態も生じるであろう。一様な，伝統で規定された静止的な社会では，風習や慣習に基づく集団的道徳は，「当然のこと」として受け入れられる。ところが，多元的でダイナミックな社会，もしくは変動する民主的な社会で

は，事情はまったく違う。このような社会では，伝統的な慣習や道徳は，しばしば意味を失い，形骸化してしまう。このような状況でこそ，特に求められ，期待されるものは，真の個人的倫理であり，個々人の目覚めた良心に他ならない。これらによる，既存の道徳に対する思い切った批判と抵抗も，不可欠である。

第2節　個人的倫理の中核としての良心

　しかしながら，ここで留意すべきことは，既存の社会的道徳に対して真に正しい批判と抵抗とを行わせるものは，決して単なる偶然的な個人としての私ではない，つまり自分本位の利己主義的な私であってはならないということである。それは，シュプランガーのいわゆる「自我」ではなく，その純化され洗練されたものとしての「高次の自己」でなくてはならない。この自己とは，すなわち反省的自我であり，低き自我を超えて上級審の性格をおびた「より高き自我」である。そうしてこの「より高き自我」，すなわち「高次の自己」の中核をなすものこそが，知・情・意のすべてを含むところの「良心」に他ならない。つまり，良心とは最高の自我である。ゆえにシュプランガーにあっては，良心とは決して主観性に傾く，自我中心的で狭隘なものではない。それどころか良心は，自我と独立し，それに対立しており，客観的事実の価値要求に従って態度決定をしようとする。したがってその際，主観的制約や傾向性は，可能な限り捨象される。

　まさしくこうした意味における個人的良心に基づいてのみ，個人は社会的道徳を批判し，それに挑戦して，自己自身の倫理に生きることができ，かつその資格があるといえよう。また，より高き自我がより低き自我に対して勝利をえる限りにおいてのみ，つまり自分に克つことができてこそ，人間は厳密な，また真の意味で「自主的」「主体的」「自律的」であることができる。したがって，「自由」であることもできるし，自由を要求する資格もある。自由や自律性は，「自己支配」と「自制」とを必須不可欠の条件とする，ということを一瞬も忘れてはならない。

　もっとも完全な意味で倫理的人格性にまで到達した人間は，上述のような最

48

高段階の自己と個人的良心とを，また最大限の自由をも有する。青少年を助成してそのような人間にまで高めることが，教育の理想的到達目標であろう。

　ところで，筆者はシュプランガーにならって「個人的良心」という言葉をつかってきたが，これは個人の深奥に宿り内在している良心，という意味で個人的なのであり，決して社会や仲間から孤立しているという意味ではない。真に正しい「個人的良心」を有する人間は，社会的道徳を自己の双肩に担い，かつそれを少しでも望ましいものに改善する一員となることが，みずからの責任であることを自覚しているのである。

　ゆえに，個人的良心をあれほどまでに強調している，その同じシュプランガーが力説しているように，「主観」と「客観」，「個人」と「社会」の場合と同様に，「良心」と「責任」もまた２つにしてひとつ，車の両輪，鳥の翼のようなものであり，もしいずれか一方を欠くと，他のものはほとんど意味をなさなくなる。このことが，真に良心的な人間には，心底からわかっている。

　こうして個人の胸のなかで，個人と社会，個人的倫理と社会的道徳とが，ひとつに結びつく。すなわち，主観と客観とが合一するのである。これこそが，シュプランガーのあらゆる専門分野とあらゆる時代を貫き，それらの基底となっている思考形式に他ならない。

● 参考文献 ●⋯⋯⋯⋯⋯⋯⋯⋯⋯⋯⋯⋯⋯⋯⋯⋯⋯⋯⋯⋯⋯⋯⋯⋯⋯⋯

シュプランガー，E. 著，村田昇・山邊光宏訳（1987）『教育学的展望─現代の教育問題』東信堂

シュプランガー，E. 著，村田昇・山邊光宏訳（1996）『人間としての生き方を求めて─人間生活と心の教育』東信堂

村田昇（1990）『道徳教育論』（新版）ミネルヴァ書房

村田昇（1995）『シュプランガーと現代の教育』玉川大学出版部

村田昇（1996）『シュプランガー教育学の研究』京都女子大学

村田昇（1999）『パウルゼン　シュプランガー教育学の研究』京都女子大学

山邊光宏（2005）『教育の本質を求めて』東信堂

山邊光宏（2006）『シュプランガー教育学の宗教思想的研究』東信堂

山邊光宏（2015）『人間形成の基礎理論』（第4版）東信堂

─────広岡　義之

第1節　ボルノーにおける徳論

　本節では，ボルノー（Bollnow,O.F.）の徳論に焦点をあてつつ，ボルノーの広範な徳論の主要概念を考察することによって，今日なおざりにされがちな教育学における道徳教育領域の「徳論」の現代的意義を浮かびあがらせてみたい。ボルノーの徳論は，3つの領域に区分することが可能である。彼の徳論の主著のひとつ，『徳の現象学』のなかでは，第1に実存主義の概念としての「本来的自己」が規定され，第2に実存主義克服の主要概念である「やすらぎ」や「信頼」に基づく「新しい庇護性」の考察が言及されている。そして第3に平明で単純な徳が説かれており，これらは他系列の徳のどの場合にも，理性の機能が重要な要素として組み込まれている（広岡，2019：312）。

　ボルノー自身は，主体的な真の自己自身と関わり，またそのことによって他者と意義深く交わる関わりについて実存主義の観点から，ほぼ「自律」と同じ意味で「自己投入」（Einsatz）について深く考察をめぐらせている。人間の無制約的な「自己投入」には，ひとつの究極的かつ絶対的な価値があり，さらにそこには歴史的情況の相対性を乗り越えた価値があるとボルノーは確信している（Bollnow, 1979：42，邦訳：40）。しかし実存主義は，実存的冒険行為をもっとも崇高な魅力として享楽し，さらにそのときどきの利那的自己投入の状態で，実存主義者は，異常なまでに，移り気と不信への誘惑に陥ってしまう（Bollnow, 1979：44，邦訳：42）。

　ボルノーは，こうした実存主義の徳の限界を突破するものとして，実存主義克服の「新しい庇護性」の徳を主張した。実存主義克服の「新しい庇護性」の

徳目として「やすらぎ」「信頼」「希望」「忍耐」「感謝」などの徳目が位置づけられる。ボルノーは主著のひとつ『新しい庇護性』のなかの「感謝」の徳目の箇所で以下のようなサルトル（Sartre,J.P.）批判を展開している。元来，感謝の念は，たとえば安眠後の覚醒の幸福感や，一般の生の喜びのなかに，支持的な基盤として潜んでいる。もしわれわれの生が恩恵によって贈られていなければ，われわれの生を営むことがそもそも不可能である。生一般に対する深い感謝と共に初めて，実存主義的硬直を克服することができ，その意味で，感謝の徳は庇護性の必然的表現となるとボルノーは考えた（Bollnow, 1979：143，邦訳：163）。

　相手を信頼する場合，いちいちの歩みを不信の念をもってみることはない。しかし信頼が欠けるところでは，他者がしでかすであろうことを，疑念をもって待ち受けてしまう。これに反して，「私」がひとりの人を信頼するとき，「私」は他者のふるまいをいつも監督しようとは考えない。「私」は首尾よく事が運ぶであろうと確信している。またボルノーは，ハルトマン（Hartmann,N.）を援用しつつ，「信念」について「信念は人間を作りかえることができる」と考えている（Bollnow, 1970：47，邦訳：113-114）。

　ここまで，実存主義克服の観点から「新しい庇護性」の諸徳を考察しているが，最後に，実存主義的な徳でもないし，また実存主義を克服する徳にもあてはまらない，いわば「平明で単純な徳」について考えていきたい。ここでは，どのような時代状況であろうと，いつの時代でも普遍的に変化のない，人間の理性的機能が重要な要素となる諸徳が集められている。考察の対象となる徳は，「謙虚」である。

　ボルノーは，『徳の現象学』のなかのある節で「謙虚」を取り上げ，その現象学的考察のひとつに，「謙虚な人の内的確信」という小項目を設定しておよそ次のようなことを述べている。謙虚の独特な内的優越性を「大ぶろしきを広げる者ら」との対比でボルノーはいう。「大ぶろしきを広げる者ら」はいつも自分たちの評価を気にかけていなくてはならない。それゆえに「大ぶろしきを広げる者ら」は永遠の内的な落ち着きのなさのなかに押し込められる。しかし

謙虚な人たちは，外部への効果に左右されないし，それゆえに確信して自己自身のうちに安らっていることができる（Bollnow，1975：134，邦訳：184-185）。

第2節　シュタイナー教育における道徳教育の視点

シュタイナー（Steiner,R.）は1919年ドイツ・シュトットガルトで開始された独創的な「自由ヴァルドルフ学校」を創設した人物である。小学校から中学校の時代に，信頼と尊敬の念をもって，従っていける教育者をもつことができなければ，「道徳的な心」の成長が妨げられるとシュタイナーは確信していた。

ここでは，子どもの発達段階に即して，道徳的課題をシュタイナーの教育思想に基づいて展開していく。第1は，幼児期の道徳的課題についてである。幼児は，自分の周囲の両親，兄弟姉妹，祖父母などに関心を示すようになる。シュタイナーに従えば，幼児は「模倣」という形で，自分の成長のための養分を吸収していくという。幼児の周囲にいる大人・教育者が示す「模範」を，幼児は内的な衝動として模倣していく。それゆえ，親や教師は，自分の示した模範を，「強制的」に模倣させてはならない。強制ではなく，幼児が自分の意志で模倣するようになるまで，親はじっと忍耐して待つことが求められる。幼児が喜んで模倣すればするほど，道徳的な意志力はよく育つことになる。「模倣」は，幼児が自分の意志で模倣するという，すぐれて能動的，積極的な道徳的行為なのである。子どもが信頼関係を大人たちにもてない場合，いくら手本や模範を示されても，子どもはそれを模倣しようとはしない。信頼できない人間に対して幼児は，自己を投げ出して相手のなかに入り込むようなことはしない。現代の家庭でも，親子の信頼関係が構築できていない事例が多いが，その原因は，親が子どもへの畏敬の念，あるいは愛をもたずに本当の援助が欠落しているところに道徳的な問題がある（広瀬，1999：159-160）。

第2は，小学校から中学校の時期の道徳的課題である。小学校から中学校の時期に，信頼と尊敬の念をもって，従っていける教育者と出会うことができなければ，道徳的な心の成長が妨げられるとシュタイナーは考えた。この時期に，際立って成長しようとする道徳性は，他人を愛する心であり，善に対する

快感と悪に対する不快感である。だからこそ，大人は青少年の内面のこうした道徳的な心の成長を配慮しなければならない。青少年は，信頼と尊敬に値する親や教師から深く愛されることによって，他人を愛する心を成長させることができるのであり，彼らの道徳心の荒廃する原因は，真に信頼し尊敬できる大人の不在にある。特に児童期の子どもは，口に出していわないが，信頼と尊敬に値する人物につき従い，その人物の道徳的な生き方を吸収して，自分の道徳心を高めたいと切に願っているのである。

14・15歳以降の思春期になると，青年たちは理想の生き方，つまり，自分にとってもっともふさわしい将来の生き方を模索し始める。20歳以降の人生を豊かで充実したものにするためには，思春期・青年期の成長が十二分に行われていなければならない。そのとき，親や教師はどう対応するべきか。彼らに対して将来どのような生き方がしたいのか，いかなる職業に就いて生きて行きたいのか，どのような大人になりたいのかという問いかけのできる親や教師でなければならないという。彼らに対して親や教師は次のように対応すべきだという。つまり，この世を力強く人間らしく生きた実際の人物を取り上げ，その人物の生き方について子どもたちに語り聞かせることが重要である。取り上げる人物は歴史上の人物でもよいし，存命中の人物でもよいが，思春期・青年期の若者の魂に食い込み，心を震わせるような人物が望ましい（広瀬，1999：287）。

● **参考文献** ●‥‥‥‥‥‥‥‥‥‥‥‥‥‥‥‥‥‥‥‥‥‥‥‥‥‥‥‥‥‥‥‥‥‥‥‥‥‥‥

Bollnow, O.F. (1970) *Die Pädagogische Atmosphäre,* 4. Aufl., Verlag Quelle & Meyer.（森昭・岡田渥美訳〔1980〕『教育を支えるもの』黎明書房）

Bollnow, O.F. (1979) *Neue Geborgenheit,* 4. Aufl., Kohlhammer.（須田秀彦訳〔1978〕『実存主義克服の問題―新しい庇護性―』未来社）

Bollnow, O.F. (1975) *Wesen und Wandel der Tugenden,* Ullstein.（森田孝訳〔1983〕『徳の現象学―徳の本質と変遷―』白水社）

広岡義之（2019）『ボルノー教育学研究　増補版下巻』風間書房

広瀬俊雄（1999）『生きる力を育てる』共同通信社

第8章 ミ ル

―――――髙宮 正貴

第1節 功利主義とは何か

　本章では，ミル（Mill, J.S.）の功利主義の道徳思想とその現代的意義を論ずる。功利主義は，カント（Kant, I.）の義務論，アリストテレス（Aristotle）などの徳倫理学と並ぶ現代の規範倫理学の3本柱のひとつとされながら，日本の道徳教育では正当に評価されてきたとはいえない。

　功利主義一般の構成要素としては，①幸福主義，②総和主義，③帰結主義の3つがあげられる。①幸福主義とは，幸福のみがそれ自体として価値があるものであり，それ以外は幸福のための手段であるとする考えである。なお，幸福とは何かについては快楽説と選好充足説がある。ミルは快楽説を採っている。②総和主義とは，①に基づきつつ，関係者全員の幸福を最大化すべきだとする考えである。③帰結主義とは，①と②に基づき，個人の幸福または関係者全員の幸福という結果をもたらす行為を正しい行為とみなす考えである。この点で，功利主義はカントの動機主義と対立する。ただし，帰結主義とは，「結果が良ければすべて良し」とする「結果論」のことではなく，意図された結果によって行為の正しさを評価する。たとえば，「約束を守りなさい」という規範の正しさについて考えるためには，約束を守る場合と守らない場合の結果を予測し，それぞれの利益と不利益を比較考量しなければならない。

第2節 高次の快楽

　以上が功利主義一般の特徴であるが，ここからはミルの功利主義の特徴をみていく。

　前述の通り，功利主義のひとつの要素に幸福主義がある。ベンサム（Bentham,J.）は幸福を快楽または苦痛の欠如とみなした。そのせいで功利主義は「豚の哲学」と揶揄されたため，ミルは快楽には質の違いがあると主張し，高次の快楽と低次の快楽があると主張した。その後，シジウィック（Sidgwick,H.）はこの主張を否定したが，ここでは高次の快楽に関するミルの主張をみていこう。

　しばしば誤解されるが，快楽に質の違いがあるとは，ジャズよりもクラシックの方が価値が高いというような評価ではない。ミルによれば，人間は，「知性や感情や想像力，道徳感情」などの「自らの高次の諸能力を行使させる生活様式」を動物的な生活様式に優先させる（Mill, 1969）。重要なことは，高次の快楽に関する評価は，主に生活様式に対してなされる評価だということである。

　では，人間はなぜこのような生活様式をより高次のものとみなすのか。「人間は動物の欲求よりも高い能力をもち，一度そうした能力が意識されたならば，その能力の満足を含まないようなものは幸福と見なさない」（Mill, 1969：210-211）からである。つまりミルは，高次の諸能力から引き出される快楽がそれ自体として高次のものであるといっているのではない。2つの快楽の質を比較する際には，2つの快楽を経験する機会だけでなく，自己意識と自己観察の習慣が必要である。加えて，高次の諸能力に由来する快楽が高次のものとみなされるためには，人間が自分自身の高次の諸能力を意識した際に付随する「尊厳の感覚」が必要である。「尊厳の感覚はすべての人間がなんらかの形で所有しており，彼らの高次の諸能力と決して正確にではないが，ある程度比例して所有しているものである」（Mill, 1969：212）。このように，ミルがいう高次の快楽とは，知性，感情と想像力，道徳感情などの高次の諸能力を行使させる生活様式に由来する快楽である。そして，人間がそのような快楽を高次とみなすのは，自己意識と自己観察の習慣をもつ人間が，自分自身の高次の諸能力を意識した際に付随する尊厳の感覚のせいなのである。

　ミルにとって，人間の幸福とは，知性や感情や想像力，道徳感情などの高次

の諸能力の使用に伴う快楽である。一方，アリストテレス（2015）は，理性に基づく魂の活動の内に幸福があるという。仮にミルが快楽主義を放棄して，知性，感情と想像力，道徳感情などの高次の諸能力の使用の内に幸福があるというとすれば，アリストテレスとの距離は近くなる。とはいえ，アリストテレスとミルの違いは，アリストテレスの幸福が人生全体の幸福であるのに対して，ミルの最大幸福が時間軸を限定していない点にある。

第3節　「生の技術」の3部門

　ミルは，何が高次の快楽であるかを評価する際には，「道徳的な義務感」と「帰結」とは関係なく評価しなければならないという（Mill, 1969）。この言明は，ミルが『論理学体系』で人生の領域を「道徳」「分別ないしは深慮」「美学」の3部門に分け，各領域の価値を「正しさ」「便宜」「美または気高さ」としていることと対応している。ミルは，「正しさ」「便宜」「美または気高さ」という3つの目的とその手段を「生の技術」の3部門とよぶ（Mill, 1973-1974：949）。高次の快楽に関する評価は「道徳的な義務感」と「帰結」とは関係ないという場合，「道徳的な義務感」は「正しさ」に関わり，「帰結」は「便宜」に関わるので，高次の快楽の評価は「美または気高さ」に関わることになる。

　なお，「道徳」の部門には「正義」が含まれる。正義とそれ以外の道徳（寛

図表8-1　「生の技術」の3部門

分別（Prudence）	道徳（Morality＝Right）		美学（Aesthetics）
便宜（Expedient）	正義（justice）	寛大（generosity）・慈善（beneficence）	美（Beautiful）・気高さ（Noble）
自己の利益のための手段	他人の権利の保護＝完全義務（違反すると，良心の呵責・世論・法による罰がある）	他人の利益の促進＝不完全義務（相手に権利はないので，違反しても罰はない）	完成／未完成気高さ／卑しさ＝自己発達，自尊

出所）高宮（2020：26）

大と慈善）の違いは，正義がある特定の人びとに「権利」を付与するのに対して，寛大や慈善は権利を付与しない点にある。たとえば，履行できない契約をしてはならないことは「正義」である。一方，他人にご馳走してあげることは「寛大」であり，誰もご馳走してもらう権利をもたない。

　ミルが「道徳」と「美学」を分けるのは，「道徳」を基本的に他者に対する義務とみなしているためである。それゆえ，ミルは『自由論』で「自己に対する義務」という観念を批判している。「いわゆる自己に対する義務と呼ばれるものは，事情によってそれが同時に他者に対する義務とならない限りは，社会的に義務的なものとはならない。自己に対する義務という言葉は，それが単なる分別以上のものを意味する場合には自尊または自己発達を意味するが，これらについては誰も同胞に対して責任を負っていない。なぜなら，これらについては誰も同胞に対して責を負わないことが人類の利益となるからである」(Mill, 1977：279)。つまり，ミルにとって，自分の能力や性格を向上させる自己の「完成」の問題は，「道徳」ではなく「美学」の領域に含まれる。

　自己の完成については誰も同胞に対して責任を負わないということは，他者に危害を及ぼさない限りどんな行為をするのも自由だとする，いわゆる「危害原理」（『自由論』）と対応している。ただし，他者に危害を及ぼさない限りどんな行為をしてもよいということは，美学の領域において価値の序列がないということを意味しない。水野（2014：116）によれば，危害原理という「リベラルな考え方」は「価値判断の平等主義」ではない。実際ミルは『自由論』で次のように述べている。「人間は，自分たちの高次の諸能力をますます行使するように，また自分たちの感情と目標を，愚かな対象や計画ではなくて賢明なものへ，堕落したものではなくて高尚なものへとますます向けていくように，絶えず互いに励まし合うべきである」(Mill, 1977：277)。たしかに，高尚な生き方と堕落した生き方を区別できるとしても，高尚な生き方を他者に強制してはならない。しかし，高尚な生き方に向けて互いを「説得（persuasion）」し「鼓舞（inspiration）」することは「自由」の侵害ではない。それどころか，互いを高め，励まし合うことは推奨されるのである。とはいえ，注意すべきことは，人

間の可謬性を主張するミルにとって，美学の基準は歴史や社会に応じて変わりうるということである。だからこそ，美学の基準を国や社会が強制すべきではなく，あくまで言論を通じた「説得」と「鼓舞」に止まるべきなのである。

第4節 徳と功利主義

　最後に，ミルの功利主義における徳の位置づけをみておこう。徳（virtue）とは，個々人がもつ一定の性向である。日本語では道徳と徳はあまり区別されないが，ミルにとって両者は異なる。道徳は，他者の権利の保護や他者の利益の促進に関わるのに対して，徳は自己の幸福の促進にも関わる。たとえば，寛大という徳は他者の利益の促進に関わるが，自制はどちらかといえば自己の幸福の促進に関わる。その点で，徳は「道徳」と「美学」の両方を覆っている。また，正義や寛大という徳はもともと他者の利益の促進のためにあるが，正義や寛大の徳を身につけた人物になりたいという「完成」への願望は「美学」の問題となる。この点では「道徳的完成」と「美学」は収斂する。

　ところで，功利主義にとって人生の究極目的は幸福であるから，誠実や勇気などの徳は幸福をえるための手段である。しかし，もともと徳は幸福の手段であったとしても，徳をそれ自体として愛する「徳への愛」を涵養すべきだとミルは説く。それは，徳という性向を身につけた人は，そうでない人よりも自己と他者の幸福を促進する傾向にあるからである。この点でミルは，「幸福を最大化せよ」という最大幸福原理（第一原理）は個々の行為の直接の目的であるべきでなく，功利主義はさまざまな「二次的原理（secondary principles）」を必要とすると考えている。諸々の徳はこの二次的原理である。ミルは『論理学体系』で，「幸福の促進はそれ自体あらゆる行為の目的であるべきだと言おうとしているのではないし，幸福の促進があらゆる行為規範の目的でなければならないと言おうとしているわけでもない。幸福はすべての目的を正当化するものであり，その監督者でなければならないが，それ自体唯一の目的ではない」（Mill, 1973-1974：952）という。このように，幸福は行為の直接の目的ではなく，諸々の徳や規範を正当化する原理なのである。

58

　しかし，徳への愛をそれ自体として涵養せよと説くことと，徳が幸福の促進に寄与するかどうかを知的に分析せよと説くことは矛盾ではないのか。そうした疑問も生じよう。この疑問に対しては2つの仕方で答えることができる。第1に，徳への愛を涵養する際には感情や想像力に訴えるのに対して，徳を分析する際には知性に訴える。つまり，個々人の人格のなかで，徳それ自体への愛と徳の分析は両立する。第2に，ミルは明確には言及していないが，発達段階の違いがある。徳への愛は，感情や想像力を通じて幼少期に涵養すべきである。そうでなければ徳が個々人の性向として身につくことはないからである。しかし，大人になるにつれて，知性を通じて徳の分析，正当化，批判を行うことが許容されるべきである。

• 参考文献 •‥‥
＊ミルの邦訳を参照したが，一部訳語を改変した。
Mill, J.S.(1969) "Utilitarianism," In J.M.Robson（Ed.）*Essays on Ethics, Religion and Society*, University of Toronto Press.（川名雄一郎・山本圭一郎訳〔2010〕「功利主義」『功利主義論集』京都大学学術出版会）
Mill, J.S.(1973-1974) In J.M.Robson（Ed.）*A System of Logic, Ratiocinative and Inductive : Being a Connected View of the Principles of Evidence and the Methods of Scientific Investigation*, University of Toronto Press.（松浦孝作訳〔1967〕「道徳科学の論理」『世界大思想全集　社会・宗教・科学思想篇7』河出書房）
Mill, J.S.(1977) "On Liberty," In J.M.Robson（Ed.）*Essays on Politics and Society*, University of Toronto Press.（関口正司訳〔2020〕『自由論』岩波書店）
アリストテレス著，渡辺邦夫・立花幸司訳（2015）『ニコマコス倫理学（上）』光文社
髙宮正貴（2020）「リベラルな教育思想における美学の問題—J.S.ミルにおける個性と教育—」『近代教育フォーラム』29：25-31
水野俊誠（2014）『J.S.ミルの幸福論—快楽主義の可能性—』梓出版社

第9章 グリーン

―――行安　茂

第1節　グリーンの道徳思想と自我実現

イギリスにおける道徳教育思想を理解するためにはベンサム（Bentham, J.），ミル（Mill, J.S.），シジウィック（Sidgwick, H.）を通して功利主義がグリーン（Green, T.H.）によってどのように批判されてきたかを理解しておく必要がある。グリーンは同時代のシジウィックの功利主義を念頭において理想主義の自我実現の道徳論を展開した。

シジウィックの道徳論は直覚主義と快楽主義とから構成される。グリーンは理性に基礎を置く道徳論を展開する。シジウィックは快楽主義を利己主義的快楽主義と普遍的快楽主義とに分ける。前者は自愛であり，後者は仁愛である。シジウィックは自愛の原理をバトラー（Butler, J.）の「合理的自愛」に求める。これはシジウィックがミルの「自己犠牲」を批判し，自愛の合理性を擁護するためであったからである。シジウィックはこのようにして自愛と仁愛との2つの原理を立て，これを「実践理性の二元性」とよぶ。シジウィックのこの二大原理の発見は卓見であったが，両者が矛盾するとき，これはいかにして解決されるかという問題が起こった。シジウィックは『倫理学の諸方法』（1874）のなかでその矛盾の解決を試みたが，中途半端に終わる。

グリーンはこの問題を理性の観点から検討する。かれは自己自身の福祉と他人の福祉とは2つの対立した目的でなくて同一であるという。自己自身の福祉のなかに他人の福祉は含まれるとグリーンは考える。グリーンはこれと同じ方向において自己の完成のなかには他人の完成が含まれると主張する。理性はこのように一元的に人間の完成や福祉を要求するとグリーンはいう。グリーンは

理性の源泉を「神的原理」に求める。この原理は動物的有機体としての人間において理性を通して顕現する。理性は動物有機体の作用を媒介として現れる。ここに道徳の原点があるとグリーンは考える。

第2節　自我実現の目的と道徳的行為

　グリーンの理論によれば，人間は自己意識的存在である。意識的存在とは人間が欲求，知性，意志の３つの能力が統一的に働く存在であるという意味である。道徳的行為の原点は欲求である。欲求は目前の対象を所有したい行動として現れる。知性はその場合どの対象を所有したいかを考え，行為者は判断のタイミングをとる。人によっては欲求のままに直接行動をする場合もあるから判断は多様である。道徳的行為の場合，欲求の諸対象を比較し，どの対象を選択するか，なぜその対象を選択するかといった思考が働く。これが知性の作用である。

　この場合，グリーンは判断の基準を問う。グリーンはこの基準を自我に求める。自我は欲求，知性，意志の三能力から成る全体の概念である。この自我の要求に一致した対象が選択されなければならない。グリーンが自己識別的な，そして自己統一的な主体としての人間を考えるのは，人間は単なる動物とは違って自己と他の事物や他の人と違った存在であることを知った上で選択の行動をする存在であるからである。グリーンはその場合，意志を重要視する。「強い意志」は「強い人間」であるとグリーンはいう。人びとが悪い行動の誘惑（詐欺など）に負けるのは，強い意志と適切な判断力とが欠けているからである。グリーンは「私は今までこれこれの望ましい私であっただろうか」と自問した後，「道徳的善を求める努力の源泉は，私の無知や先見の明の欠如を恥じなくても私の利己性，なまけていること，短気を恥じることである」（Green, 1899：378）という。

　なぜかれは利己性，怠慢，短気の欠落を恥じることが道徳的善の源泉と考えたのであろうか。善を目的とする行為を妨げる要因は知識の不足よりも利己性，怠慢，短気（怒りやすいこと）のどれかにある。これらは各人の成長を妨

げ，失敗の結果を招く。しかもこれらのなかのどれをも克服することがもっとも難しいことは誰でも認めるに違いない。多くの人は子どもや少年の学力の向上にのみ関心を寄せるが，その学力は子どもなりの利己性，怠慢，短気と結びついた習慣を改め，新しい，よい習慣を形成すれば，徐々に向上することは誰にも理解できることである。しかし，この習慣を各自が自発的に形成することが困難であるといわれている。道徳教育の難しさと大切さとをグリーンの道徳論から改めて知ることができる。

　グリーンの道徳教育論においてもうひとつ注目すべきことがある。それは自由と責任との関係についてである。道徳的行為は，自我の統一意識が，すでに述べたように，欲求の諸対象のなかから自我にもっとも適した対象を選択し，その対象を実現する行為を主体的に決定することによって成立する。この場合注意すべきことは自ら選択した目的を実現したとき，その結果は，善かれ悪かれ，自分自身が招いたのであるから，行為者自身に説明責任があるということである。たとえそれが失敗であってもその説明責任は行為者本人にある。欲求の対象を自我と同一視し，その実現にもっとも適した行為を選択したとき，最悪の結果（失敗）は前もって予想されていたはずである。失敗などの結果の段階において後悔しても，これは行為の選択においてすでに予測されていたといわなければならない。なぜ私はこの目的を選択したか，その実現に求められる行為の選択は適切であったかという疑問はすでに答えられていたからである。この説明責任は道徳的行為の判断には常に求められる。

第3節　共通善，相互奉仕，社会生活

　グリーンの道徳論においてもっとも注目されることは共通善である。グリーンは共通善の基礎を普遍的意志に求める。この意味は各人の側でその人格および他人の人格において人間性をもっともよく生かそうとする意志である。これはカントの定言命法において主張される人間性（humanity）を目的それ自身として尊重する思想と同一である。グリーンはここに「人間の完成」を発見する。これは理性の要求であり，それは社会制度（家族，国家）の基礎であると

グリーンはいう。しかし，理性の普遍的要求は現実の社会においては完全には実現されていない。その原因は，すでに述べたように利己性にある。いかにすれば利己性は克服されるか。共通善はいかにして達成されるであろうか。

　グリーンはこれに対して共通善は「相互奉仕の理想」であると答える。各人が自発的に奉仕することは他人にとって善であるのみならず自分自身にとっても善である。このように考えられるならば，相互奉仕は共通善であることが理解される。しかし，相互奉仕への献身の徳は「無限の精神」に対する人間の「謙遜」（self-abasement）があって初めて可能であるとグリーンはいう。「無限の精神」に対する人間の態度は「道徳的生活のすべての上昇段階に属する畏敬と熱望の同じ態度である」（Green, 1899：372）という。

　このように見るとき，グリーンが主張する「相互奉仕への献身」の態度はその背後に宗教的なものが前提にされていることを知ることができる。人間の完成もこの観点から主張される。もうひとつ注目されることは人間の完成が社会の協働生活のなかで考えられていることである。グリーンはこの点について以下のようにいう。「われわれは以下のように主張することが正当化される。……それ（人間の完成）が達成される生活は社会生活でなければならない。この生活においてはすべての人々は自由に意識的に協力する。なぜかといえばそうでなければ自己自身にとって目的である行為者としての人々の本性の可能性は社会生活の中で実現され得ないであろうからである。そしてこの必然の結果としてそれは一つの調和的意志―すべての人の意志が各人の意志―によって決定された生活でなければならない。われわれは以前にすでにそれを個人的徳（献身的意志），すなわち，それのみが維持することができる完成を目的としてもつ意志の条件と呼んできた」（Green, 1899：351）。

　グリーンは献身を「自己犠牲的意志」ともよぶ。犠牲にされるべきものは利己的快楽である。その目的は自己および他人にとって「完全な生活の理想」である。この目的のための自己犠牲的意志はその目的への単なる手段ではなくて，この献身的行為それ自身がすでに「完全な生活の理想」の一部分の意味をもつとグリーンは考える。すなわち，目的と手段とが分離して考えられるので

はなくて連続的に考えられているのである。グリーンはこの点を次のように述べる。

　「犠牲が要求される目的はある程度達成されている。それはある程度においてのみであるが，十分にではないが，その結果犠牲はそれ自身価値のない手段としてではなくて，その形成に助けとなる一つの全体への構成要素として完全な目的に関係づけられる。われわれが真の目的と考える人間精神の諸力のあの実現は，それに向かってわれわれが今一歩進むが，現在全く参加がない，遠い距離にあるものとして単に考えられるべきではない。それは完全さの変化する，進歩的程度においてではあるけれども，絶えず前進している。そしてより高い善のために個人が傾向性を犠牲にすることは，無害であれあるいはその方法において賞賛に値するにせよ，それ自身すでにある程度より高い善の達成である」(Green, 1899：476-477)

　以上がグリーンの道徳論の要点である。

第4節　グリーンの教育改革と共通善

　グリーンは教育改革者であった。かれは1864年12月，イングランドおよびウェールズの小学校制度の調査研究のため「王立委員会」が設立されたとき，その補佐委員として任命された。その目的は小学校の上級の中等学校の新設であった。グリーンなどの有識者は中産階級の子弟の教育を拡充するために「グラマー・スクール」を提案する。グリーンが28歳のときであった。グリーンはこの実績が評価され，1876年，オックスフォードの市長から「オックスフォード市議会議員に立候補してもらいたい」と強い推薦をうける。市長はグリーンに「オックスフォード男子高等学校設立の計画を立ててほしい」ことを懇願したという。グリーンはこの要望を受諾する。その理由は次の2つであった。

　第1は当時オックスフォードにはパブリック・スクールが存在していなかっ

たことである。グリーンは市長がこの種の中等学校を設立する意向をもっていたことに強く共感した。第2はオックスフォード市の中産階級が新設の高等学校を強く要望していたことであった。当時のイギリスでは大学へ行くためにはパブリック・スクールに入学する必要があった。しかしこの名門に子弟を送ることができる家庭は経済的に恵まれた上流階級であった。中産階級の子弟はパブリック・スクールの生徒に劣等感をもっていた。オックスフォード市の中産階級がオックスフォード大学に対して敵意の感情をもっていたのは上流階級と中産階級との間に社会的差別と不公平の感情があったからである。

　グリーンはこの差別を解消するために「オックスフォード男子高等学校」を設立することに生涯を捧げたのであった。本校が開校したのは1881年9月15日であった。

　グリーンの教育改革の思想は共通善であった。オックスフォード男子高等学校の設立は同市の中産階級に対する教育の平等な機会を提供する願望に基づくものであった。サマーヴィル・カレッジがグリーン夫妻などの知識人によって設立されたのも女性の高等教育への平等な機会を提供したい願望からであった。いずれもすべての市民が共通の教育をうける権利を保障するためであった。それはすべての市民が共通善を享受することができることが目的であった。

• 参考文献 • ⋯⋯⋯⋯⋯⋯⋯⋯⋯⋯⋯⋯⋯⋯⋯⋯⋯⋯⋯⋯⋯⋯⋯⋯⋯⋯⋯⋯⋯⋯⋯

Green, T.H. (1899) *Prolegomena to Ethics,* Fourth Edition, Clarendon Press.

第10章 デューイ

―――― 行安　茂

第1節　19世紀から20世紀における学校教育の現状と
デューイの問題意識

　デューイ（Dewey,J.）は「なすことによって学ぶ」（learning by doing）の理論
を提唱した。その背景には当時のアメリカの学校教育のあり方についてデュー
イは以下のような疑問をもっていた。

⑴　第1は教科指導の試験が同一のテキストであったことへの疑問であった。
　教科書や諸資料は各学校の自由な選択に任せられるべきであるとデューイは
　主張する。

⑵　第2は授業の方法が子ども全員が暗誦し，同じ答えが求められていたこと
　に対する疑問である。デューイは子どもが各自自由に意見を発表し，問題解
　決への多様な答え方が期待されなければならないと主張する。

⑶　第3は知識がどのように使われるかということについて教師が関心をもっ
　ていなかったことへの疑問であった。デューイは知識は問題の解決への手段
　として活用されることによって初めて意義があると主張する。

⑷　第4は学校がコミュニティから孤立した制度に対する疑問であった。学校
　はコミュニティの反映でなければならないとデューイは主張する。子どもは
　コミュニケーションを通して相互に学ぶことができる。教師は学習方法とし
　てコミュニケーションによる対話の意義を認識する必要があるとデューイは
　主張する。

⑸　子どもは自然，地域社会の成人や家族との絆を通して成長する。子どもの
　成長はこうしたコミュニティのなかでのコミュニケーションを通して成長す

る。学校とコミュニティとの相互協力が大切であるとデューイは主張する。

第2節　デューイの心理学的アプローチと衝動の自己規制

デューイは以上の観点から成長のプロセスを「衝動の調停」(the mediation of impulse) と考える。衝動は盲目的ではなくて目的に向かって合理的に展開するとデューイはいう。

「子どもは自然の衝動によってあざやかな色に向かって手を伸ばす。手はそれに触れ，新しい経験—接触の感じ—を得る。これらの感じは，次の行動への刺激となる。子どもはそのものを口に入れ，味わうなどする。換言すれば，それぞれの衝動の表現は他の諸経験を刺激し，これらの経験はもとの衝動に反応し，これを修正する。このように引き起こされた経験が，引き起こす衝動へと反作用することは道徳的行為の心理学的基礎である」(Dewey, 1971：236-237)（傍点はデューイによるイタリックの部分）

この例は子どもの衝動が合目的的であることを示すものとして注目される。それは自然に即した連続的過程のなかへ組み込まれる。この経験は第3，第4の段階へと展開する可能性を含んでいる。そこには衝動の合理性を発見することができる。そこには目的と手段との結合がすでになされていると見ることができる。

第3節　衝動の組織化と習慣形成

衝動は性格の特徴によって目的と手段とを上手に結合する場合もあれば，失敗する場合もある。この場合，衝動をどのように組織化することができるかが問題である。衝動は，デューイによれば，知性と双生児である。衝動が起これば知性は無意識的に同時に働くとみられるが，子どもから成人期に達する間は衝動と知性との結合の程度によって成功と失敗との連続であるとも見ることができる。

　デューイは衝動を組織し，一定の習慣を確立することによって衝動は安定
し，秩序を保つという。デューイは「衝動の調停」によって怒りなどの衝動を
平静にすることができるという。これができるのは反省の作用によってである
とかれはいう。反省はこの場合どう衝動に働きかけるのであろうか。デューイ
は次のように答える。

　「衝動のあらゆる調停の最初の効果はその行動をチェックしたり，引き止め
たりすることである。反省は延期を意味する。それは延期する働きである。こ
の間において衝動は他の諸衝動，諸習慣，諸経験と結びつけられる。今や正当
なバランスが保たれるならば，結果は本来の衝動が自我と調和されるようにな
る。そしてその衝動が表現されたとき，それはそれ自身部分的性質を表現する
のみならず，全自我を実現する。衝動はこの全自我が出口を見出す器官とな
る。怒りまたは仁愛から生ずる行為の道徳的標準は自我の部分のみかそれとも
全性格が行為において外に動いているかどうかである。悪い行為は部分的であ
り，善い行為は有機的である。善い人間は『生きるために食べる』，すなわち，
空腹の欲求の満足さえも全自我または生命にとって目的にかなっている」
(Dewey, 1971 : 244-245)

　デューイは怒りと反省との関係について以上のように説明する。怒りの衝動
が起こった場合，直ちに行動が起こりやすい。怒りと行動との間に間（時間の
「ま」）を取るのが反省である。問題は怒りが起こった瞬間においてこの「ま」
を取ることが知性の反省によってできるかどうかである。怒りの瞬間において
は感情は激しくなっており，冷静さを失っているのが普通である。デューイの
「反省」作用がこの激情を抑える力をもっているか。これが問題である。デュ
ーイはこの問題に答えるために衝動の調停から習慣形成へと視点を移す。習慣
は諸衝動を組織化する形式である。それは行動を秩序づけ，目的の達成を効果
的にする。習慣は目的を達成するための手段である。デューイは習慣形成にと
って重要な要素は目的の観念であるという。

第4節　習慣形成とその固定化からの転換

　習慣によって人間は選択の状況に直面したとき行為を方向づけることができる。習慣は知性の反省作用にとって代わる役割を果たす。しかし，状況によっては過去の習慣によっては乗り切ることのできない状況に直面することがある。それは過去の習慣にとって代わる新しい習慣が求められる状況である。この場合現状の研究が重要であるとデューイはいう。そうでなければ過去の習慣に頼るようになるからである。大切なことは現状のなかに新しい目的を発見することであるとデューイは強調する。

　「その実現の手段として用いられる現状の調査に基づいて形成されない目的はわれわれを過去の古い習慣へ引きもどす。そのときわれわれはなそうとしたものではなくて，なすことに慣れてしまっていることをするか，そうでなければ盲目的な知的方法によってころげ廻る。その結果は失敗である。落胆がつづく……」(Dewey, 1983：160)

　新しい目的を発見するためには今まで実現してきた目的を再検討し，この成果のなかに次に達成すべき目的がすでに含まれているとデューイはいう。かれは航海の船員を例にあげ次のようにいう。

　「船員は星に向かって航海するのではなくて，星に注目することによってかれの現在の航海が助けられる。港がかれの目標であるのは船員がそれを所有することではなくて，それに到着することの意味においてのみである。港はかれの考えの中ではかれの活動の方向を向け直す必要があろうという意味のある到達点である。活動は港に到達したとき終わるのではなくて，単に活動の現在の方向であるにすぎない。港は現在の活動の終点であると同じく別の活動の始まりである」(Dewey, 1983：156)（傍点はデューイによるイタリックの部分）

　要するに，航海は連続的活動であるとデューイは主張する。終点の港に着いた後，再び新しい港に向かって航海が始まる。デューイは港を「旋回心軸」とよぶ。それは方向転換の一応の終着点である。それは船員にとっては航海が始まる出発点である。

第5節　成長の連続過程と現在の活動の意味

　デューイが船員の航海の例によって注意を喚起したのは以下の2点である。
　第1は航海は連続的活動であって途中の寄港は一時的到達にすぎないということである。しかし，安全に港に到達するためには今航海している活動への配慮と注意とが大切であるということであった。第2はこの現在の活動は目標に到達する手段であると共に目的それ自身でもあるということであった。
　こうした活動においても誤りや失敗は多かれ少なかれ不可避である。デューイはこの点について以下のように考える。「誤りは最早悲しまれる，単なる不可避の出来事でもなければ，償われ，許されるべき道徳的罪でもない。誤りは未来におけるよりよい進路についての知性と教えとを用いることの間違った方法の教訓である。それらは訂正，発展，再適応の必要への指示である。目的は成長し，判断の標準は改善される」（Dewey, 1982：180）。
　これは重要な指摘である。学習活動やその他の活動における誤りや失敗は成長のプロセスのひとつの経験であるとデューイはいう。それは次の改善に向けて何をなすべきかについての指示である。失敗，誤り，知識の不足は成長への「旋回心軸」である。現在の活動が失敗であっても，それは成長への転換点としてうけとるならば，プラスに変化するとデューイは考える。逆に，過去の学業成績や評価がいかに高くても，それに満足して次の第一歩が踏み出せない人は成長が後退するとデューイはいう。

　「悪い人とはかれが今までにいかに善かったとしても今低下し，善くならなくなり始めている人である。善い人とはかれが今までにいかに道徳的に無価値であっても今よりよくなろうと動いている人である」（Dewey, 1982：180-181）（傍点

はデューイによるイタリックの部分)

　いずれにしても重要な点は現在の時点において何をなすべきかを未来の展望の観点から反省することである。これが成長の条件であるとデューイは考える。

第6節　行為，自我，経験のリズムの関係

　デューイの思想のポイントは行為と自我との同一性の認識にあった。この視点は初期のデューイの論文「道徳的理想の自我実現」(1893) のなかですでに指摘されている。「道徳は何らかの行為をそれ自身の外の目的への単なる手段へと降格することにあるのではなくて，行為をそれ自身のためになすこと，あるいは行為を自我としてなすことにある。いかなる行為もそれが注意を吸収するのでなければ，完全にはなされないことは簡単な心理学的事実であると私は考える。そこで行為をなしつつ注意が善さという外的理想にも注意が向けられなければならないとすれば，その行為は悩みと分裂とを被らなければならない。行為がそれ自身のため，あるいは自我としてなされないならば，それは部分的になされるにすぎない」(Dewey, 1971：52)。

●参考文献●‥‥‥
　Dewey, J. (1971) *The Early Works of John Dewey, 1893-1894*, 4, Southern Illinois University Press.
　Dewey, J. (1982) *The Middle Works of John Dewey, 1899-1924*, 12, Southern Illinois University Press.
　Dewey, J. (1983) *The Middle Works of John Dewey, 1899-1924*, 14, Southern Illinois University Press.

第11章 ロジャーズ，コールバーグ

───── 諸富　祥彦

第1節　デューイ以降のアメリカの道徳教育思想

　デューイを中心とする経験主義，プラグマティズムの思想は，アメリカの心理学や教育学の発展につながり，多様な形で道徳教育の方法論として影響を与えている。以下では，アメリカの価値教育の方法のひとつである「価値の明確化」の基盤になっているロジャーズ（Rogers,C.R.）の価値づけ論と，コールバーグ（Kohlberg,L.）の道徳性の認知発達論を取り上げる。

第2節　ロジャーズの価値づけ過程理論

　米国の価値教育のひとつである「価値の明確化（values-clarification）」では，人が主体的に価値を選択し実現していくプロセスを重要視した。その理論的支柱のひとつが，人間性心理学，とりわけロジャーズの理論である。

　臨床実践のなかで形成されたロジャーズの理論には，他者や社会からの期待に応えることで自己を見失っていた個人が，援助的関係に支えられて自ら主体的に価値選択できるようになっていくプロセスが，具体的に描かれている。

　あらゆる有機体は，本来，自らを維持し強化する刺激と行動に満足を経験するようにできている，とロジャーズはいう。有機体は，自らの成長に好都合な環境条件さえ与えられれば自らを維持し実現していく傾向を備えている，人間も同様だ，というのである。ロジャーズ理論の基底には，あらゆる生命あるものへの絶対的な信頼が据えられている。

　ロジャーズによれば，幼児は，食べ物を肯定的に価値づけるが，満腹になると否定的に価値づける。24種類の自然食を並べ，どのような順序で食べるか

を調べた実験では，最初はでんぷんが豊富なもの，次はたんぱく質が豊富なもの，さらにはビタミンが豊富なものという順序でバランスよく食事をとることができる。さらにまた，安全を意味する抱擁や愛撫は肯定的に価値づけるが，身の危険を意味する痛みや苦みは否定的に価値づける。

　こうした観察からロジャーズは「幼児の身体に備わる生理的な知恵がその行動を導いて健全な選択をおこなっている」と考える。幼児の価値づけ過程が有機体的な基礎をもつ身体・生理的な知恵によって導かれていることから，ロジャーズはそれを「有機体的価値づけ過程（organismic valuing process）」と命名した。幼児は有機体的に経験される満足を基準として，自らを維持し強化する対象や目的を価値あるものとして選択するというのである。

　しかしこの価値づけ過程は，人間の成長に伴って次第に分裂していく。それは，幼児が他者からの愛情を欠いては生きていくことができないからである。たとえば幼児が妹の髪を引っ張って，泣き叫ぶのを見て満足を感じるとする。母親は当然，幼児を叱るが，幼児はこれを自分の存在そのものに向けられた不承認として受け止める。無力な幼児にとって，母親の承認を失うことは致命傷なので母親からの承認の獲得を何よりも優先するようになる。

　こうして他者からの愛の獲得を重視して行動するようになった幼児は，そのうち次第に，その同じ行動を，他者からの承認とは無関係に行うようになる。自分自身の承認を得るために，他者から取り入れた価値，たとえば妹を愛さなくてはならない，という価値に従って行動するようになるのである。幼児はこうして，自らの身体・生理的な知恵から離れて「承認の条件（conditions of worth）」に縛られて生きるようになる。自らの内部に「取り入れた価値」のレベルと「身体・生理的な知恵」のレベルとの分裂を抱えるようになる。

　現代人の大半は自らの内部にこの分裂を抱えている。けれど受容的共感的な関係のなかであるがままに承認され尊重されていると，この分裂は解消し，人格は再び統合されていく。自分自身の「五感と内臓感覚的な経験」の知恵，すなわち有機体的な価値づけ過程と再び接触し始めるのである

　では，幼児の価値づけと成熟した人間の価値づけは何が違っているのか。

　第1に成熟した人間は思考のみならず，自分自身の身体感覚をも価値判断のためのデータとして自覚的に利用する。第2に成熟した人間においては，記憶に刻み込まれた莫大な情報が利用され，と同時に有機体的な知恵との接触が図られる。ロジャーズは，成熟した人間の価値づけのこうした特質には普遍的な共通性があり，それは「自分自身と共同体における他者の発達を強化し，ひいては種の生存と進化にも貢献する類」のものだと言う。

　ロジャーズの価値論は，真に主体的な価値選択は，思考レベルの観念的なものではなく，より身体的な実感に基づいて行われるものであることを教えてくれる。よい道徳教育の基盤のひとつは，いうまでもなく，「自分で深く考えること」である。しかし，「深く考える」ことが，観念的な思考の堂々巡りに終わらないためには，自分のなかに深く沈潜して考えること，「沈思黙考」の時間が必要である。この「沈思黙考」が十分に深い思考であるためには，論理や概念を用いた観念的思考にとどまらず，身体の知恵にも触れる思考でなくてはならない。ロジャーズのいう「有機体的価値づけ過程」，あるいは，ジェンドリン（Gendlin,E.）のいう「暗黙なるもの（the implicit）」を用いての思考でなくてはならない。道徳教育では，生きることをめぐるさまざまな問題について「深く，考える」。真に「深く，考える」とは，どのようなことであるかをロジャーズ理論は教えてくれる。

第3節　コールバーグの道徳性の認知発達理論

　コールバーグは，ピアジェ（Piaget,J.）の発達理論を継承し，人間が道徳的判断を下す際の「思考の枠組み」の変容に着目して，独自の道徳性の認知発達理論を唱えた。コールバーグをぬきにしては，道徳性の発達について語ることは不可能といっていいほど，彼が道徳性の発達に関する理論的実証的研究においてなしとげた功績は大きいものがある。

　コールバーグの道徳性の認知発達理論は次の三水準，六段階からなる。

① 　最初の水準は「慣習的水準以前の水準」である。

　それぞれの文化における「慣習」以前の道徳的思考を行う水準である。

74

　この水準は，第一段階，第二段階の2つの段階にわかれる。

　第一段階は「罰と服従」志向の段階である。罰を避け，力のあるものに対して盲目的に服従することを正しいとみなす段階である。「私は，〇〇することが正しいと考えます。なぜなら，そうしなければ私は罰せられるからです」とか「私は，〇〇することが正しいと考えます。なぜなら，あのお方がそれが正しいと言うからです」といった仕方で，正しさの判断が行われる。

　第二段階は，「道具主義的な相対主義」志向の段階である。欲求を満たすことを正しいと考える段階である。人間関係はそのための手段であるとみなされる。物質的で実用主義的な理解が主となっている。「あなたが〇〇してくれるなら，私は〇〇してあげます」とか，「私は〇〇が正しいと考えます。なぜなら，そうしなければ，私は困るから」と考える段階である。

　②　2つ目の水準は慣習的水準である。この水準では，それぞれの人が属する家庭，集団，国家のもつ慣習的な考えそれ自体を大切にする。他者の期待に応えたり，社会秩序に同調することをよしとする。忠誠心をもち，秩序を維持する態度を正しい態度であるとみなす傾向がある。

　この水準は，第三段階，第四段階の2つの段階にわかれる。

　第三段階は，「対人的同調」あるいは「よいこ」志向の段階である。他者を喜ばせたり，他者から肯定されることがよいこととみなされる。多数派の行動，あるいは「ふつうの」行動がよいとみなされる。いわゆる「善良な意図」が重要視される。「私は〇〇することが正しいと考えます。なぜなら，そうすることが正しいと周囲のみなが言うからです」といった仕方で道徳判断を行う段階である。

　第四段階は，「法と秩序」志向の段階である。権威や規則，社会秩序の維持をよしとする段階である。正しい行為とは義務を果たす行為であり，社会秩序を維持する行為であるとみなされる。「私は〇〇することが正しいと考えます。なぜなら私はこの社会の一員だからです」といった仕方で判断がなされる。

　③　最高の水準は「慣習的水準を超えた水準」「自律的，原理化された水準」である。この水準では，道徳的価値や道徳原理は，それを支持する集団や人

びとの権威から独立して考えられる。自分が属する家庭，集団，社会，国家
の考えから独立した「慣習を超えた思考」ができる段階である。

　第五段階は，「社会契約的な法律」志向の段階である。正しい行為は，個人
や社会によって批判的に吟味され合意された規準によって定められるとみなさ
れる。自分や他者の考えはいずれも相対的なものであることが意識されてお
り，それ以上に，コンセンサスに達するための手続き上の規準が重視される。
合理的な話し合いによって法を変えることができることも強調される。「自由
な同意と契約を重んじる段階」である。「私は〇〇することが正しいと考えま
す。なぜなら，そうすることによって，じゅうぶんな合理的な話し合いと合意
を経たうえで，どうするかを決めることができるからです」といった仕方で判
断がなされる。

　第六段階は，「普遍的な倫理的原理」志向の段階である。正しさは，論理的
包括性，普遍性，一貫性に訴えて，自分自身で選択した「倫理的原理」に従う
ことによって定められる。「公正」，人間の「権利」の「相互性」と「平等性」，
「個々の人格」としての「人間の尊厳の尊重」という普遍的な原理が重んじられ
る。「私は〇〇することが正しいと考えます。なぜなら，それは〇〇という原理
によってそう考えることができるからです」といった仕方で判断がなされる。

　コールバーグの道徳性の発達理論については，さまざまな批判もなされてい
るが，その貢献は計り知れないものがある。たとえば「慣習以前のレベルから
慣習的レベル，そして慣習を超えたレベルへ」という道徳性の発達の基本図式
を示した点がそのひとつである。

　道徳性の発達について考える際，私たちはしばしば，「他律から自律へ」と
いう図式で考えてきた。しかし，一見，同じ他律に見えるケースでも，「これ
をしないと〇〇に罰せられるから，する」という「罰の回避」の段階と，「周
囲の人がみなそうしたほうがいいと言うから，する」という「対人的同調」の
段階では中身がまったく異なる。また，一見自律のように見えても，判断の内
容が「私はこうするのが正しいと考える。なぜなら，私は〇〇の一員だから」
といった慣習的水準にある場合と，その慣習そのものを疑いの対象とし，批判

的に吟味し，じゅうぶんな合意形成のプロセスそのものを重要視するポスト慣習的水準にある場合とでは，まったく異なる。

　真に自律的な道徳性とは，単に自分で自分を律する，コントロールできる，というだけではじゅうぶんではない。慣習道徳を相対化し疑問視し，真に自分自身で考えた，といえる超慣習的レベルになっている必要がある。

　こうした視点を道徳性の発達の図式として明確に打ち出した点が，コールバーグの最大の貢献であろう。「他律から自律へ」という図式を「他律から慣習的判断による自律へ，そして超慣習的判断による自律へ」という図式に変更した点は，コールバーグの大きな貢献である。

　このように，コールバーグの貢献はひとりモラルジレンマ授業のみに限定されるものではない。さまざまなアプローチを用いて真の道徳性を育てようとするときに不可欠の重要な視点を提供してくれるものとして，コールバーグ理論は再評価される必要があるだろう。

●参考文献● ……………………………………………………………………………

　Raths,L.E., Hermin,M., & Simon,S.B.(1978) *Values and Teaching : Working with Values in the Classroom*, Charles E. Merrill Pub.（遠藤昭彦監訳，福田弘・諸富祥彦訳〔1991〕『道徳教育の革新―教師のための「価値の明確化」の理論と実践―』ぎょうせい）

　Rogers,C.R.(1964/1983)"A Modern Approach to the Valuing Process," In *Freedom to Learn for the 80's*, Charles E. Merrill Publishing Co.:257-258.

──────德重　公美

第12章　中国における道徳教育思想

中国を代表する思想として，そして古来より日本に大きな影響を及ぼしてきたもののひとつとして，儒教をあげることができる。中国で春秋末期に起こった儒教は，焚書坑儒（秦）の惨禍を経ながらも，前漢から清末にかけて国教化され，宋代以降は科挙によって高官・知識層において必須の教養とされるなど，長く基盤的思想であった。日本においても儒教受容の歴史は長く，6世紀頃に『論語』が伝来して以降，古代においては公的文書や社会制度での経書の活用や専門教授機関（大学寮）の設置がみられ，宮中で孔子を祭る釈奠（せきてん）が行われた。中世では，朱子学が禅僧たちに受け入れられ（禅儒一致），近世に及ぶと大いに流行して，幕府や各藩の学問所から市井で経営された私塾，寺子屋に至るまで，身分を超えて広く学ばれた。近代では封建制度を支えたイデオロギーとして反省の対象となったが，間断なく影響をうけ続けてきたといえるだろう。

第1節　孔子，孟子

『漢書』藝文志によれば，儒教とは孔子（紀元前551年～前479年。名は丘。字は仲尼）を祖とし，唐虞三代の聖人を尊び，孔子が一部その編纂に携わったとされる六経に基づいて，その本旨としての仁義の徳を修める学問のことである。仁義の称揚は孟子にみられることから，先述の内容は，儒教を孔孟の学として理解したものであるが，儒教のもっとも簡明な説明ということができよう。

1 孔子と「礼」「仁」

下剋上が起こり混迷を極めた春秋時代に生まれた孔子は，その無秩序をただ

す方法として「礼」を重んじた。礼とは礼儀，具体的には孔子が敬慕した周王朝初期の儀礼習俗，礼楽文化のことであるが，これらは「父母に事えて能く其の力をつくし，君に事えて能く其の身を致し，朋友と交わるに言いて信あ」る（『論語』学而，以下篇名のみ記載）（金谷，1999：24）こと，つまり父子・君臣・朋友の人間関係を秩序づける行為規範である。「述べて作らず，信じて古えを好む」（述而）（金谷，1999：127）とは，孔子が自らの学問態度を説明したものであるが，冠婚葬祭から風習，制度に至るまでの伝統的な儀礼に精通した孔子は，その再興によって人倫の秩序を整え，社会が調和することを試みたのであった。

　「礼」とともに孔子が重視した徳目が「仁」である。孔子は「人にして仁ならずんば，礼を如何」（八佾）（金谷，1999：52）と述べ，行為の定型を守ることに偏重して形式主義に陥らないよう，「礼」の本質には「仁」があることを強調した。「仁」とは何かという問いは，それ自体が儒教の重要課題となっているが，「仁」を説明したと考えられる『論語』の表現はいくつかある。「人を愛す」（顔淵）（金谷，1999：242）や「忠恕」（里仁）（金谷，1999：77）などがそうであり，「孝弟なる者は其れ仁の本たるか」（学而）（金谷，1999：20）とも述べられることから，親兄弟に対する親愛や思いやりといった家族道徳を，家族に限らずに，より普遍化して捉えなおそうとしたものが「仁」であるということができよう。他者を思いやり，愛する心を諒解して行われる礼の実践はさらに，自分の欲望や勝手な判断に従った行動はしないという態度（「克己復礼」顔淵）（金谷，1999：224）や，「己れの欲せざる所は人に施すことなかれ」（顔淵）（金谷，1999：225）といった方法で論じられ，「仁」を実践する者は「君子（君子儒）」（雍也）（金谷，1999：113）とよばれた。

　さて，孔子が用い（君子儒・小人儒），その学問の名ともなった「儒」について触れておく。孔子以前にも「儒」は存在し，加地伸行（1990：52-54）や白川静（2004：419）によれば，彼らは雨乞いの祭祀を行ったり，祖霊と感応したりするシャーマンの集団であり，彼らの敬天・崇祖に基づいた行為が「礼」を形作った。衛の霊公が孔子に軍略のことを尋ねた際，孔子は「俎豆（そとう）の事は則ち嘗（かつ）てこれを聞けり。軍旅の事は未だこれを学ばざるなり」（衛霊公）（金谷，1999：

303）と答えて，国家の統治に武力を用いようとした霊公を拒絶したが，「俎」と「豆」はともに祭祀の際に供物を盛る器のことであり，自己の立場を「俎豆の事」で表明するのは，それが「礼」と直結していたからである。一方で孔子は，「未だ人に事うること能わず，焉んぞ能く鬼に事えん。……未だ生を知らず，焉んぞ死を知らん」（先進）（金谷，1999：208）と述べ，儒が対象としてきた霊的世界を敬遠して，現世主義的態度を強調した。そして，祖先祭祀の行為の根幹をなしていた「孝」（血族のなかに流れる生命の連続性・永遠性）を，他者を思いやり，愛する心としての「仁」へと普遍化し，社会秩序の基盤としたのである。加地（1990：53）は「シャマニズムを基礎として政治理論までを（さらに後には宇宙論・形而上学も）有している理論は，おそらく世界で儒教だけであろう」と述べるが，まさに儒をそのようなものへと発展させたのが孔子であった。

2　孟子と性善説

　「礼」や「仁」を尊ぶ孔子の教えを継承し，発展させた人物が孟子（紀元前372 頃～前 289 頃。名は軻。字は子車・子居・子輿など）である。孟子が重視した「仁義」や五倫説，性善説は，後世の儒教に大きな影響を与え続けた。

　儒教は，先にみた通り現世主義的な立場から人間関係の秩序を整えることを重視し，それを国家の統治の基礎と位置づける。孟子は，この基礎となる人間関係を「父子親有り，君臣義有り，夫婦別有り，長幼序有り，朋友信有り」（『孟子』滕文公上，以下篇名のみ記載）（小林，1968：211）の「五倫」であると説明した。のちに董仲舒（紀元前 167 頃～前 104 頃）は，このなかから君臣・父子・夫婦の３つを「三綱」として重視し，人が行うべき基本徳目として，後述する孟子の「仁義礼智」に「信」を加えた５つの徳目を「五常」と定めたが，「五倫」や「三綱五常」は儒教の基本倫理となった。

　この基本倫理の実践を支える根拠とされたのが性善説である。孟子は，今まさに井戸のなかに落ちようとしている幼児をみれば咄嗟にそれを助けるであろうということを根拠に，人間には生来「忍びざるの心」「怵惕惻隠の心」（非常事態でも見逃せず，痛ましく思う心）が備わっているとした。この時の幼児を助

けたいと思う心は，そうすることによって利益や称賛を得たいとか，むしろその行いをしなかったことによって非難されるかもしれないといった判断以前に起こる，人間の原初的な感情であるとする（公孫丑上）（小林，1968：139）。人間は生まれつき他者を憐れみ思いやる心をもっているということ，これが孟子のいう性善説である。

　さらに孟子は，この生まれながらにしてもつ善なる心を「四端の心」（惻隠・羞悪・辞譲・是非）であると説明し，それらが仁義礼智の徳の端緒となっているとした。四端の心を広範な人間関係に充ちてゆくよう「拡充」すれば徳は結実するとし，拡充できなければ，天下の統治も，親孝行さえも不可能であると説いたのである（公孫丑上）（小林，1968：140）。

　人間の生まれつきの善性は「仁義」とも言われ，たとえば孟子は「人に存する者と雖も，豈仁義の心無からんや」（告子上）（小林，1972：242）と述べ，斉王の子・塾が士人の志を問うのに対しては「仁義のみ」と答えた（尽心上）（小林，1972：361）。仁義礼智の徳のなかでも仁義を取り上げた背景について，孟子は，その時代において君主を無視して自分のことを考える楊朱の個人主義や，自分の父親を尊ぶことなく無差別に人を愛することを説く墨翟の兼愛説が広がっていたことをあげ（滕文公下）（小林，1968：256），前者には仁を，後者には義を対置させて強調し，王道政治の根幹に結びつけたのである。

　このように儒教の基本倫理は，生来ある内面（善＝四端の心）を出発点にして，外界における繋がりに秩序（仁義・五倫）を創出するものである。孟子は自暴自棄にさえならなければ仁義の道を実践することができる（離婁上）（小林，1972：31）と，性善説をもって論証したのであった。

　さて，儒教の性論には，性善説とは真逆の立場である性悪説の展開もある。性悪説を唱えた荀子は，自分にはないもの，より優れたものを求めようとする人間生来の欲望ゆえに倫理の実践が図られるのだと論じたが，本節ではそれが，孟子と同様に，孔子が重んじた礼の実践の正当性を主張する理論であったということだけおさえておく。

第2節　朱　　子

―――徳重　公美

　孟子以降，儒教は長い文献解釈（訓詁学）の時代を経て，宋代に大きな転換期を迎える。新儒教とよばれる朱子学（宋学，理学とも）の成立である。

　その学問の大成者である朱子（1130〜1200。名は熹。号は晦庵）は，北宋の周濂渓（1017〜1073）や程明道（1032〜1085）・程伊川（1033〜1107）（明道が兄，伊川が弟。2人を合わせて二程子とも称する）などの影響をうけて，宇宙論から政治論，道徳論におよぶ壮大な学問体系を完成させた。また，儒教の伝統（道統）は孔子から曾子，子思，孟子へと受け継がれたとし，伝統的に重んじられてきた五経に，四書（『大学』『中庸』『論語』『孟子』）を加えて儒教の基本経典とするなど，儒教の方法論における改革も行った。

　本節では，朱子学における倫理学的側面に着目する。朱子学における倫理学上のテーゼは「聖人は学んで至るべし」（『近思録』に引用された程伊川の言葉）であった。元来「聖人」とは，理想と仰がれてきた唐虞三代の聖王たち（堯舜禹湯文武），そして孔子の敬慕した周公を指した（後に孔子を加える）が，朱子学は，過去の聖人を人間の理想的な姿として普遍化し，彼らを有徳者・人格的完成者と内面化することによって万人に聖人となる道を開いた。そしてそれは単に理想なのではなく，人間の当為としても語られる。このことについて，朱子学の理気論，心の解明（性即理），修養論（居敬窮理）を取り上げる。

1　「理」と「気」

　存在するものはすべて「理」と「気」で成り立っている。「気」は，たとえば，運動エネルギーをもった「微細な物質」（垣内，2015：15）をイメージしてほしい。島田虔次（1967：81）のように，気をガス状，空気状の物質とし，その「動静」の運動であると説明する場合もあるが，いずれにしても「気」はさらに，陰陽・五行の属性を伴っていて，異なる属性の微妙な配合の差で，人間（さらには個々人），動物，植物，無生物，さまざまな存在を形作る。つまり万

物は「気の凝集のバラエティにほかならない」（島田，1967：83）。そして「気」の凝集は，そのものをそのものたらしめる根拠としての「理」を必ずもつ。「理」と「気」には順序や優劣がなく，「気」（存在）は「理」（根拠）がなければ成り立たず，「理」は「気」がなくては存在しない。存在の中核をなす「理」は，そのものたらしめる根拠（所以然故）であると同時に規範（所当然則）とも説明されて，朱子学の道徳論に活かされるのである。

２ 心の解明──「性即理」

　朱子学において，「理」はまず「心」に宿ると考えられた。その「心」はさらに，「性」と「情」に分けて考えられたが，前者は「未発」（いまだあらわれていないもの），後者は「已発」（外界に誘発されて，性のあらわれたもの）という関係にあると定義される。未発の性とは「性即理」（『近思録』程伊川），すなわち人間存在の根拠そのものである。これは「本然の性」ともいわれ，具体的には「五常（仁義礼智信）」（あるいは「仁」と総称）であり，「善」である。朱子はまた，天人合一の立場から，「理」を「天理」とも述べた。

　一方「情」は，事に触れてわきおこる感情（「喜怒哀懼愛悪欲」『礼記』）のことをいった。情には，孟子のいう四端の心（惻隠・羞悪・辞譲・是非）も含まれており，すべてが悪いとされたわけではないが，朱子はそれらの感情が過度に奔流することを「人欲」「私欲」といって忌避するのである。たとえば先に，『論語』にみられる「仁」の実践を語る言葉に「克己」（顔淵）があることを取り上げたが，朱子はこれを説明して「私欲に勝つ」や「私欲浄尽　天理流行」（『論語集注』顔淵）（土田，2014b：299）と述べる。他にも「私欲尽く去りて，心の徳の全きなり」（『論語集注』述而）（土田，2014a：229）と述べるなど，「私欲」は「理」の発露を阻害するものとして考えられた。そしてまた，朱子学において「聖人」は「天理に純にして人欲の雑なきもの」と説明される。人間は生まれながらにして「理」（存在の根拠）である「五常」をもっている。しかしながら，人欲によってその発現は時に阻害され，善悪はここから生じると考えられた。人欲を去ることは，朱子学にとって重要な課題となったのである。孟子は

「寡欲」(『孟子』尽心下［小林, 1972：430］・対置されたのは「多欲」) はいったが「無欲」はいわなかった。人間だれしも「理」をもっていて, 人欲から遠ざかればそれが明らかになるという考え方は, 孟子の性善説を継承したものであったが, 朱子学には人欲を抑圧するリゴリズムの印象がつきまとうのである。

3　修養論―「居敬窮理」

　「聖人」とは, 人欲から離れることによって心のなかにある「理」を明らかにした人間のことである。いいかえれば, 自分のあるべき姿 (五常・仁) に目覚め, 実践できる存在であった。そのような存在となるための方法として朱子が論じたのが「居敬窮理」である。「居敬窮理」は「居敬」と「窮理」の 2 つの行為からなるが, 「車の両輪」「鳥の両翼」(『朱子語類』) ともいわれるように, どちらを欠いても聖人に至ることはできないと考えられている。

　まず「居敬」とは, 心を集中させた状態をいう。「敬」の一字は, 朱子が程伊川から得たもっとも影響の大きなものであったが, 「主一無適 (一を主として適くことなし)」(『程氏遺書』), すなわち心があちこちに散漫とならず集中していることであるという。「敬」の字義からも考えれば, 目上の人を前にした時や大事に直面した時に感じる緊張感に似た集中力と説明できようか。また, 朱子が好んで使う表現に, 謝上蔡 (程明道の直弟子) の「常惺惺」があるが, 常に目覚めていてよそ見をすることのない状態のことである。すなわち「居敬」とは, 心をさだめて集中し続ける強固な主体性を内面に確立することにほかならない。

　「窮理」は, 『大学』にいわれる「格物致知」に等しい。このことについては, 朱子が著わした渾身の著作『大学章句』のなかでも, 『大学』に脱文があるといって長い文章を補った「格物補伝」とよばれる箇所を取り上げながら整理する。

　『大学』には「八条目」と総称される「修己治人」のプロセス (格物・致知・誠意・正心・修身・斉家・治国・平天下) が示されているが, 朱子はそのうちの「格物致知 (物に格り知を致す)」こそ「窮理」だと説明した。ここでいう「物」

84

とは，単に物体のみならず広く物事を意味するのだが，身の回りの物，人，人間関係，あらゆる事象に内在する「理」（存在の根拠・あるべき法則）の理解が及ばないために人間は間違いを起こし，悪を犯すと考えられた。そこで，一つひとつの「理」の追究を積み重ね，知を広げていくことに努める。するとある時ぱっとひらけて（「一旦豁然として貫通」），万物万象のあるべき姿に類推が及んで誤らないようになり（「衆物の表裏精粗，到らざること無く」），自身の心の本質も働きもあるべきように発揮される（「吾が心の全体大用も明らかならざること無し」）と説くのである（金谷，1998：104-105）。

　ここで「居敬窮理」に立ち返る。「居敬」は心を専一にして集中することをいったが，この心の在り様こそが「窮理」を助ける。「窮理」とは外界に知識を押し広げ続けてゆく，不断の努力だからである。そしてその努力は，客観的な「理」と自分自身を一致させることを到達点とした。自己の「理」で外界を処断して誤らなくなるというこの境地は，たとえば70歳になり人間としての完成を迎えた孔子が，自身のことについて「心の欲する所に従って，矩を踰えず」（『論語』為政）（金谷，1999：35）と述べる様に近いといえよう。「居敬窮理」による修己（格物致知誠意正心修身）の達成は，他者をもあるべき理へと導く（治人＝斉家治国平天下）ことを可能にすると，朱子は説くのである。

　新儒教の担い手は政治社会の第一線で活躍した士大夫層であった。朱子学の知識によって科挙を通過して士大夫となった彼らに，「修己治人」を強調する朱子の学問は大いに役割を果たして流行した。そして，人欲を排する自己の修養方法と，その根拠となった「理」の概念と考察は，朱子学が提示した新境地として後の儒教に大きな影響を及ぼしたのである。

第3節　王陽明

───清水　真裕

　陽明学の祖である王陽明（1472～1528。名は守仁）は，中国の浙江省余姚に誕生した。28歳で進士に及第し，35歳のとき政争に破れ貴州省龍場へ流されたが，住む家にも事欠いたというこの辺境で，37歳のとき後述するような「格

物致知」理解についての大転換を経験した（「龍場の大悟」）。その後は門人の教育に努めるとともに，軍事家としても活躍した。

1 陽明の学説──「心即理」「知行合一」「致良知」

　元代より科挙に採用された朱子学は，陽明の生きた当時，知識人層において絶対の権威をもつ基本的教養となっていた。代々，士大夫の家系に生まれた陽明もやはり朱子学を学んだが，ここに，陽明が朱子学に対して疑問を抱くに至った経緯・背景を物語るひとつのエピソードがある。若かりし頃，陽明は友人と共に朱子学の説く「格物致知」（聖人に至るために必要とされる，事物を研究しそこに内在する「理」を窮めるステップ）を実践しようと試みた。手始めに，庭にあった竹に対峙しその「理」を窮めようとするも，7日後には神経を擦り減らしてしまい断念，自身に聖人になる才覚は無いものと考えたという。陽明のとった方法が，朱子が想定した窮理の方法として適切であるかという疑問はひとまず置かねばならないが，ここで陽明が感じた如く，事物の「理」の果てしない究明の後にはじめて「理」に則った生き方が可能であるとするならば，それはあまりにも実現から遠く，おのずと学問と実践との間に乖離を生じることになる。また，学者たちが皮相的な事物研究に熱中するあまり，個人的・社会的な「理」の実現という肝心の目的から遠ざかる恐れもある。陽明学は，このような朱子学に内在する難点や学問の形骸化への問題意識のもとに成立した。

　まず陽明は，「心は即ち理なり。天下又心外の事，心外の理あらんや」（『伝習録』巻上）（近藤，1970：31）と述べ，「理」は自分の外にある事物においてではなく，自己の「心」において見出されるべきであるとした（「心即理」）。あらゆる人の行為や，物事に関わる「理」は，すべて「心」のはたらきを介している。たとえば，親を想う「孝」という「理」は，親に当たる人物の身がそこにあるだけでは存在することにならない。親を想う子の「心」があってはじめてその「理」は存在するのである。また，親の世話に関わるような具体的な手段・方法についても，その適切な在り方は，自身の「心」の「理」を純然にすることで，自然に導き出されていくとする。

　また陽明は，「知」（知ること）と「行」（行うこと）を別のものとして理解することは，両者の分裂を招いて弊害が大きいため，それらをひとつのものとして認識すべきであるとした（「知行合一」）。むろん，一般的なレベルにおいても，「知」に行動が伴わないことや，行いを表面的に取り繕うことは是とされないが，さらに陽明は，「好色を見るの時，己に自ら好む」（同，巻上）（近藤，1970：37），つまり，人が美しい物に目を留めるとき，その対象は美しいという認知がすでになされているといった例えをあげつつ，それらの本来一体性を説いた。これは，「知」を得て後に「行」はなされる（「知先行後」）とする朱子学の説と対照される。

　上のような主張を踏まえつつ，陽明の「格物致知」の語の解釈についてみていきたい。朱子学ではこれを，「物に格り知を致す」，つまり〈事物各々の「理」を窮め，この知識を万物へ至らせること〉を意味すると説いた。一方，陽明はこれを，「物を格し知を致す」，つまり〈「物」（自己の行い）を正し，「心」の「知」を実現させること〉と読み解いた。ここでいう「知」とは，「良知」を指すと理解するべきである。「良知」はもともと『孟子』「人の学ばずして能くする所の者は，其の良知なり」（尽心章句上）（小林，1972：334）に出るもので，陽明はこれを，すべての人間が生まれつき具えている，物事の是非・善悪を判断をする能力であると位置づけた。「良知」はまた「天理」「心の本体」「造化の精霊」などとも称され，程明道の説いた「万物一体の仁」とも深く関連づけられる。万物はもともとひとつの気から生じたもので，そのために「仁」を具える人間は他者や物に共感し，それらが傷ついたときは自分のことのように痛みを感じるが，こうしたやむにやまれぬいきいきとした「心」のはたらきと「良知」とは同じものであるとされる。

　また，「聖人」とは，常にこの「良知」を完全に発現させ続けることができる人物を指すが，一方で，「良知」は生来的に誰もが平等に有し，日々少なからずはたらかせているものであり，その意味においては「満街聖人［市中の人は皆聖人である］」といった見方も可能になるのである。

2　陽明学の実践と展開

　以上のような論を基に，陽明は弟子たちに〈いかなる場合にも自己に具わる「良知」を致す（行う）ようにせよ〉，〈「良知」が人欲によって覆い隠され，そのはたらきが妨げられることの無いようにせよ〉との指導を行った。ここでは「知」と「行」の間に段階的な順序は設けられず，また外物に関わる研究活動などは否定されるものではないにせよ，学問上の必須の過程とはされていない。

　また陽明は，修養は各々の日々の職務のなかでも行われるべきものであると説いた。たとえ，講義や静坐（精神統一をしながら端座すること）の場で「理」が明らかになったように思われても，いざ非日常的な出来事に遭遇すると「心」の在り様は往々にして乱れやすい。学問は，「須らく事上に在りて磨錬して功夫を做すべく，乃ち益あり」（『伝習録』巻下）（近藤，1970：411），すなわち，日々の務めや非常事態への対応といった実践上における修練を積み重ねてこそ意味があると述べた（「事上磨錬」）。この説に立てば，どのような身分や職業の者でもあっても，それぞれに多忙な生活を営みながらも，聖人に至るための修行は可能であるということになる。さらに陽明は，幼い子どもについても，その日常的な振る舞いや行為のなかで「良知」を明らかにすることは可能であり，子どもには子どもの「格物致知」が存在すると述べた。

　以上のように，陽明学は，理想的人間「聖人」への到達は，人欲を去り「理」へ回帰することによってなされるとするなど，朱子学と同様の枠組み・目標をもちつつ，そのアプローチや諸々の観念について異なる見解を示した。そして，己に具わる「良知」を頼りとした道徳実践を勧める陽明の説は，もとより幅広い解釈や展開の可能性を孕むものであったといえる。

　陽明の生前より，弟子たちの間にはすでに「心」のはたらきに関する理解の相違が存在し，そこに本来的に善悪は生じうるのか，修行はどのようにあるべきかといった，ある意味では必然ともいえる議論が出現していた[1]。陽明の没後，陽明学は大別して，観念・工夫についてより朱子学に接近していく右派と，「良知」実現への信頼を押し進めて感情や欲望を容認し，やがてその極で

は放縦さに批判を集めもした左派にわかれた。一方で，万人が具える「良知」を致すという簡易な目標や，「事上磨錬」のような現実生活と折り合う修養を唱える陽明の教説は，知識人のみならず近世社会のなかで新たな秩序の担い手となりつつある民衆にも受け入れられ，儒学の日常道徳としての民間への浸透をさらに進める役割を担うこととなった。

・注・...
　1）陽明の教言（「善無く悪無きは是れ心の体／善有り悪有るは是れ意の動／善を知り悪を知るは是れ良知／善を為し悪を去るは是れ格物」）に関する王龍渓・銭緒山の論争を参照。（『伝習録』下巻）（近藤，1970：528）　陽明自身はこれについて，それぞれの説は相補するものであり，学ぶ人の素質によって説き分けられるべきものと答えている。

・参考文献・...
垣内景子（2015）『朱子学入門』ミネルヴァ書房
加地伸行（1990）『儒教とは何か』中央公論新社
金谷治訳注（1998）『大学・中庸』岩波書店
金谷治訳注（初版：1963，改訳：1999）『論語』岩波書店
小林勝人訳注（上：1968，下：1972）『孟子』岩波書店
近藤康信（1970）『新釈漢文大系13　伝習録』明治書院
島田虔次（1967）『朱子学と陽明学』岩波書店
白川静（2004）『新訂　字統』平凡社
土田健次郎訳注（1巻：2013，2巻：2014a，3巻：2014b，4巻：2015）『論語集注』平凡社

世界各国の
道徳教育の動向

概　要

西野　真由美

　21世紀初頭にOECDが提起した「キー・コンピテンシー」という考え方
は，その後，世界の学校教育改革に大きな影響を与え，今日に至っている。当
初，学力観の転換として注目されたキー・コンピテンシーは，各国の道徳教育
にも変革をもたらすこととなった。というのも，キー・コンピテンシーには，
自律，協働，創造といった広く人間性に関わる内容が盛り込まれていたからで
ある。キー・コンピテンシーが世界で広く受け入れられた背景には，グローバ
ル社会が，変化の激しい不透明な時代，いわゆるVUCA（Volatility, Uncertainty,
Complexity, Ambiguity）とよばれる時代認識を共有してきたことがあげられよ
う。多様な人びとが持続可能な社会構築に向けて協働するという社会像が共有
されるなか，道徳教育もその伝統を見直すことが求められたのである。

　その一方で，こうしたグローバル社会の加速化は，あらためてローカルな伝
統や文化の継承という使命を道徳教育に求める動きにも通じている。それは，
「学校でどのような価値を教えるか」という，まさに道徳教育の核心につながる
問いに直結していよう。各国は，この問いにどのように応えているだろうか。

　一般に，各国の教育は，その国の文化を背景に発展してきた歴史をもつ。そ
のため，他国との比較から示唆を得ることは難しいが，とりわけ道徳教育で
は，他国との比較自体が困難である。その国の宗教事情や社会体制が大きく影
響する領域だからである。

　第Ⅱ部で取り上げる8ヵ国では，アメリカを除く7ヵ国において，主として
道徳に関わる内容を扱う特定の教科などが設置されているが，それらの位置づ
けは国によって大きく異なる。あえてその特徴を分類するなら，宗教教育，人
格教育（キャラクター・エデュケーション），市民性（シティズンシップ）教育とい
う3つの方向を見ることができよう。

　宗教教育は，多くの国で伝統的に道徳教育を担ってきたが，ヨーロッパ諸国

やイスラーム圏では今日も道徳教育の主流である。だが，これらの国では，宗教に拠らない道徳教育の導入も進んでいる。アラブ首長国連邦では，イスラーム圏では初めて，宗教に拠らない道徳科が必修として導入されている。

　人格教育は，アメリカでは伝統的な道徳教育に位置づけられてきた。20世紀初頭から一時的に衰退するが，1980年代以降に復活して国民的な運動に発展し，世界にも影響を与えた。現代では，狭義の道徳性に限定されず，広く人間性に関わる教育として，心理学的なアプローチを積極的に導入したり[1]，キャラクターを教育の「4つの次元」[2]のひとつに位置づけたりと，コンピテンシーベースの教育改革の一翼を担うようになっている。

　市民性教育は，1990年代からヨーロッパ各国で注目されるようになった。市民社会で生きるために求められる価値や態度の学習が含まれることから，「人格・市民性教育」（シンガポール），「道徳・市民」（フランス）のように，道徳教育との統合を目指す国もみられるようになっている。

　諸外国の多様な取組を概観して一つ共通にいえることは，道徳教育が，伝統と変革の相克の狭間で，新たな方向を模索する途上にあるということである。多様性の共生・協働を目指すグローバル社会にあっては，各国の応答もまた，多様であるべきなのかもしれない。

　世界の学校教育改革は，日本も積極的に参加しているOECDの"Education 2030"プロジェクト[3]によって，新たな段階を迎えようとしている。世界各国と手を携えた新たな道の模索はこれからも続くといえよう。

・注・

1）Petersen, C. & Seligman, M.(2004) *Character strengths and virtues*, Oxford University Press.

2）Fadel, C., Bialik, M., & Trilling, B.(2015) *Four-dimensional education : The competencies learners need to succeed*, Center for Curriculum Redesign.（岸学監訳〔2016〕『21世紀の学習者と教育の4つの次元』北大路書房）

3）OECD Future of education and skills 2030（https://www.oecd.org/education/2030-project/　2021年5月1日閲覧）

第13章 イギリス（イングランド）

――――西野　真由美

第1節　学校制度と教育課程の特色

1 概　　観

　イギリスは，4つの「国」―イングランド，ウェールズ，スコットランド，北アイルランド―で構成される立憲君主制国家である。各「国」は，自治権を有し，独自の教育制度を敷いている。本章では，人口比でイギリス全体の8割を超え，首都ロンドンを擁するイングランドを取り上げる。

　イングランドの義務教育は，初等学校入学の5歳から18歳までと定められている。このうち16歳までの初等・前期中等教育段階は，キーステージ（以下 KS）で区別され，初等教育は，KS1（5〜7歳），KS2（7〜11歳），中等教育は，KS3（11〜14歳），KS4（14〜16歳），KS5（16〜18歳）で構成される。キーステージの各段階の修了時には全国統一の試験が設定されており，これらの修了資格試験は，その後の進路を決定する重要な位置づけとなっている。

　1988年成立の教育法でナショナル・カリキュラムが導入されて以降，中核教科では全国統一のカリキュラムが整備されているが，歴史的に，各学校がカリキュラムを開発する主体であると認識されており，学校の裁量権が大きい。

2 教育課程の特徴

　1988年の教育改革法で導入されたナショナル・カリキュラムは，教育目標，必修教科の目標，内容および到達目標を定めている。ただし，すべての教科や活動がナショナル・カリキュラムに盛り込まれているわけではない。たとえば，宗教教育は

ナショナル・カリキュラムで必修と定められているが，内容などは示されていない。

　教育法により，中核教科として，英語，数学，科学が定められ，基礎教科として，美術・デザイン，市民性，デザイン・技術，地理，歴史，コンピュータ，現代外国語，音楽，体育が示されている。このほか，宗教が全学年で必修，「人格・社会性・健康・経済教育」(PSHE) は，実施が義務づけられているが，その方法（特設時間設置の有無など）は学校の判断に委ねられている。

　授業時数は，学校の裁量で決定できる。また，教科書は，民間会社による自由発行であり，各学校が採択権を有する。

　このように学校裁量が大きい制度において，教育の質の維持向上に貢献しているのが，教育水準局（Office for Standards in Education：Ofstead）である。同局は，学校評価を実施する政府機関で，教育省からは独立している。学校評価には，学力や学校安全，学校経営に加え，子どもの「精神的・道徳的・社会的・文化的発達」を促しているかという項目も含まれている。評価結果は公表され，不十分な場合は 2 年後に再監査が実施される。

3 近年の教育改革の動向

　イギリスは，世界でもっとも早く，汎用的な資質・能力に着目した国のひとつである。1999 年改訂のナショナル・カリキュラムでは，「キー・スキル」として 5 つのスキル（コミュニケーション，数の応用，他者との協力，自分自身の学習と成績を改善する能力，問題解決）とそれらを補完する思考スキル（情報処理，推論，探究，創造的思考，評価）が義務教育の全体で育成を目指す資質・能力に位置づけられていた（DfEE & QCA, 1999）。

　しかし，2010 年の保守党・自由民主党への政権交代を契機に，汎用的スキル強調に対する見直しが進み，ナショナル・カリキュラムにおけるキー・スキルの示し方も改められた（DfE, 2011）。具体的には，ナショナル・カリキュラムは，「すべての子どもが身に付けるべき本質的な知識―事実・概念・原理・基礎的な運用―」に限定する，として，各教科の中核概念が明示されることとなった。

　この改訂は，汎用的スキルから学習内容重視への転換と受け止められるが，

各教科における資質・能力と内容の結びつきを強化する方向ともいえよう。

第2節　学校における道徳教育の展開

1 道徳教育の位置づけ

　イングランドの学校教育では，道徳教育に関わりの深い教科・領域として，宗教教育，市民性教育，PSHE 教育の3つが展開されている。

　これら三者のなかで，イングランドの学校教育でもっとも長く実施されてきたのが宗教教育である。イングランドでは，キリスト教のイングランド国教会（聖公会）を国の宗教と定めており，歴史的に教会の支援をうけてきた学校も多かった。1944 年の教育法で公立学校における宗教教育の実施が正式に義務づけられて以降，学校では宗派教育や集団礼拝が実施されている。

　宗教科は，国教であるキリスト教の教義の学習の場であったが，20 世紀後半以降，イギリス社会が多民族・多文化社会へと移行するなかで，その内容は大きく変わってきている。現在は，キリスト教の学習を柱としつつも，イスラーム，ユダヤ教，ヒンズー教，仏教，シク教など，諸宗教や世俗主義への理解を含む宗教的リテラシーを重視し，人生や日常生活のさまざまな問題に諸宗教がどう応えているかといった，宗教の現代的意義に関する議論の充実が求められている。

　次に，PSHE（Personal, social, health and economic education）は，その名の通り，人格や社会性，健康，経済（キャリア教育を含む）という広範なテーマを扱う。日本の学級活動と道徳科を統合したようなイメージである。

　イギリスでは，1970 年代から，Pastoral Care とよばれる，個々の生徒が抱えるさまざまな問題に応える，わが国の「生徒指導」に相当する教育活動が展開されてきた。PSHE の前身，PSE は，こうした学校のニーズに応えて，1980 年代に導入された。

　教育課程上，PSHE は，"non-statutory subject"（法令に拠らない教科）であり，内容や実施形態は各学校の計画に委ねられている。ただし，PSHE の学習内容である薬物乱用防止教育や性教育・キャリア教育（中等教育）が必修とな

っているため，学校は，これらの学習時間を確保しなければならない。2020年からは，PSHE の主要テーマである「人間関係」や「健康」も必修となった。教育水準局の監査が PSHE の実施状況を評価していることもあり，実質的に必修となっているといえよう。

　市民性教育は，2002 年に法令教科として導入され，中等教育では必修教科（市民科），初等教育では PSHE に統合して実施されている。その導入をめぐる本格的な検討は 1990 年代以降だが，1988 年版ナショナル・カリキュラムには，教科横断的なテーマとして市民性教育が盛り込まれている。

　市民性教育の在り方を方向づけた「シティズンシップ諮問委員会」の報告書，通称『クリック・レポート』(1998) は，市民性教育の目的を，「参加型民主主義の本質と実践に関連する知識とスキル，価値を身に付け，発展させること」とし，「社会的・道徳的責任」の育成を柱のひとつに位置づけている。

2 英国的諸価値（British Values）の共有に向けて

　20 世紀後半から意識的に多文化共生政策を推進してきたイギリスでは，多様性を尊重した社会統合の基盤として，「共有価値（Shared Values）」の確立を求める議論が続いてきた。1996 年には，政府のカリキュラム評価機構（SCAA）の主導で，教育で扱われる「共有価値」の合意形成に向けた「教育と地域社会における価値のための全国フォーラム」が設置され，全国的な議論を経て，30 項目の価値が「価値の声明」として公表された（SCAA, 1996）。

　2002 年の教育法では，子どもの精神的・道徳的・社会的・文化的発達（Spiritual, Moral, Social, and Cultural：SMSC）を促すため「学校で基礎的な英国的諸価値（British Values）を積極的に推進する義務」が明記された。

　英国的諸価値の中身は，この時点では明示的には示されなかったが，2014年 11 月に教育省の「勧告」において，「民主主義」「法の支配」「個人の自由」「異なる信仰や信念に対する相互尊重・寛容」の 4 つが示されている。

　この勧告は，公立学校に対し，SMSC に向け「基礎的な英国的諸価値を積極的に推進するよう」求めたものである。勧告では，「英国的諸価値」を育むた

め，学校がさまざまな機会を提供することを求め，民主主義や法の役割についての理解，生徒会活動の推進，多様な信仰を理解するための教材活用，教科外のさまざまな活動を通して基本的な英国的諸価値を推進することなどが例示されている。

第3節　道徳教育（PSHE 教育）のカリキュラム

1 目標・内容・評価

　ナショナル・カリキュラムでは，PSHE に関して，「全ての学校は，優れた実践を生かして，人格，社会性，健康，経済教育（PSHE）に関する規定を設けることとする」と記述されているだけで，具体的なカリキュラム開発は各学校に委ねられている。他教科のように目標や内容などが示されていないのは，学校が子どもの実態を生かした柔軟なカリキュラムを実施できるようにするためである。この学校主体の実践を支援するため，教育省は，目標や内容のガイドラインを公開している。その策定は政府出資の PSHE 協会が行う。同協会は，教材開発や教員研修を実施し，ホームページで教材や指導案を発信している。

　ここでは，PSHE 協会の 2020 年版の『学習プログラム』をもとに，PSHE 教育を概観しよう。これは，2020 年 9 月（新年度）から，新たに「人間関係」や「健康」が必修となったことにより改訂されたものである。なお，以下の内容は，いずれも学校が子どものニーズや実態に応じた独自のカリキュラムを開発するためのフレームワークとされ，一律にすべてを実施することは求められていない。

　まず，PSHE 教育の目標について，『学習プログラム』では次のように示されている。「PSHE 教育は，子どもが，現在や将来の生活を営むために必要な知識，スキル，特性を育むための教科である。PSHE 教育は，青少年が，健康で安全に過ごし，人生や仕事を最大限に生かすよう準備するのを支援する。PSHE 教育は，よい指導であれば，子どもの学業の潜在力を発揮するのを助ける」。

　PSHE 教育の内容は，3 つのコアテーマで構成されている。具体的には，「1．健康と幸福（Health and Wellbeing）」，「2．人間関係（Relationships）」，

図表 13-1　PSHE 教育のカリキュラム・フレームワーク

	KS1-2		KS3-4		KS5
	KS1	KS2	KS3	KS4	
健康と幸福	成長し変わっていく私達 心の健康 安全でいること 健康なライフスタイル 薬物，アルコール，タバコ		自己概念 心の健康と情緒的ウェルビーイング リスクと個人の安全の管理 健康なライフスタイル 思春期と性の健康 薬物，アルコール，タバコ	健康に関する意志決定 性の健康と生殖	自己概念 心の健康と情緒的ウェルビーイング リスクと個人の安全の管理 健康なライフスタイル 性の健康 薬物，アルコール，タバコ
人間関係	家族や親密で良好な関係 友情 安全な関係 人を傷つける行為といじめ 自他の尊重		良好な関係 人間関係をめぐる価値観 合意 避妊と親になること いじめ，虐待，差別 尊重しあう関係の構築，維持 社会的影響		人間関係をめぐる価値観 合意 避妊と親になること いじめ，虐待，差別 尊重しあう関係の構築，維持
広い世界の生活	メディアリテラシーとデジタル・レジリエンス* コミュニティ 経済的福祉：願望，仕事，キャリア 責任の共有 経済的福祉：お金		学習のスキル 様々な選択と進路 メディアリテラシーとデジタル・レジリエンス 仕事とキャリア 雇用の権利と責任 経済的な選択		様々な選択と進路 メディアリテラシーとデジタル・レジリエンス 仕事とキャリア 雇用の権利と責任 経済的な選択

＊「デジタル・レジリエンス」とは，ネットワーク社会の危険を理解し，安全に振る舞い，問題を体験しても回復できることをいう。

出所）PSHE の学習プログラム（PSHE association, 2020a）に基づき筆者作成

「3. 広い世界の生活（Living in the Wider World）」である。

　『学習プログラム』では，これらテーマの下に内容が KS ごとに示され（図表13-1），各ステージ修了までに，生徒は「何ができるようになっているか」（KS1, 2），「どんな学習の機会を提供されるべきか」（KS3 以降）が示されている。

　3 つのコアテーマは，相互に関連しあっていることが強調されている。たとえば，性教育は，「健康と幸福」の主題だが，「人間関係」のなかの「良好な関係」の主題としても扱える。そのため，それぞれを単独で扱うのではなく，ひとつ以上の関連するテーマを合わせて計画を立てることが推奨されている。

　具体的な学習内容について，たとえば，「尊重しあう関係の構築，維持」の KS3 では，次のような内容が示されている。

- チームワークのスキルを育てる
- 傾聴や，明快なコミュニケーション，交渉や妥協のスキルを育てる
- 対立に対処するスキルや不一致のあと和解する方略を育てる
- オンラインを含むさまざまな関係や友情の断絶にどう対処するか
- 人間関係の変化の影響とそれらへの対処や支援を求める方略

　全般に，「対処する」という表現や「方略（やり方）」という語が目立つ。さまざまな問題状況を具体的に取り上げる PSHE 教育では，リスクを認識し，適切な支援を求めながら困難な状況に対処して，十分な情報を得て意思決定するなど，実践的な問題解決方法の学習が充実している。

　評価については，アイデンティティや価値観に関わる評価の難しさを踏まえ，PSHE 教育では，成績づけは不適切であるとして，個人内評価（ipsative assessment）が推奨されている（PSHE Association, 2020b, 2020c）。

　個人内評価は，学習の前後での変化を比較する評価である。個人内評価では，評価の基準となるのは，学習者自身の最初の状態であり，他者と比較したり共通の基準を設定したりするものではない，とされる。そのため，まず，学習前の個々の子どもの実態を把握することが大切になる。

　具体的な評価は，次のように進められる。1．基準となる評価（Baseline assessment）：単元（テーマに応じて1単位時間ないし複数時間で構成）を学ぶ前に，そのテーマについて子ども自身がもっている知識や理解度，スキル，見方・考え方や態度を確認する。2．学習のための評価（形成的評価）（Assessment for learning）：学習を通して理解したことを確認し，フィードバックやフィードフォワード（未来に向けた見通し）を学習活動に組み込む。3．学習の評価（総括的評価）（Assessment of learning）：単元の終わりに，最初の時点からの進歩を捉え，次の指導・授業づくりに活用する。

　進歩を捉える際には，単に事実的知識の増加に着目するのではなく，理解の深まり（○○については知っていたけれど，それが△△にも関係しているとわかった）

や見方の変化，新しい方略の発見，思い込みや偏見の見直しなどに注目することが求められる。また，この変化をもっとも認識できるのは子ども自身であることから，子ども自身の自己評価を中心に据え，自己評価や相互評価に取り組むための振り返りの時間をもてるようにすることが評価に不可欠とされている。これらの活動は学習のプロセスにも反映されることになる。

学習前後の進歩を教師や子ども自身が評価するには，学びの成果を可視化する工夫が必要である。PSHE協会のガイドラインには，テーマに関するアンケートやクイズ，ブレイン・ストーミングやディスカッションなどのグループワーク，マインドマップやウェビングの活用など，子どもの思考や理解が学びを通して豊かになっていく様子を捉える手法が紹介されている。

2 指導計画の例

PSHE協会は，学校における計画に資する目的で，学校の全体計画や年間計画，単元別の指導計画の参考例を提供している。指導計画は，学習のねらい，期待される成果，スキルや属性，鍵となる（主要な）問い，で構成されている。ここでは，KS3の7年生（11歳）の指導計画から，「いじめ」を取り上げた単元計画を紹介しよう（PSHE Association, 2017：22）。

図表13-2　PSHEの指導計画例（第7学年）

コアテーマ：人間関係	主題：違いを大事にする
単元の目標：いじめの特質を探究し，いじめが起こっている（起こっていると思われる）さまざまな状況に対処する方略を育てる（1～3時間扱い）	
学習のねらい： • いじめについて，また，いじめを体験した時に活用できる方略を学ぶ • 誰かがいじめられている（またはそう思われる）と気付いたときの責任について学ぶ	学習の成果： 生徒は，以下のことができるようになる。 • いじめの定義に合意する • 言い争う，からかう，いじめる，虐待するなどの行為の違いや共通点を分析する • 感情的・身体的いじめ，排除，ネットいじめなど，いじめの様々な形態を区別する • 他者へのいじめにつながる要因を把握する • 現在や将来，いじめを経験したらどうすべきかを説明する • いじめ（やその可能性）を目撃した時，何を言うべきか，誰に話すべきかを含めて，どんな責

	任があるかを説明する • いじめを目撃したり，誰かがいじめられていると思ったりした時に使える方略を実演する
本質的なスキルや属性： • レジリエンス • 仲間の影響に対応する • 自分の価値観を明らかにする • 健全な自己意識を育て，維持する • 共感と思いやり • 他者への尊重 • 多様性を大事にし，尊重する	鍵となる問い： • いじめとは何でしょう。 • 口論，からかい，いじめ，虐待の違いや共通点は何でしょう。 • どんなことがいじめにつながりますか。 • 自分や他の人がいじめられたら，どうすればよいでしょう。 • 傍観者になるとは，どういう意味ですか。傍観者には，どんな責任があるでしょう。いじめの目撃者には，どんな道徳的意味がありますか。 • いじめを目撃した時，何ができるでしょう。

　指導計画は，いじめ問題に対処できる問題解決力の育成を「ねらい」に掲げると共に，ねらいを達成するには，人間関係づくりのスキルに加え，「思いやり」「尊重」などの諸価値が求められることを示している。また，「学習の成果」をみると，「いじめ」と「からかい」の違いの分析，いじめの多様な形態の認知，いじめを止める方法の実演（ロールプレイ）等，具体的な学習活動が構想できる。

　さらに，「鍵となる問い」では，思考や判断，行為選択や意思決定に関わる多様な問いが例示されている。

　このように，PSHE 教育は，具体的な問題状況に対処する方略とそこで求められるスキルや諸価値を一体的に育もうとしているといえよう。

第4節　近年の動向と展望

　PSHE 教育のコアテーマである「人間関係」や「健康」の学習が，2020 年より必修となった。この改訂により，PSHE 教育の学習時間の確保が推進されるとともに，これらのテーマが，市民科や科学，コンピュータ（ネットいじめの問題として），体育などでも取り上げられることから，今後は，汎用的なスキルだけでなく，共通テーマによる教科横断的なカリキュラム開発が進められるだろう。

　その一方で，メンタルヘルスに関する具体的な学習内容が多く盛り込まれ，内容の専門性が高くなっているため，PSHE 教育を実施する学級担任教師への負担が大きくなると予想される。これに対応するため，PSHE 協会では，学校の PSHE 教育を主導する専門性の高い教師の育成を進めようとしている。

　PSHE 教育の中心となるのは，子どもが自らの価値観や態度を振り返りつつ，現在及び将来の生活で直面しうる，複雑で時には価値観が衝突しあうさまざまな問題に実践的に対処する力を育てることである。PSHE 教育の在り方が各学校に委ねられているのは，PSHE 教育が「量より質」を重視し，目の前の子どもの実態から出発し，子どもの生活に必要な学習を学校の教師らが計画していくことを重視しているからである。柔軟で多様な教育を目指しつつ，「英国的諸価値」に示された共通の基盤をどう実現していくかは，宗教教育，PSHE 教育，市民性教育に共通する課題であるといえよう。

・**参考文献**・・・

Citizenship Advisory Group (1998) *Education for citizenship and the teaching of democracy in schools : Final report of the Advisory Group on Citizenship.*

Department for Education (DfE) (2011) *The framework for national curriculum : A report by the expert panel for the national curriculum review.*

Department for Education (DfE) (2014) *Promoting fundamental British values as part of SMSC in schools.*

Department for Education and Employment (DfEE)/Qualifications and Curriculum Authority (QCA) (1999) *The National Curriculum. Handbook for primary teachers in England.*

PSHE Association (2017) *PSHE education planning toolkit for key stages 3-4.*

PSHE Association (2020a) *Program of Study for PSHE education. Key stages 1-5.*

PSHE Association (2020b) *A guide to assessment in primary PSHE education.*

PSHE Association (2020c) *A guide to assessment in secondary PSHE education.*

School Curriculum and Assessment Authority (SCAA) (1996) *Consultation on Values in Education and the Community : National Forum for Values in Education and the Community.*

Standing Advisory Council for RE (SACRE) (2018) *Agreed syllabus for religious education 2018-2023.*

第14章 フランス

———大津　尚志

第1節　学校制度と教育課程の特色

1 概　観

　フランスの学校制度は保育学校（3年），小学校（5年），コレージュ（4年），リセ（3年）の単線型である。学習指導要領（programmes）で教えるべき内容の大綱は定められている。法律上の教育の目的（mission）は「知識の伝達に加えて，共和国の価値を共有すること」である。教科指導のほかに，共和国の価値を教えることによって，将来の市民を育成することに重きがおかれる。学校が教えるものは「科学的・学問的（scientifique）知識」であることがフランスでは強調される。それでは，道徳教育と科学的知識との両立はどのように考えられているのであろうか。

　フランスの学校教育は1881年・1882年法以来「無償，義務，脱宗教（ライシテ）」を「三原則」として行われる。それまでカトリックに基づく道徳教育が行われていたのが，公教育から宗教が排除されるに至り，今日に至っている。

2 教育課程の特徴

　フランスの小学校・コレージュにおける学習期の区切りおよび教科名，週当たりの授業時数などは図表14-1のとおりとなる。

　フランスの学校教育は知育中心，科学的・学問的な知識伝達の場といわれることが多い。一方で学校教育全体および，「道徳・市民」科を通して「共和国の価値」を学ぶ時間も特設されている。

図表 14-1　小学校・コレージュの設置教科等と授業時数等（週当たり授業時数）

教科名	基礎学習期 （Cycle 2） 小学校 1～3学年	定着学習期 （cycle 3） 小学校 4，5学年	定着学習期 （cycle 3） コレージュ （中学校） 第1学年	深化学習期 （cycle 4） コレージュ （中学校） 第2，3学年	深化学習期 （cycle 4） コレージュ （中学校） 第4学年
フランス語	10	8	4.5	4.5	4
数学	5	5	4.5	3.5	3.5
外国語	1.5	1.5	4		
第一外国語				3	3
第二外国語				2.5	2.5
体育・スポーツ	3	3	4	3	3
科学・技術		2			
生命・地球科学				1.5	1.5
テクノロジー			4	1.5	1.5
物理・化学				1.5	1.5
芸術	2	2			
芸術 （音楽・造形）			1＋1	1＋1	1＋1
世界に問いを持つ，道徳・市民	2.5				
歴史，地理，道徳・市民		2.5	3	3	3.5
計	24	24	23＋3	22＋4	22＋4

注1）　小学校における「道徳・市民」は，年36時間（週1時間）。そのうち週0.5時間は具体的場面について口頭で表現するという学習に重点をおく。

注2）　コレージュでは「学級生活の時間」が他に，少なくとも年に10時間ある。

注3）　コレージュでは第1学年に3時間の補充学習（個別による），第2～4学年では4時間の補充学習（個別，および実践的・学際的学習による）を含む。

出所）　小学校は，2015年11月9日省令，コレージュは，2015年5月19日省令をもとに筆者作成

3　近年の教育改革の動向

　2012年の大統領選挙でオランド（Holland, F.）が当選した後，社会党政権下での新内閣が発足する。国民教育大臣となったのは，ペイヨン（Peillon, V.）である。ペイヨンが「道徳・市民教育」に強い関心をもっていたのは明らかであ

り，2013 年 6 月には「共和国の学校の再構築のための基本計画法」（通称，ペイヨン法）が成立する。

　良心・信教の自由と公立学校における道徳教育の両立をどう考えるかという問題がある。それは，フランスにおいてイスラーム教徒である生徒が増加していることをうけている。公教育のライシテ（脱宗教性，世俗，政教分離）は疑うべくもない「共和国の価値」原理のひとつである。

　2013 年 9 月 6 日通知にて「ライシテ憲章」，すなわちライシテに関する憲法や法律の 15 の文言を集めたものが定められて，各学校はポスターを掲示することが義務づけられた。フランス 1958 年憲法から引用した文言である「フランスは不可分で非宗教的，民主的かつ社会的な共和国である。……フランスはすべての市民の法の下の平等を保障する。フランスはあらゆる信条を尊重する」（第 1 条）のほか，「ライシテはすべての人に良心の自由を保障する」（第 3 条）や，1905 年の政教分離法に由来する文言などを並べている。続いて学校に関わることとして，さらに，学校におけるライシテとして「表現の自由」「共和国の価値と意見の多様性の尊重」「差別や暴力の拒否」「他者の尊重」「男女平等」「中立の義務」などの原理を並べている。

　その後，2015 年に小学校・コレージュ，リセともに「学習指導要領」が告示され，いずれにおいても「道徳・市民」科が設置された（大津ほか，2018）。さらにマクロン（Macron,E.）大統領，ブランケール（Blanquer,J-.M.）国民教育大臣の下，道徳・市民の学習指導要領も 2018・2019 年に再改訂された。

第 2 節　学校における道徳教育の展開

　フランスの道徳・市民教育は「全面主義」と「特設主義」の併用である。ここでは「道徳・市民」科の学習指導要領を主たるベースとして述べる。

■1 小学校・コレージュにおける道徳教育

　小学校・コレージュ修了までに身に付けるべきこと，社会が持続するために全員が身に付けなければならないこととして，「共通の基礎」となる「知識お

よびコンピテンシー，教養」がすでに述べたペイヨン法13条をうけて，政令により明文化されている。コンピテンシーとは，知識・技能・能力・態度をもとにある社会的文脈において問題を解決する力である（細尾，2017：107）。単なる知識としてだけではなく，知識を使って現実世界のある具体的な状況における行動に関係させることが道徳教育と考えられている。さらに，知識とコンピテンシーの習得は，「教養」に統合されるものと考えられている。

　「共通の基礎」の5つの大項目のうちのひとつが「人，市民の育成」である。それに関わる「知識・コンピテンシー」としては「感情と意見の表現，他者の尊重」「規則と法律」「よく考えることと分別」「責任，かかわりと自発性の感覚」の4つにまとめられている。それらは，他者と共に生きるだけの感受性をもつこと，集団生活には規則や法律が必要であり関係する知識をもつこと，よく考えたうえで道徳的な判断をすると同時に行動には責任をもつこと，市民生活に自発性をもって関わること，と要約でき，学習指導要領に反映されている。

　現行（2018年版）学習指導要領では，小学校・コレージュの道徳・市民の目標は以下の3点にまとめられている。

---

① 他者を尊重すること。
② 共和国の価値を獲得し共有すること。
③ 市民的な教養を構築すること。

⑴ 他者の尊重について

　学校で教える「道徳的」という形容詞は他者の尊重の保障という原理であるという。自分も他者も尊厳の対象であり，権利と義務をもつ存在であるという意識を教えることである。道徳には，ある一定の価値を前提とする共和主義的要素と，価値や意見の多様性を前提とする民主主義的要素がある。われわれが「共に生きる（vivre ensemble）」存在であること，共同生活を送らなければならないという価値は否定されることはない。共同生活をおくるために，他者との違いや他者の権利を尊重しなければならないことなどが教えられる。

(2)　共和国の価値について

　4つの大きな共和国の価値としてあげられているのは，自由，平等，友愛，ライシテである。そういった価値を取り上げることが道徳教育であると考えられている。これらの共和国の理念や，人権の尊重といった観念は民主主義国家であるフランス共和国の憲法，1789年の人及び市民の権利宣言，1948年の世界人権宣言などに書き込まれている原理でもある。たとえば「平等」であれば，「差別の拒否」など，日常生活を送るうえでの道徳とも関わることである。「ライシテ」は「信教の自由」「思想の自由」といった人権と関わる。互いの思想や意見の多様性を尊重しあうことを教えるのが，道徳教育と考えられている。

(3)　市民的教養について

　道徳・市民教育の時間に習得すべきコンピテンシーは，感情的次元にある「感受性」，規範的次元にある「規則と権利」，認知的次元にある「判断」，実践的次元にある「かかわり」の4領域である。それは，明らかにすでにふれた「共通の基礎」をうけた内容である。それらを身に付けることが，やがて自律した市民としての教養を身に付けることになると考えられている。

　「感受性」であげられているコンピテンシーは，「感情を統御しながら確認し表現できること。聞く，共感することによって互いに尊重しあうこと。自分の意見を述べ，他者の意見を尊重すること。違いを受け入れること。集団の一員であることを感じること」である。「規則と権利」では，「共通の規則を尊重すること。民主主義社会における規則や法律に従うことの意味を理解すること。フランス共和国・民主的社会の価値原理を理解すること。規則と価値の関係を理解すること」である。「判断」では，「見識および批判的思考ができるだけの能力をのばす。他者と議論するなかで，判断をつきあわせること。厳格なやりかたで，情報を入手すること。個別利益と一般利益の区別をすること。一般利益の観念をもつこと」である。「かかわり」では，「それぞれのかかわりに責任をもつこと。他者に責任をもつこと。学校に責任をもってかかわること。集団生活および環境に責任をもち，市民的意識を発展させること。共同作業がで

き，それによって自分の仕事や考えを豊かにすること」である。

　学習期ごとに，3分野ごとに「学習期のおわりまでに到達すべきこと」「知識とコンピテンシー，教育の目的」が定められている。学習指導要領による，第3学習期（小学4，5年および中学1年）の「他者の尊重」に関わる内容から一部を取り出すと，以下の通りである。

　「学習期の終わりまでに到達すべきこと」としては「他者との関係における，違いを受け入れ，尊重すること」「個人の責任を意識すること」「他者との関係において適切な態度と言葉をつかうこと」「他者の視点を考慮にいれること」があげられている。すなわち，自分と異なる他者と共に生きるために，他者との関係をつくるための内容である。

　「違いを受け入れること」というコンピテンシーのために，人種差別や反ユダヤ主義，性差別や外国人嫌い，同性愛者嫌い，いじめといったことに関する知識も視野におかれる。「他者との関係」に関しては，「自分の見方に他者の見方をも考慮しながら，含みをもたせる」「同意，非同意を示すことができる」「他者の意見をいう権利を尊重する」といったコンピテンシーが書かれている。意見の異なる他者とのあいだで，互いの意見を尊重し共存することが強調される。なお，2020年に環境教育に関する項目が追加された（大津，2021）。

2 リセにおける道徳教育

　リセにおいて「道徳・市民」の授業時数は，各学年で年18時間配当されている。それは，日本でいう「総合的な探究の時間」に近いところもある。本項では「道徳教育」の側面を中心にみていくことにする。

　現行学習指導要領（2019年）が各学年で設定しているテーマは，第1学年は「自由」，第2学年は「社会」，第3学年は「民主主義」である。第1学年「自由」のもとでさらに，「自由のための諸自由」「諸自由を保障する，諸自由を拡張する，問題となる諸自由」という2つの「中心」があげられている。

　その内容に関しては各教員の裁量に任されているところが多い。「自由」に関しても，たとえば「避妊，中絶，生殖の自由」について扱うことができる。

「アメリカのアラバマ州で厳しい中絶禁止法が制定された」という記事や「生徒がよく知っているレディー・ガガのレイプ犯の処罰に関するポスト」から出発して，フランスにおける関係法令について学習したり，関係動画をみたりする。ついで，「フランスにおける中絶に関する法律について」「今日のフランスでは中絶はどこで問題となっているのか」「生殖の権利にはいかなる議論があるのか」といったテーマをたてて，「調べ学習」を行い，発表をして質疑応答を行う。

　リセの学習指導要領に「道徳・市民教育は，児童生徒を責任ある自由な市民になるように援助する。自分の権利と義務を自覚し，批判的な感性を持ち，倫理的な態度（comportement）を自分のものとして取り入れることができる」という文言があるが，さまざまな問題を通して権利や義務について学び，批判的に考えることができ，自分の考えをもつことが目指される。

第3節　道徳教育のカリキュラム

1 道徳教育の内容と方法

　フランスにおいて，「道徳・市民」教育に関しては，教科書および教師用指導書，生徒用学習帳などは民間出版社により自由発行で出版されている。

(1)　小学校における実際例

　小学校の教科書・指導書を中心にみておこう（Le Callennec et al., 2015a, 2015b）。「コミュニケーションの規則」のところでは，「話すときの規則」として，「言わなければならないことだけを言う，はっきりと言う，例をあげて論拠とする，くりかえさない，長すぎる話をしない」が提示される。ついで「自分が話しているときこのような規則を尊重しているだろうか」という問いかけがされる。

　「聞くときの規則」としては，「話している人の話をきく，興味を示す，さえぎらない，話を理解するために質問をする，理解したことを示すために言い換える」が提示される。ついで「誰かが話しているとき，このような規則を尊重

しているだろうか」という問いかけがされる。

教科書は「① 2人の子どもが怒りに満ちた表情で言い合いをしている。②2人の子どもが平穏な表情でおだやかに話している」という絵を示したうえで、「①②の絵のそれぞれに、『どのようなコミュニケーションになっていますか。互いの尊重ができていますか。問題解決になりそうですか。それはなぜですか』」という問いかけをしている。

ほかにも「感受性」に関することとしては、「言葉遣いに気をつける」「環境に配慮する」「気遣いをする（私に，あなたに，みんなに）」「自分で勉強し，クラスで協力する」「他者に救助を求める」などのコンピテンシーが教えられている。それはすべて，日常生活で，クラス内で，学校内で，フランスで，地球で，「共に生きる」ために必要な「感受性」である。

ある具体化された場面を絵や写真によって示し，それについて考える，自分の行動を振り返る，他者，みんなのことを考える，といった方法がとられる。

⑵　コレージュにおける例

コレージュにおける道徳・市民教育になると，日常の行動についてより知識に関わる内容がより多くなる。コレージュの教科書から「判断」に関することで「公平，不公平（just, injust）」のページを見る（Bardeau, 2015）。

まず、「① アブデルとイネスは兄弟です。12歳のアブデルは21時に消灯しなければなりません。8歳のイネスは20時です。② ゾエは校長先生から処罰されました。しかし，ガラスを割ったのは彼女ではありません。③ 世界には学校にいけない子どもがいます。彼らは働いています。④ 7歳のフォツィアと15歳のパウラはおなじ食事をしています」という4枚の絵が示される。そして，次の問いかけがなされる。

⑴　これらのなかのどこに，公平がありますか？　それはなぜいえますか？

⑵　これらのなかのどこに，不公平がありますか？　それはなぜいえますか？

⑶　「これは不公平」と議論するまでもないのは，どの状況ですか。なぜそういえるかを説明してください。

「公平とは何か」という必ずしも明確な回答ができない問いがだされ，それに対する理由づけを考えることが求められている。思考する力を育成しようとしている。

他にも，コレージュ自体や学校への参加制度について説明される。市町村や共和国の制度や象徴についての説明もなされる。知識と同時にコンピテンシーの教育が行われる。

2 道徳教育の評価

フランスにおいて「道徳・市民」は教科であり，評価方法も他教科と比して差異のあるものではない。2016 年からフランスの小学校，コレージュで単一学校評価簿（livret scolaire unique）がつくられている。

道徳・市民教育に関わる評価としては，教員が教科に関して「評価項目」（たとえば，情動や感情を制御しながら表現ができる，他者を尊重して違いを受け入れる，さまざまなコンテクストに応じた礼儀や態度をとって規則に従う，学級・学校で責任をもつ，集団（学級，学校，市町村，国）の計画の実現に参加する）としてどのような，知識，コンピテンシーを習得したかを 4 段階で評価するとともに，さらに「生徒の全般的評価，進歩の状況」が文章評価でなされる。学習状況（勤勉であったか，授業中集中できていたか）に関することが書かれることが多い。

コレージュの場合，単一学校評価簿と同時に前期中等教育修了試験（DNB）で評価される。「道徳・市民」に関しては，「歴史，地理，道徳・市民」で一括りにして行われる。社会科公民的分野のような扱いをうけており，歴史や地理とおなじく関係する資料を読んで文章を書く，という出題形式となる。

近年では，「コンピテンシーを動員させて」という出題がされている。2019 年の「市町村における市民生活に関しての市民のかかわり」という出題では「かかわり」のコンピテンシーに関する出題である。Floirac 市が作成したパンフレット（10 万ユーロの予算の使い道を決めることについて提案が行われ，9 歳以上の住民が投票することができることなどが書かれている）を提示し，「だれにむかって配布されたものですか」「だれが提案できますか。だれが投票できますか」

「Floirac 市の目的を示してください」「民主的生活において，市民のかかわる別の方法を２つあげてください」といった出題がなされる。市町村にどうやって関わるか，ということについての評価がなされる。

第４節　展　　望

　フランスの道徳教育は「共和国の価値」を中心に教えることが行われてきている。「自由」「平等」といった価値が教えられることは，「価値観の多様性」とは両立するものと考えられている。自由という価値からは「他者の自由の尊重」が導き出される。「他者の思想・信条の自由」を否定する自由はフランス共和国では認められない。多様な価値観の持ち主が共に生きるための感情的次元に属する「感受性」の教育は 2015 年以降に導入されたばかりである。それがどのような進展をとげるのかは，今後に注目していきたい。

● 参考文献 ●‥‥‥‥‥‥‥‥‥‥‥‥‥‥‥‥‥‥‥‥‥‥‥‥‥‥‥‥‥‥‥‥‥‥‥‥‥

Bardeau,C., et al.(2015) *Enseignement moral et civique 6e,* Hatier.

Le Callennec, et al.(2015a) *Tous citoyen! cycle 3,* Hatier.

Le Callennec, et al.(2015b) *Enseignement moral et civique cycle 3,* Hatier.

大津尚志（2009）「道徳・公民教育」フランス教育学会編『フランス教育の伝統と革新』大学教育出版：140-148

大津尚志・松井真之介・橋本一雄・降旗直子（2019）「フランスにおける小学校 2015 年版『道徳・市民』科学習指導要領」『武庫川女子大学学校教育センター年報』第 4 号：74-81

大津尚志（2021）「フランスにおける 2018 年版『道徳・市民』科学習指導要領」『教育学研究論集』（武庫川女子大学）16：67-71

細尾萌子（2017）『フランスでは学力をどう評価してきたか』ミネルヴァ書房

第15章 ドイツ

───── 濵谷　佳奈

第1節　学校制度と教育課程の特色

1 概　　観

　連邦国家であるドイツでは，教育についての権限はほとんど連邦にはなく，教育主権は16ある各州がもつ。これにより，いずれの州にも文部省に相当する省がおかれ，各州がそれぞれ異なる学校制度や教育政策を展開していて，その独自性が尊重されている。つまり，ひとくちに「ドイツ」といっても決して一枚岩ではない。ただし，日本の憲法に相当する「ドイツ基本法」(1949年5月制定，以下，基本法) の第7条は，国家の学校監督権 (第1項) や公立学校での宗教科設置 (第3項) などを定めており，これらの条項は各州の学校法上尊重されなくてはならない (結城，2019：39f.)。

　次節でそうした公立学校での宗教科設置について説明する前提として，まず，ドイツにおける政教分離の原則の独特なあり方に注目したい。というのも，ドイツの政教分離の原則は，フランスにおける「ライシテ」(国家の非宗教性) の原則とは異なるからである (Avenarius & Hanschmann, 2019：125f.)。具体的には，「国家と宗教との厳格な分離を求めるものではなく，国家と教会ないし宗教団体との機能的な協同を容認するものである」(結城，2019：117)。その度合いは，学校教育の領域においてより強く認められ，「公立学校教育がキリスト教を基盤として行なわれても，憲法違反とはならないと解されることになる」(結城，2019：115)。

　次に，学校形態とキリスト教との関わりを説明すれば，今日のドイツの公立

学校とは，基本的には共同学校（Gemeinschaftsschule）である（Avenarius & Hanschmann, 2019：137ff.）。共同学校では，児童生徒に対して，宗派や世界観の区別なく宗派共同での教育が行われる。学校形態についても州ごとに異なるが，たとえば，ヘッセン州学校法とザールラント州憲法では，すべての学校種がキリスト教を基盤とする共同学校として定められている（ebd.）。キリスト教と関係のない共同学校の場合でも，ドイツ基本法第7条に定められた宗教科は正規の教科である（ebd.）。これと区別されるのが無宗派学校で，基本法第7条第3項が適用されないベルリンとブレーメンにおいて，あくまで例外的に存在する（結城, 2019：121f.）。一方，共同学校とは別に，公立の宗派学校を保持しているのが，ノルトライン・ヴェストファーレン州とニーダーザクセン州の2州であり，宗教科に限らず，すべての教育活動が特定の宗派の理念に基づく（結城, 2019：119ff.；Avenarius & Hanschmann, 2019：137ff.）。

2 教育課程の特徴

ドイツ各州では，基礎学校での4年間の初等教育段階を終えると，接続する中等教育段階では三分岐型の学校制度が基本形とされてきた。修了後に就職し，職業訓練へと進む生徒が主として就学するハウプトシューレ（5年制），修了後に全日制職業教育学校へと進学する生徒が就学する実科学校（6年制），大学進学希望者が就学するギムナジウム（8年制〜9年制），の3種である。しかし，2000年代以降，中等教育段階のあり方には変化が見られる。それらは，①ギムナジウム進学率の上昇，②三分岐型から二分岐型へのシフト，③8年制ギムナジウムの普及による修学年限の短縮，である（坂野, 2017：88）。加えて，基礎学校では，入学後の「柔軟な学校導入段階」として，1年生と2年生とを学年混合クラスとする州が増加している（坂野, 2017：59）。

こうした学校制度のもとで，日本の学習指導要領に相当するカリキュラムを，各州が独自に定めているのがドイツの特徴である。そこで，諸州間の教育政策を調整するために設けられ，連邦レベルでの改革に向けた競争を促す役割を担うのが，常設各州文部大臣会議（Kultusministerkonferenz, 以下KMK）であ

る。2001年のPISAショックを契機とし，連邦レベルでの共通の教育課程の枠組みを作成するため，KMKは2003年以降，主要科目において「教育スタンダード」を作成した。ただし，その位置づけは，あくまでも各州が学習指導要領を作成するための最低限の基準となっている（坂野，2017：51f.）。

3　近年の教育改革の動向

　上述のKMKによる教育スタンダードの合意によって，各州は主体性をもって教育改革を進めてきた（坂野，2017：7）。ドイツ全体の傾向として，各州の授業は，コンピテンシー志向となっている（高橋，2019：23）。こうしたコンピテンシー志向の授業の特徴は，高橋によれば，「コンピテンシーの段階モデルに基づいて各自が到達すべきレベル（目標）をはじめ学習内容・教材，学習方法などを個に応じて構想し，個々の学力保障を確実に行おうとする点」にある（高橋，2019：23）。たとえば，筆者が継続して観察したドイツ最大の人口を抱えるノルトライン・ヴェストファーレン州（以下「NRW州」）の基礎学校でも，児童が各々異なるレベルに到達することを前提とし，個別化と協同的な学習方法とを融合させた方法が授業の基本となっている。

　他面，ドイツでは，2009年の国連障害者権利条約の批准が契機となって，インクルーシブ教育のあり方が論議をよんできた。子どもたちの障がいの程度や移民背景，家庭環境など，困難な状況なども多様ななか，子ども一人ひとりの特性を尊重したインクルーシブな学習への政策や支援体制が構築されつつある。

第2節　学校における道徳教育の展開

1　基本法における宗教科規定

　ドイツでは，ナチズム後の教育再建への礎がキリスト教倫理に求められ，宗教教育が学校での倫理・道徳教育の役割を担ってきた。基本法第7条第3項は，「宗教科（Religionsunterricht）は非宗派学校を除き，公立学校における正規の教科」であり，「宗教団体の教義と一致して行なわれる」と定めている。こ

の宗教科には，ほとんどの州において，各州の初等および中等教育段階のすべての学年段階で，週2時間程度が割り当てられている。ただし，基本法のいわゆるブレーメン条項（第141条）により，この例外条項が適用されるブレーメンとベルリン，そしてブランデンブルク州では，宗教科の実施は教会と他の宗教団体の手に委ねられている。

　「宗教科」とは，基本的には，カトリックないしプロテスタントの宗教科を指す。ドイツ司教協議会が連邦統計局等の資料を基に2020年に公表した資料によれば，ドイツ全人口約8,310万人のうち，カトリックは約2,260万人，プロテスタントは約2,070万人である（DBK, 2020：72）。これらキリスト教以外の一神教では，ユダヤ教が約9万4千人を数え（ebd.），多くの州が州学校法などでユダヤ教の宗教科も正科として規定している。

　他方，増加しつつあるムスリムの人口は約440万人から470万人とされ（ebd.），ドイツ全人口の約5％に達する。イスラームの宗教科の導入は，他州に先駆けてNRW州が2011年の学校法改正により明確にした。同州の2013年版イスラームの宗教科レーアプラン（教授計画）では，イスラームの信仰と結びついた教科でありながらも，宗教間学習を明確に位置づけるなど，他の宗教とのバランスにも配慮した学習内容が編成されている。また，ハンブルク州では独自のプロジェクトとして，イスラーム諸団体とも連携した，すべての宗教・宗派に対応する宗教科のプロジェクトが進行中である（濵谷，2020：257）。

　以上の宗教科では「宗派教育」という枠組みこそ維持されているものの，そればかりを強調しているわけではない。むしろ，カトリックとプロテスタント両者がキリスト教の宗教科を基盤として，諸宗教，諸宗派間の対話を重視している。社会の文化的，宗教的多元化という局面においても，国民国家における倫理・道徳教育の責務を負うものとして，宗教教育が果たす役割は大きいといえる（濵谷，2020：253）。

2 各州における倫理・哲学科の設置

　基本法第7条第2項は，保護者がわが子の宗教科への参加を決定する権利を

もつことも定めており，宗教科への出席拒否も認められている。この規定に則り，旧西ドイツ諸州では社会のあり方や思潮に変化がみられるようになった1970 年代以降，旧東ドイツ諸州では 1990 年の東西ドイツ統一を契機に，世俗的価値教育の教科としての倫理科や哲学科など（以下「倫理・哲学科」）が導入された。たとえば，「価値と規範科」（ニーダーザクセン州），「倫理科」（バイエルン州，バーデン・ヴュルテンベルク州，テューリンゲン州など），「実践哲学科」（NRW 州），「哲学科」（シュレスヴィッヒ・ホルシュタイン州，メクレンブルク・フォアポンメルン州など）などである（Henke,R.W. 編集代表，2019：3）。

　こうした倫理・哲学科の導入やその法的地位は州ごとに異なる。宗教科と倫理・哲学科の法的地位の関係は，図表 15-1 の通り大きく次の 4 つの類型に区分できる（濱谷，2020：61）。まず，① 「宗教科必修／倫理・哲学科補完または選択必修」を規定する諸州（バイエルン，NRW など），② 「倫理・哲学科必修／宗教科補完」を規定する州（ブランデンブルク），③ 宗教科と倫理・哲学科の両方を「必修選択教科」とし，両教科の「並立」を規定する諸州（ハンブルク，ザクセン・アンハルトなど）の 3 つ。さらに，これらに加え，④ 先述した例外規定が適用され，宗教科が正規の教科でなく免除されるブレーメンとベルリンとがある。

　どのくらいの割合の児童生徒が，どの科目を受講しているのか。KMK が 16州の公立学校での宗教科と倫理・哲学科に関して公表した統計資料（2017/18年度）によれば，各種の宗教科と倫理・哲学科に出席した児童生徒の割合（初等教育段階と前期中等教育段階とを合わせた数値）は，カトリック宗教科 33.6％，

図表 15-1　宗教科と倫理・哲学科の法的地位の関係の 4 類型

	宗教科	倫理・哲学科	主な州
①	必修教科	補完教科／選択必修教科	バイエルン／NRW
②	補完教科	必修教科	ブランデンブルク
③	必修選択教科	必修選択教科	ハンブルク／ザクセン・アンハルト
④	免　除	免除／必修教科／選択教科	ブレーメン／ベルリン

出所）濱谷（2020：61）に基づき作成

プロテスタント宗教科35.2%，正教宗教科0.1%，ユダヤ教0.0%（337人），イスラーム宗教科0.4%，超宗派の宗教科4.6%，その他の宗教科0.2%，イスラーム学0.3%，倫理科18.6%，哲学科5.5%，その他の代替教科3.5%，そして宗教科にも代替教科にも出席しない8.2%と，その分類は12種に及ぶ。宗教科の出席者の割合が「その他の宗教科」を含めて7割を超える一方で，倫理・哲学科の出席者も約3割に達する。

第3節　道徳教育のカリキュラム

　ここでは，倫理・哲学科の例として実践哲学科に注目し，カリキュラムと教科書からその実際を紹介してみる。ドイツ最大の人口を抱えるNRW州では，「哲学に基礎をおく価値教育」として，1997年に省察と「考える文化」全般を育成する「実践哲学科」のカリキュラム大綱草案が起草された。現在，前期中等教育段階に実践哲学科，後期中等教育段階に哲学科が設置されている。さらに，初等教育段階については，倫理科（仮称）のカリキュラム草案が2020年に公表されている。

　最初に，目標からみてみよう。実践哲学科の2008年版コアカリキュラムでは，目標として「生徒が人間存在の意味への問いに対する答えを探究し，民主的な社会において自律的に責任を自覚し，寛容の精神をもって生活を営むことができるよう，真理をさまざまな次元においてよりきめ細かに捉え，体系的に意味と価値の問題にとりくむことができるコンピテンシーを育成する」と謳われている（NRW-MSW, 2008）。そのために，「生徒は，共感する力を発達させ，責任ある行為の基盤となる価値認識と自己意識に到達する」よう求められており，そうした課題に対して，実践哲学科では特定の信仰に依拠する宗教科とは異なって，「規範的，道徳的教育の意味では，論証的・討議的リフレクションに基づく」と明記されている（ebd.）。加えて，実践哲学科の原則が，「州憲法とドイツ基本法，さらに人権として根付いている価値構造を基準とする」旨を明言している（ebd.）。こうして，行為の規範や価値の原則として，人間の尊厳の尊重を謳う基本法などに依拠しつつ，自らの論拠を明確にして意見を交わし

ながら考え合うという学習プロセスが重視されている。

　次に，内容や方法についてみてみると，以上の目標は，個人的観点，社会的観点，思想的観点という３つの教育方法上の観点に基づき，７つの問題領域において展開される。７つの問題領域とは，１．自己，２．他者，３．良い行い，４．法，国家，経済，５．自然，文化，技術，６．真理，現実，メディア，７．起源，未来，意味，である。これらの７つの問題領域に関しては，第５〜６学年，第７〜８学年，第９〜10学年の区切りで，重点的学習内容が２つずつ示されており，２学年ごとに７つの問題領域すべてを扱うことが義務化されている。また，問題領域７に関しては，前期中等教育段階を通して，最低一度は，宗教に関連する重点的学習内容を選択するよう注意が促されている（ebd.）。

　コアカリキュラムでは，７つの問題領域について，前期中等教育段階修了時に生徒がどのようなコンピテンシーを獲得すべきかを，自己，社会，事象，方法の４つの枠組みに大別して，重点的学習内容と共に示している（濱谷，2020：155ff.）。たとえば，方法コンピテンシーでは７つが掲げられている。このうち，「世界の諸宗教の重要な人間学的，倫理学的，形而上学的な主たる諸概念を熟知し，比較する」をみてみると，第５〜６学年では，「様々な宗教上の儀式について説明し，それらを尊重する」，第７〜８学年では「様々な世界の諸宗教の多様な特徴を取り上げ，それらを文化的な現象として省察する」，第９〜10学年では，「世界の諸宗教の哲学的側面について省察する」とコンピテンシーが規定されている。諸宗教に関わる学習の到達点も２学年ごとに定められ，それまでに修得した能力を活かしながら学習が深まるよう，発展的に構成されている。

　さらに，成績評価については，試験などではなく「授業におけるその他の学習成果」を評価対象とするよう明示されている。すなわち，州学校法に定められた「優秀」から「不充分」までの６段階の評価が，実践哲学科にも適用される。その際，授業を通して獲得されたコンピテンシーを総合的に関連づけて評価が行われる。「授業におけるその他の学習成果」とは，次の４つである。順

120

に示すと，1）授業への口頭での貢献（授業の話し合いへの貢献，研究発表など），2）授業への記述による貢献（記録，資料収集，ノート，ファイル，ポートフォリオ，学習日誌など），3）15分を限度とする短い記述式課題，4）自らの責任を果たす生徒中心の活動への貢献（ロールプレイ，アンケート，調査，プレゼンテーションなど），の4つである。

　こうしたコアカリキュラムに対応する教科書をみてみると，日常生活から形而上学上の難問まで，多彩な学習内容を含んでいる（Henke,R.W., Sewing,E.M.,& Wiesen,B., 2009）。なかでも，ジェンダー，貧困，宗教などに関して多様な背景をもつ生徒の直面する日常が現実に即して描写され，「問い」が投げかけられるという構成が特徴的である。たとえば，問題領域4の「法，国家，経済」に関わる第5章では，「何でもやりたいようにやっていいの？」「従わなければならないの？」「そもそもなぜルールがあるの？」などの「問い」に向けて探究を深めていく。諸宗教の黄金律やハンムラビ法典から学校の校則まで，多様な資料が提示されている（Henke,R.W.編集代表，2019）。事例を調べたり，公判をロールプレイで演じたり，グループで意見交換したりしながら，「ルールと法律」をめぐる自分自身の振る舞いについて考えを深め，それを自由に議論できるよう支援している。この章の最後では，「実践哲学科の授業のルールを作ろう」というプロジェクト活動も提案されている。倫理学や哲学，宗教学の蓄積を存分に活かしつつ，市民性教育にも開かれた内容が編成されているといえよう。なお，ドイツでの教科書の採択は，「学校の自治・教育上の固有責任」に属する事項として，各学校の固有の権限とされている。くわえて，教科書採択が学校会議の権限とされている州では，親や生徒も採択過程に直接参加することが権利として承認されている（結城，2019：100）。当事者の一員として，生徒自身が自律的な学校づくりを経験する仕組みが前提となっている。

第4節　近年の動向と展望

　以上みてきたように，基本的にはカトリックとプロテスタントのキリスト教の宗教科を基軸とし，それらと倫理・哲学科とが共存してきたのが従来のドイ

ツの倫理・道徳教育の特徴であった。この枠組みを変容させているのが，ムスリムの移民などの増加を契機とするイスラームの宗教科の開設という，州レベルでの試みである。各々の「信仰」を志向するそうした州では，信仰や世界観の多様性がいっそう積極的に尊重された結果として，制度的には倫理・道徳教育の分化が進んでいる。それに伴い，教科間の連携や宗教・宗派間の対話がいっそう求められてきた。「宗教間」という観点からの対話的な宗教科の実践に関しては，先述したハンブルク州以外においても，近年になってようやく議論が深まりつつあると指摘されている（Obermann, 2020：251）。

　他方ですでに，ドイツ社会における，キリスト教諸宗派以外の宗教の信仰者と無宗教者とを合わせた人口比率は 45％に上るという実情がある（DBK, 2020：72）。そうしたなかで，むしろ，ベルリンやブランデンブルク州の先例のように，宗教科ではなく，「世俗主義」を志向する倫理・哲学科を連邦レベルで正規に導入すべきという意見も，根強いといわれる（ヘンケ，2021：53）。

　このように，社会の「多様性」への応答として，宗派別の宗教科が分化する潮流と，世俗的な倫理・道徳教育を重視すべきとの主張とが存在しているところが，ドイツの倫理・道徳教育の現在の姿であろう。背景には，教育に関わる権限を各州がもつために，倫理・道徳教育のあり方は州ごとに多様であるという前提がある。また，その科目としての宗教科と倫理・哲学科が，法的地位においてどのように相互補完的な関係を有するのかにも，州ごとに違いがある。

　最後に，NRW 州実践哲学科の例にみたように，OECD の主導するコンピテンシー志向の学習観が，倫理・道徳教育を担う教科にも影響を与え，獲得されるべきコンピテンシーがカリキュラムに定められた。こうした改革動向は，宗教科の教育スタンダードやコンピテンシーの策定などにもみられ，ここには，カリキュラムの州ごとの独自性から州と州とを結ぶ共通性への転換も認められる。コンピテンシー重視の考え方は，宗教科と倫理・哲学科との連携関係の強化にもつながっているように見える（濵谷，2020：163）。それが倫理・道徳教育を担う教科の今後にどのような影響を及ぼすのか，宗教科と倫理・哲学科との境界線と連携関係を問い直す上でのひとつの試金石になるのかもしれない。

• 注 • ··

　本章の内容については，次の著書・論文に加筆・修正を施している。濱谷佳奈（2020）。濱谷佳奈「ドイツ　個々への支援を目指す，連邦と州による教育政策」（志水，2019：109-124）。濱谷佳奈「ドイツ　健康な教員が担うインクルーシブな教育実践」（志水，2019：254-279）。濱谷佳奈「監訳者解説　世俗的価値教育としての実践哲学科の可能性」（Henke，2019：207-210）。

• 参考文献 • ··

Autorengruppe Bildungsberichterstattung (Hrsg.) (2018) *Bildung in Deutschland 2018.*

Avenarius, H. & Hanschmann, F. (2019) *Schulrecht. 9. neu bearbeitete Auflage*, Carl Link.

DBK (Sekretariat der Deutschen Bischofskonferenz) (2020) *Katholische Kirche in Deutschland. Zahlen und Fakten 2019/20.*

Henke, R. W., Sewing, E. M., & Wiesen, B. (2009) *Praktische Philosophie 1.* Cornelsen. （Henke, R. W. 編集代表，濱谷佳奈監訳，栗原麗羅・小林亜未訳〔2019〕『ドイツの道徳教科書──5，6 年実践哲学科の価値教育』明石書店）

KMK (Kultusministerkonferenz) (2015) *Gesamtstrategie der Kultusministerkonferenz zum Bildungsmonitoring.*

NRW-MSW (Ministerium für Schule und Weiterbildung des Landes Nordrhein-Westfalen) (Hrsg.) (2008) *Sekundarstufe I; Kernlehrplan Praktische Philosophie*, Ritterbach Verlag.

Obermann, A. (2020) "Religiöse Vielfalt in der Religionspädagogik," In T. Knauth, R. Möller, & A. Pithan (Hrsg.) *Inklusive Religionspädagogik der Vielfalt.* Waxmann: 244-253.

坂野慎二（2017）『統一ドイツ教育の多様性と質保証』東信堂

志水宏吉監修，ハヤシザキカズヒコ・園山大祐・シム　チュン・キャット編著（2019）『世界のしんどい学校──東アジアとヨーロッパにみる学力格差是正の取り組み』明石書店

高橋英児（2019）「ドイツにおける学力向上政策と教育方法改革の射程」久田敏彦監修，ドイツ教授学研究会編『PISA 後のドイツにおける学力向上政策と教育方法改革』八千代出版：1-44

濱谷佳奈（2020）『現代ドイツの倫理・道徳教育にみる多様性と連携──中等教育の宗教科と倫理・哲学科との関係史──』風間書房

ヘンケ，R.W. 著，濱谷佳奈・栗原麗羅訳（2021）「ドイツにおける価値教育の展開──実践哲学科を中心に──」『大阪樟蔭女子大学研究紀要』第 11 巻：47-54

結城忠（2019）『ドイツの学校法制と学校法学』信山社

常設各州文部大臣会議（KMK）　https://www.kmk.org（2021 年 3 月 22 日閲覧）

ドイツ教育サーバー　https://bildungsserver.de（2021 年 3 月 22 日閲覧）

連邦教育研究省（BMBF）　https://www.bmbf.de（2021 年 3 月 22 日閲覧）

第16章 アメリカ

――――柳沼　良太

第1節　学校制度と教育課程の特色

1 概　　観

　アメリカ合衆国（以下，アメリカ）は，北アメリカ，太平洋，及びカリブに位置する連邦共和制国家であり，50の州及び連邦区などから構成されている。アメリカの教育は地方分権制になっているため，教育行政も連邦政府ではなく各州政府に委ねられている。そのため，原則として各州の教育省の下にある郡教育局およびその学区の裁量で年間指導計画，カリキュラム，教科書などが決定されている。

　アメリカの義務教育期間は，K（幼稚園 kindergarten の最終学年）からグレード12までの13年間が一般的となる。小学校・中学校・高校の分け方は，州や学区など地域によって異なるが，もっとも多い分類はグレード1～5を小学校，グレード6～8を中学校，グレード9～12を高校とする5―3―4制である。また，グレード1～8をプライマリー・エデュケーション（初等教育），グレード9～12をセカンダリー・エデュケーション（中等教育）とよぶことが多いが，グレード1～5までをエレメンタリー・スクール（小学校），グレード6～8をミドルスクール（中学校），グレード9～12までをハイスクール（高校）とよぶこともある。一般に中学・高校では，英語，歴史または社会科，数学，科学，外国語，美術，職業技術またはビジネス教育，コンピューター・サイエンスなどを学習する。卒業に必要な単位を取得できれば，上述したグレード12を修了する前でも飛び級して卒業することができる。

124

　一般に公立学校（パブリック・スクール）に通う子どもたちが多いが（約85
％），私立学校（インディペンデント・スクール）や全寮制私立学校（ボーディン
グ・スクール）に通う子どもたちもいる。この他にも，近年では公教育への多
様な要望に応えるために，特別認可をうけた公立学校であるチャーター・スク
ール，特別プログラムをもつマグネット・スクール，特別支援教育などをうけ
るオルタナティブ・スクール，家庭を拠点に学習を行うホーム・スクールなど
の形態も認められている。

　このようにアメリカの学校制度は多種多様であり，1980年代までは州政府
が主に教育行政を掌握していたわけだが，1990年代からは連邦政府が州政府
の行う公教育に積極的に関与するようになった。この歴史的経緯をみていく
と，まず，ブッシュ（Bush,G.H.W.）政権下で1990年に「国家教育目標」が宣
言され，市民としての権利と責任を行使するために必要な知識・技能を子ども
たちに身に付けさせるよう要請した。そして翌1991年には「2000年のアメリ
カ」でその教育目標を達成するための具体的な方略を示した。次のクリントン
（Clinton,B.）政権下では，1994年に「2000年の目標：アメリカ教育法」及び
「アメリカ学校改善法」が制定され，連邦政府が州や地方教育機関に全国的な
教育標準（Education Standards）を定めさせ，その学力水準を達成するよう要請
した。さらに，ブッシュ・ジュニア（Bush,G.W.）政権下では，2002年に「落
ちこぼれ防止法（No Child Left Behind Act）」（以下NCLB法）が制定され，学力
水準の達成を州や地方教育機関に要請し，それを達成できない公立学校には子
どもを転校させたり，補習授業を提供させたり，学校組織を再編したりするな
どの強硬措置を施すようになった。後のオバマ政権やトランプ政権でも，この
NCLB法を柔軟に修正しつつ継承し，学力保障や人格形成に向けて取り組んで
いる。

２　教育課程の特徴

　アメリカの教育課程は，学校制度と同様に州や学区で異なるため，一般的な
特徴を明示することは難しい。それでも，前項で示したアメリカ教育法や

NCLB 法の下に，初等・中等教育では大学や職場に入ってから十分に活躍できるだけのレディネス（readiness）を確実に身に付けさせるために教育課程が編成されてきた。

　近年では 2010 年にコモンコア・ステイト・スタンダード（the Common Core State Standards, 以下 CCSS）が策定され，各州に共通した全米レベルの標準が示された。オバマ政権では，この CCSS を採択した州に巨額の競争的資金を与えたため，多くの州で採択されるに至った。そのため，上述した K-12 の公立学校では全米レベルの教育基準としてこの CCSS を満たすための教育を行うようになった。

　この CCSS は子どもが身に付けておくべき能力の基準を示したものであり，公教育で子どもたちが「何を知るべきか」「何ができるようになるか」について具体的な指標を示している。そのため，学区や学校は，CCSS などに対応した州のガイドラインに沿って教科書を選択し，そのガイドラインに定められた指導内容を学び，子どもの個性や特性に見合った形で授業を進めている。このように指導内容は全米レベルの基準を取り入れているが，学校のカリキュラムや指導法は，学区の教育委員会，教育長，校長，教師によって決定されている。

　特に，指導法については教師の裁量で創意工夫されており，子どもが主体的・創造的・批判的に学び考え判断する問題解決学習，対話的・協働的に学び合うプロジェクト学習や探究学習，体験学習などを積極的に取り入れている。

　その一方で，ガイドラインに定められた学力水準を確実に達成できるように，主要教科（国語や算数など）では子どもの学力に合ったクラスで履修する習熟度別学習を行い，能力に応じた読解や計算のグループ学習をしたり，能力別のグループで課題に取り組むプロジェクト学習をしたりすることもある。

3　近年の教育改革の動向

　近年のアメリカの教育では，「21 世紀型スキル」が重視されている。この 21 世紀型スキルとは，高度にデジタル化する 21 世紀の社会を生き抜くために必要なスキルであり，国際団体 ATC21S が 2009 ～ 2010 年に提唱している。

　３つのコア・スキルとは，①学習とイノベーションスキル（批判的思考と問題解決，コミュニケーションと協働，創造とイノベーション），②情報，メディア，テクノロジースキル（情報リテラシースキル，メディアリテラシースキル，ICTリテラシースキル），③生活とキャリアスキル（柔軟性と適応性，進取と自己方向づけスキル，社会／文化横断的スキル，生産性／アカウンタビリティスキル，リーダーシップと責任スキル）である。

　このコア・スキルを高めるために，「考え方」「働き方」「働くための道具」「世界で生きるためのスキル」という４つのスキルが必要になる。①「考え方」とは，創造力，意思決定力，メタ認知能力など，あらゆる思考の方法を身に付けるスキルである。②「働き方」とは，コミュニケーション能力やコラボレーション能力などで，社会や組織で他の人たちと複数で共同して働くために必要となる方法である。③「働くための道具」とは，ICTリテラテシーや情報リテラテシーなどで，情報化された社会において必要となる道具である。④「世界で生きるためのスキル」とは，グローバル化する社会に対応し，人生のキャリアを構築するためのスキルである。個人の責任と社会的責任を弁え，異文化への理解を深め，異文化と適応する能力でもある。

　以上のように，アメリカの教育は今後ますます情報化しグローバル化する社会で有意義に生活し働けるように実用的な21世紀型スキルを身に付けさせようとする傾向が強まっている。こうした学校教育の基本方針は，後述する実効性の高い道徳教育や人格教育を求めている動向とも密接に関連している。

第２節　学校における道徳教育の展開

1　道徳教育の展開

　アメリカの道徳教育も，前述した各教科と同様に，全米で統一的に規定されているわけではなく，各州や学区によってその指導内容や指導方法が異なっている。ただ原則として，アメリカの公立学校では宗派的な宗教教育を行わず，社会科を中心に学校教育全体で道徳教育を行うことにはなっている。

　もともとアメリカでは 19 世紀末から道徳教育（古い人格教育）が行われてきており，道徳的訓練としてピューリタン的な教化を行ったり，『マクガフィー読本』などを用いて道徳的内容（教訓）を教えたりしてきた。しかし，こうした道徳教育を行っても子どもたちの生活の改善にはあまり役立たないことが実証され，20 世紀前半には衰退していった。その後，アメリカの道徳教育としては，進歩主義教育の影響もあって 20 世紀後半からは価値教育（価値の明確化），認知発達的アプローチ（モラル・ジレンマ授業），新しい人格教育（character education），公民教育（civic education），市民性教育（citizenship education），サービス・ラーニング（service-learning）など多様な形態で取り組まれている。

　このなかでも 1990 年代からは，「新しい人格教育」がアメリカ全土で広く普及している点が注目に値する。この時期から情報化やグローバル化が急速に進展して社会が大きく変動するなかで，価値観がますます多様化し，従来の価値規範や連帯意識が崩れ，生徒指導上の諸問題（いじめ，校内暴力，麻薬，銃，飲酒，性非行など）も山積して社会問題化されるようになった。そうした学校内外の混乱を立て直すために人格教育の復興が目指されたのである。

2 新しい人格教育の歴史的経緯

　人格教育が再び台頭する端緒となったのは，クリントン政権下で 1994 年にアメリカ学校改善法が施行され，それと付随して人格教育連携パイロット・プロジェクトが補助金事業として実施されることになった。そしてクリントン大統領は 1996 年に一般教書演説でアメリカの学校すべてに人格教育を実施するよう要請している。

　次のブッシュ・ジュニア政権下では，上述したように 2002 年に NCLB 法が施行され，「強い人格と市民性」を重視して，安心で規律ある教育環境を整備することが要請され，その補助金事業として「人格教育連携プログラム」が実施された。NCLB 法が施行されて以来，連邦教育省は，「安全で麻薬のない学校局」を設置し，後に「安全で健康な児童・生徒局」に改編し，人格教育連携プログラムの事業を推進して補助金を支給している。その後，オバマ政権下で

も NCLB 法を修正しながら，基本的には人格教育を市民性教育と共に推進している。

　こうしたなかで連邦教育省が推進役となり，州や地方の教育委員会がさまざまな NPO（非営利団体）や高等教育機関と連携して人格教育を実施するようになった。人格教育を推進する全米的な非営利団体としては，1991 年に共同体主義者ネットワーク，1992 年にキャラクター・カウンツ連合，1993 年に人格教育パートナーシップ（CEP），1999 年にキャラクター・プラスなどが次々と設立された。こうした人格教育を推進する諸 NPO は，倫理・哲学を重視する立場，核心価値の指導を重視する立場，学校教育全体の取組を重視する立場などがあり，それぞれ指導内容や指導方法が異なっている。

　こうした連邦政府や NPO と連携して，多くの州で人格教育に言及するようになった。約３分の２の州が人格教育を義務づける法律をもつか（たとえばニューヨーク州），州の教育局から人格教育をするよう各学校に要請している状況にある。また，ほぼすべての州がいじめ防止を義務づける法律があるため，そのなかに人格教育などを関連づけている。たとえば，いじめを許さない学校環境の整備，規範意識の向上，規律指導，親の意識化と関与，いじめの実態調査やアセスメントを推進するために，人格教育の有効活用を促している。

　このようにアメリカでは人格教育を政策として取り入れ，学力向上や「安心で規律ある学校づくり」に活用していった経緯がある。各学校では，人格教育の委員会を組織して，校長や副校長などを中心に学校全体で人格教育を推進している。

第３節　人格教育のカリキュラム

1 目　　標

　アメリカの人格教育では，州や地方によって目標が異なっているが，主に① 道徳的価値の認知的な理解を促し，② 道徳的行為を動機づけ，③ 道徳的行為を習慣化して人格形成することに重点を置いているところは共通している。

人格教育を行う授業（lesson）でも，子どもが道徳的価値について理解を深め，その良さを感受し，実際によい行為をし，習慣化させようと指導している。ただし，道徳的価値を教え込んだり道徳的行為を強制するのではなく，道徳的問題の解決策を考えたりして，実際に道徳的実践ができる能力を養うことを目標としている。

　その意味で人格教育は，単なる徳育だけでなく知育や体育とも密接に関連し，道徳的問題を知的に考察したり，道徳的実践に関する体験的な学習やスキル・トレーニングを行ったりして，教科横断的で総合的な学習にする傾向にある。連邦教育省でも，こうした人格教育を行うことによって各教科の成績が向上したりスポーツのパフォーマンスが向上したりすることに繋がり，人間関係の改善や問題行動（いじめ問題を含む）の解消にもなることを認めて推奨している。

2　指導内容

　アメリカの道徳教育や人格教育では，上述したように国家が規定する指導内容やカリキュラムがあるわけではない。この点では，地域の学区や学校が多大な自律性をもち，人格教育の指導内容と方法を選択することになる。

　ただし，人格教育では中核的価値（core values）をしっかり指導しようとする点では共通した方針がある。古典的な例としては，フランクリン（Franklin, B.）が自伝のなかで掲げた13の徳目（節制，沈黙，規律，決断，節約，勤勉，誠実，正義，中庸，清潔，平静，純潔，謙譲）を学校で1週間にひとつ取り上げ，それを実践するよう指導した例がある。

　こうした伝統を受け継いで，新しい人格教育でも道徳的価値を計画的・系統的に指導しようとする傾向が強い。前述したさまざまなNPOが国家規模の標準として共通する核心価値を提示する場合がある。たとえば，「倫理と人格向上センター」では，中核的価値として「正直，勇気，責任，勤勉，奉仕，尊重」という6つの価値をあげている。キャラクター・カウンツでは，中核的価値として「信頼，尊重，責任，配慮，公正，市民性」を掲げている。「人格教育連盟」は「思いやり，正直，公正，責任，自他の尊重」を掲げている。ジョ

セフソン倫理協会では,『人格に関するアスペン宣言』のなかで「尊敬, 責任,
信頼, 正義, 公正, 思いやり, 市民としての道徳や義務」をあげている。この
ように道徳的価値を5〜6に限定して, それぞれを繰り返し重点的に指導する
ことで確実な定着を図るのである。

　また, 人格教育には子どもの「倫理的判断力」「問題解決」「対人スキル」
「労働観」「共感」「内省」など資質・能力（コンピテンシー）の発達を支援する
ことも含まれる。共通する中核的価値やスキル・能力は, 標準だけ示している
のであり, 具体的なカリキュラムを提供しているわけではない。それゆえ,
個々の学校や教師が共通する中核的価値や原則を標準として, その目標に見合
った授業のデザインを自律的に行うことになっている。

　さらに, 人格教育パートナーシップでは, 指導内容を11の原則で示してい
る。この原則は, どのようにすれば質の高い人格教育を構想し, 実践し, 評価
できるかについて詳述されているため, 以下に紹介したい。原則1は, 学校が
良き人格の礎となる倫理的な核心的価値とパフォーマンス的価値を促進するこ
とである。原則2は, 学校が思考, 感情, 行動などを含めて総合的に人格を定
義することである。原則3は, 学校が人格教育において包括的, 意図的, 積極
的なアプローチをとることである。原則4は, 学校が思いやりのある共同体を
創造することである。原則5は, 学校が子どもに道徳的行動をとる機会を提供
することである。原則6は, 学校がすべての学習者を尊重し, 人格形成を促
し, 成功へと導く有意義でやりがいのある学習カリキュラムを提供することで
ある。原則7は, 学校が子どもの自発性を培うことである。原則8は, 教師が
人格教育の責任を共有する倫理的な学習共同体の一員であり, 子供に掲げるも
のと同じ中核的価値を忠実に遵守することである。原則9は, 学校がリーダー
シップを共有し, 人格教育の構想に対する長期的な支援を推進することであ
る。原則10は, 学校が人格形成の取組において家庭や地域の人びとと連携す
ることである。そして原則11は, 学校の校風, 人格教育者としての教師の働
き, 子どもが良き人格を体現する程度について定期的に評価することである。

　以上のように人格教育は特設された授業で行うだけでなく, 学校の教育活動

全体で行い，家庭や地域との連携を図るような指導内容として提示している。

3　指導方法

　人格教育は，各学年の時間数も学校によってさまざまである。意欲的に週1
～2時間の人格授業（character class）を行う学校もあれば，特設の授業はなく
学校の教育活動全体を通して人格教育を行う学校もある。

　人格教育の授業を担当する教師は，一般の教師だけでなく，学校専任のカウ
ンセラーや心理職である場合も多い。学校には人格教育の委員会が組織されて
おり，校長や副校長など管理職が学校全体で推進することが多い。

　人格教育の検定（国定）教科書は特にないが，上述した人格教育のNPO団
体や出版社が独自に刊行する教科書（テキスト）は多数ある。こうした教科書
にはさまざまな教訓，読み物資料，ワークブックを組み合わせたものが多い。
小・中学校の教科書としては，NPO法人「子どものための委員会（Committee
for Children）」の刊行した『セカンド・ステップ』やキャラクター・カウンツ
の教材などが有名である。高校では，人格教育に影響を及ぼす特定の書籍をテ
キストとして選定し，読後に道徳について議論することが多い。

　人格教育では，計画的かつ発展的に道徳的価値を教える伝統的な授業スタイ
ルもあるが，一方では，進歩主義教育の新しい流れを汲んで，道徳的問題を多
角的かつ批判的に考察する授業スタイルもある。その際，道徳的基準として可
逆性・普遍性・互恵性・因果性などの見地から責任のある解決策を構想してい
る。たとえば，「誰もが公平に役割を果たすためには，どのように掃除の計画
を立てればよいか」という日常的な問題を子どもたちに考えさせることで，道
徳的な判断力や心情だけでなく，実践意欲や態度をも総合的に育成していく。

　人格教育の授業を具体的にみてみよう。たとえば，「忍耐（perseverance）」
に関する授業の場合，まず，「忍耐とは何か」と定義の問題から始める。次に，
「忍耐強く続けることが難しい仕事は何か」と子どもたちの現実問題と関連づ
けながら考える。また，「もし忍耐が身に付いたら，どんなよいことがあるか」
と肯定的な未来像や成功のイメージを考える。その後，偉人・先人などの教材

を読んで、「成功するためにいかに忍耐したか」を考える。最後に、「忍耐が人生（の成功や幸福）でいかに必要か」をじっくり考え、その意義を考える。

こうした多様な問いを考えるなかで、子どもは「忍耐」という行為の道徳的意義を理解し、「忍耐」の結果や人生に与える影響を考え、忍耐強く生きようと動機づけられる。授業後には、現実的な生活で「忍耐」を実践できる機会を子どもに提供し、その実践から価値を再認識するように促すこともある。

このようにアメリカの人格教育では、実際的な問題を取り上げ、具体的な解決策まで踏み込んで話し合うため、実際の日常生活で起こる諸問題にも応用することが可能になる。こうした人格教育の授業は、各教科や生徒指導や特別活動にも積極的に関連づけられ、道徳的実践の指導（一種のスキル・トレーニング）が行われたり、教科横断的で総合的な学習を行ったりしている。

4 評価方法

アメリカの人格教育では1990年代から「厳密に科学的に基礎づけられた評価」が求められてきた。そこでは、人格教育の目標（ゴール）や基準（スタンダード）を設定し、それに対応した評価（アセスメント）を行い、教育の結果責任や説明責任（アカウンタビリティ）を果たすことが求められる。

客観的な評価としてアンケート調査が行われる。子どもに対する項目としては、「お互いを思いやり、助け合うことができる」などを評価し、教師に対する項目では、「子どもを公平に扱い依怙贔屓しない」などを評価し、学校に対する項目では「保護者を尊重し歓迎し配慮する」などを評価する。基本的には5段階で、自己評価することになる。

また、人格教育の授業をより厳密に科学的に評価する方法として、介入群と対照群を設定する「ランダム実験モデル」やそれに準じた「疑似実験分析法」が活用されることもある。

さらに、近年では、子どもが現実的な状況で課題を解決する力を評価するパフォーマンス評価や、子どもが作成したレポートやワークシート、作品を評価するポートフォリオ評価が人格教育にも導入されている。

　前述した「人格教育連携プログラム」において評価の対象となるのは，実際の学校における「規律問題」「児童生徒の成績」「課外活動への参加状況」「保護者や地域社会の関与状況」「教職員や行政の関与状況」「児童生徒や教職員の士気（morale）」「学校風土全体の改善」である。このように人格教育の包括的な取組全体が多角的に評価され，補助金の支給額や教師の人事評価にまで反映される。このようにアメリカでは人格教育を実際の学力向上や生徒指導や学級経営と結びつけて，その効果を実証的に診断して改善しているため，実効性の高い教育を展開できているといえる。

第4節　近年の動向と展望

　近年の動向としては，アメリカの道徳教育や人格教育でも，すでに答えのわかりきった問題だけでなく，答えが（ひとつでは）ない今日的問題を積極的に取り上げて，子どもと共に考え議論しようとすることがある。たとえば，社会の貧困問題や格差問題，Black lives matter のような人種差別問題，セクシャル・マイノリティに関わるジェンダー問題，SDGs のような環境問題，テロリズムと自由の問題，グローバリズムとナショナリズムの対立問題，プロライフなどの生命倫理問題など社会的・政治的問題にまで発展し得るテーマが公教育でも積極的に取り上げられている。

　また，今日のアメリカでは学校教育で GRIT（やり抜く力）やレジリエンス（折れない心）のような資質・能力を育てようとする傾向もある。これらもキー・スキルやコンピテンシーと関連した道徳的な資質・能力の育成として導入されていくだろう。

　最後に，今後，わが国の道徳教育や道徳授業を改善するために，アメリカの道徳教育や人格教育からどのようなことを学ぶことができるかを考え，その展望を示しておきたい。第1に，アメリカの道徳教育では，子どもの全人格を育成するために，道徳性の認知的側面，情意的側面，行動的側面をバランスよく指導しようとする点である。わが国の道徳教育は情意的側面に重点をおく傾向にあるが，道徳的テーマを考え議論する場合は，子どもが理解し思考する認知

134

的側面や実際の行動・習慣に繋げる行動的側面をも重視する必要があるだろう。第2に，アメリカの道徳教育（特に人格教育）では中核的な価値を6〜8に絞って重点的に指導している。日本では内容項目を22以上に分類し，多様な道徳的価値を指導するが，限定された中核的諸価値を重点的に指導した方が子どもにとっても習得しやすく，実際の行為や習慣形成にも結び付きやすいところがある。第3に，いじめや人間関係のトラブルなど現実的な問題を取り上げて道徳授業を行うことである。実際に起こりうる問題と関連づけることで，子どもたちも当事者意識をもって切実に考え判断できるようになる。第4に，道徳教育の関連諸領域から新しい指導法を積極的に取り入れていることである。道徳性発達心理学や動機づけの理論，幸福学，リーダーシップ教育，シティズンシップ教育，法教育，子どもの哲学（P4C）などを柔軟に取り入れることで，テーマや資料に合わせた多様な指導展開を可能にしている。第5に，道徳教育でも科学的に基礎づけられた多角的な評価方法を取り入れていることである。子どもの道徳性の発達状況を客観的に把握し，実際の道徳授業を行うことでどのように成長・発達したかを効果検証し，その評価に反映させている。

　こうしたアメリカの多様で効果的な道徳教育や人格教育の諸特徴をわが国でも取り入れることで，より有意義な「考え議論する道徳科」の指導や評価を展開することができるのではないだろうか。

• 参考文献 •

Character Education Partnership (2010) *The 11 principles of Effective Character Education,* Second edition.
U. S. Department of Education (2007) *Mobilizing for Evidence-Based Character Education.*
文部科学省編 （2016）『諸外国の初等中等教育』明石書店
柳沼良太 （2012）『生きる力を育む道徳教育』慶應義塾大学出版会
柳沼良太 （2015）『実効性のある道徳教育』教育出版

第17章　中　　国

————山田　美香

第1節　学校制度と教育課程の特色

1　概　　観

　中華人民共和国（中国）は，世界第2位の経済大国であり約14億人（2019年，外務省）と膨大な人口をもつ国である。就学前・就学時期にある人口も多い。中国は社会主義国であるため教育課程は日本と比較して思想教育が大きな比重を占める。義務教育は小学校（小学）が6年，中学校（初級中学）が3年の9年間である。普通科高校（普通高級中学）は3年制，大学は4年制であり，日本と同じ学制である。社会主義国家として学校内に共産党組織が入っており，政治が学校に関与しているため多くの優秀な教員は共産党の党員である。

　一方で社会主義国家体制にかかわらず，学校では受験勉強中心の競争社会がみられる。学校・家庭においては多くの子どもが大学受験に向けて勉強する。学校において制度的に社会主義的な教育がみられたとしても，教師や保護者における実質的な教育意識は日本と大差ないといえる。

2　教育課程の特徴

　中国では多様な宗教が認められているが，特定の宗教的背景をもった一部の学校で宗教教育が行われる。小・中学校の「課程標準（学習指導要領）」においては宗教教育に関する記述がなく，普通科高校の「課程標準」では少しの記述があるのみである。欧米の学校とは違い，宗教教育を道徳教育とみなすこともない。

図表 17-1　小・中学校の教育課程（1-6 学年が小学校，7-9 学年が中学校）

	学年									9年間における授業の比率
	1	2	3	4	5	6	7	8	9	
領域	道徳と法治									7～9%
							歴史と社会（あるいは歴史・地理の選択）			3～4%
			科学				科学（あるいは生物・物理・化学の選択）			7～9%
	中国語									20～22%
	数学									13～15%
			外国語							6～8%
	体育						体育と健康			10～11%
	芸術（或いは音楽・美術の選択）									9～11%
	総合実践活動									16～20%
	地方課程と学校課程									
週授業時間	26	26	30	30	30	30	34	34	34	274 時間
年間授業時間	910	910	1,050	1,050	1,050	1,050	1,190	1,190	1,122	9,522 時間

出所）「表二義務教育課程設置及比例」（教育部，2001c）に基づいて筆者加筆

(1)　小・中学校

　小・中学校は，「国務院の基礎教育改革と発展に関する決定」「基礎教育課程改革綱要（試行)」(2001) によって，2001 年秋から「徳智体美の全面的な発達に応じた」教育課程が実施された。

　「義務教育課程設置実験方案」(2001) には，小・中学校の教育課程の具体的内容が書かれ，各学年 35 週間授業を行い，学校の活動時間（学校が自ら計画を立てる）は 2 週間であると書かれている。図表 17-1 のように，教育課程は 9 年一貫教育課程で各領域があり，そのなかで科目に分かれているが，各領域で「有機的に思想道徳教育」を進める必要性が述べられている。

(2)　普通科高校

　普通科高校は，教育部「普通科高校課程方案」(2017，2020 改訂) で教育課

程・授業時間が定められている。普通科高校課程の科目には「中国語」「外国語」「数学」「思想政治」「歴史」「地理」「物理」「化学」「生物」「技術」「芸術」「体育健康」「総合実践活動」，そして各学校独自の「学校課程」がある。

　「普通科高校課程方案」（2017，2020改訂）には必修・選択必修・選択課程があり，「必修課程はすべての生徒が学ぶべきもので，選択必修課程は生徒の個性の発達や進学試験に必要なもの」とされる。選択課程は「学校の状況により計画開設されるもの」で，大学進学を考える上では必修・選択必修課程が重視される。普通科高校では「必修単位数88単位・選択必修単位数42単位以上・選択単位数14単位以上（学校課程8単位以上）」をそろえないと卒業できないなど，必修科目が多い。しかし，「総合実践活動」や「学校課程」など，単に知識を得るだけではない活動型の授業や学校独自の課程も重要視されている。

3　近年の教育改革の動向

　中国では国家の安定のため共産主義教育を強化し，また世界トップレベルの人材養成を行うための教育改革を進めている。戦後，教育普及のスピードは緩やかであったが，ここ20年ほどで中国の教育状況は大きく変わり，高等教育をうける者が圧倒的に増えた。一方で農村部の教育問題はまだ十分に解決されていないとはいえ，以前と比べると飛躍的に教育水準が高まった。

　2017年，「小中学徳育工作指南」によって，党大会の主旨，習近平による重要な講和の精神を重視し，「治国理政」の新しい理念・思想・戦略に基づき「人を育てる本は徳育である」という道徳教育が促進された。その指導思想は，「教育と生産労働，社会実践を結合させる」もので，社会主義国家としての組織的な指導に基づいたものである。1980年代までは「労働」が社会主義国家としてはもっとも重要なキーワードであったが，1990年代以降社会主義国家でありながら資本主義的な経済が発達し，国家ではなく個人の生活が重視されるようになったからである。

第2節　学校における道徳教育の展開

1　道徳教育に関する科目の名称

　経済発展に伴い社会構造が大きく変化しつつある中国では，新たな道徳教育が必要とされた。現在ある道徳教育に関わる領域（科目）は「中国語」（小中学校・普通科高校），「道徳と法治」（小・中学校），「歴史」（中学校・普通科高校）である。普通科高校では，「思想政治」（「中国の特色ある社会主義」「経済と社会」「政治と法治」「哲学と文化」）が必修科目である。つまり，小・中学校「道徳と法治」，普通科高校「思想政治」が，道徳教育の主な領域（科目）であるといえる。

(1)　小・中学校

　小・中学校の「道徳と法治」は法治教育を重視した結果，2017年に生まれた新領域である。それまでは，「品徳と生活」（小学校1〜2年），「品徳と社会」（小学校3〜6年），「思想品徳」（中学校）が道徳教育の領域であった。

　ところで教科書は「課程標準」に基づいて編纂されるものであるが，2021年1月段階で「道徳と法治」の「課程標準」を見ることができない。つまり教科書のみ新たに編纂されたのである。

　冯建军（2019）は，道徳教育で「品徳」という科目名称が使われたのは，国家教育委員会「九年義務教育小学思想品徳科と初級中学思想政治科課程標準（試行）」（1997），教育部「思想品徳課程標準（実験稿）」（2003），教育部「義務教育思想品徳課程標準」（2011）においてであり，それまでは「思想政治教育」が「道徳教育」であったと述べている。現在は「道徳」が科目名称として用いられるが，「品徳」と「道徳」の違いは明確に示されていない。

(2)　普通科高校

　2003年，「普通科高校課程方案」「課程標準実験稿」が公表され，2017年，新たな「課程標準」（2020改訂）が定められた。

　「課程標準」(2017, 2020改訂) では,「必修4科目 (中国の特色ある社会主義, 経済と社会, 政治と法治, 哲学と文化) を主な科目とし, 選択必修3科目 (現代国際政治と経済, 法律と生活, ロジックと思惟), 選択3科目 (財政経済と生活, 裁判官と弁護士, 歴史上の哲学家)」となった。「課程標準」(2004) に比べて, 必修科目は中国の体制を学ぶ科目が多く,「政治と法治」は2単位である。選択必修課程でも「法律と生活」があり, 法治教育は新しい「課程標準」の特徴としてみられる。

2 設置学年・時数

(1)　小・中学校

　小・中学校は,「義務教育課程設置実験方案」(2001) で, 義務教育9年の総授業時間数のうち「品徳と生活」「品徳と社会」「思想品徳」の時間数が7〜9％と定められた。2021年現在, これら3科目に代わる「道徳と法治」の授業が行われているが, 総授業時間数はこれまでと変わらないと考えられる。「道徳と法治」は毎学年学習するもので, 教科書は各学年2冊である。

(2)　普通科高校

　普通科高校「思想政治課程標準」(2017, 2020改訂) には, 必修6単位, 選択必修0〜6単位, 選択0〜4単位と書かれ, 中国語や数学よりは必要な単位数が少ない。必修科目は「中国の特色ある社会主義 (1単位)」を中心に, 順に1学期で1〜2科目学ぶとされるが, 選択必修科目については各学校が自由に学ぶ時期を考えることができる。1単位当たりの時間数は18時間である。

第3節　道徳教育のカリキュラム

1 道徳教育の目標

(1)　法治教育

　小・中学校の「道徳と法治」は,「青少年法治教育大綱」(2016) によって法治教育に関連した部分の教科書編纂がなされている。また普通科高校「思想政

治」の法治教育に関わる箇所でも「青少年法治教育大綱」(2016) が反映された内容となっている。

　普通科高校「課程標準」(2017, 2020改訂) の理念は，4つである。「正確な思想政治の方向性を堅持する」「思想政治科の核心素養を養成し生徒が主体的に活動する課程を作る」「生徒の心身の発達の規律を重んじ，教育方法を改める」「思想政治科の核心素養に関わる発達を促す評価体制を作る」である。「思想政治科の核心素養」は，「主に政治認識・科学的な精神，法治に関わる意識，社会参加」のことをいう。これら核心素養を身につけるのが「思想政治」の目標であり，「青少年法治教育大綱」の目標でもある。

2 道徳教育の内容

　道徳教育の主な領域・科目には教科書があり，児童生徒は教科書に沿って勉強をする。当然，教科書は「課程標準」に示された内容に対応している。「普通科高校三科統一編集教材審査工作状況」(2019) には，教育体系のなかで小中学校・普通科高校・大学の道徳教育の「一体化」を進めるため，中国の国家教材委員会が，普通科高校の「中国語，歴史，思想政治」の編集・審査のプロセスに関わっていることが書かれている。

(1) 小・中学校

　「道徳と法治」の「道徳」の部分は，これまでの「品徳と生活」「品徳と社会」「思想品徳」の課程標準 (2011) で示された教科書の内容と大きな違いはない。課程標準 (2011) の小学校1〜2年「品徳と生活」，小学校3〜6年「品徳と社会」の内容は「1．私の健康的な成長，2．私の家庭生活，3．私たちの学校生活，4．私たちの地域の生活，5．私たちの国家，6．私たち共同の世界」となっている。中学校「思想品徳」では「1．成長する私，2．私と他の人と集団，3．私と国家と社会」である。図表17-2は，小学校4年上冊「道徳と法治」の教科書の目次である。

図表 17-2　小学校 4 年上冊「道徳と法治」の教科書の目次

第一単元 クラスとともに成長する	1．私たちのクラスは 4 年経った 2．私たちのクラスのルールは私が定める 3．私たちのクラス，彼らのクラス
第二単元 父母のために分担する	4．父母に私のことを心配させないで 5．このようなことは私が行う 6．私の家庭への貢献と責任
第三単元 情報の万華鏡	7．健康的にテレビを見る 8．ネットの新しい世界 9．正確に広告を認識する
第四単元 生活に多くの環境保護を	10．私たちが理解する環境汚染 11．廃棄物を宝に代える妙 12．二酸化炭素の排出量を減らす生活を毎日に

出所）中華人民共和国教育部・魯洁（2019）の目次に基づき筆者作成

図表 17-3　普通科高校の「思想政治」

必修	**1　中国の特色ある社会主義（1 単位）** 1．人類社会の発展の過程と趨勢 2．中国の特色ある社会主義の始まりと発展 **2　経済と社会（1 単位）** 1．経済制度と経済体制　2．経済発展と社会の進歩 **3　政治と法治（2 単位）** 1．中国共産党の指導者　2．人民が一家の中心である 3．法により国を治める **4　哲学と文化（2 単位）** 1．世界を探索し真理を追求する　2．社会認識と価値の選択 3．文化の伝承と文化の創造
選択必修	**1　現代国際政治と経済（2 単位）** 1．それぞれ特色がある国家　2．世界の多様化 3．経済の国際化　4．国際組織 **2　法律と組織（2 単位）** 1．民事の権利と義務　2．家庭と婚姻　3．就業と創業 4．社会での争議の解決 **3　ロジックと思惟（2 単位）** 1．科学的思惟を学ぶ　2．ロジックに従い物を考えることを要求 3．弁証的な思惟の方法を運用　4．新しい思惟の能力を高める

出所）中華人民共和国教育部（2020：11-29）

142

⑵ 普通科高校

　普通科高校の「思想政治」の中心科目「1中国の特色ある社会主義」は「社会実践活動と結合し，人類社会の発展の一般的な過程と基本的な規律を理解する」こと，最終的に「中国の特色ある社会主義の共同の理想を確実なものとして共産主義の遠大な理想を樹立する」ことを「学業要求」としている。

3　道徳教育の方法

⑴　小・中学校

　現段階では小・中学校「道徳と法治」の「課程標準」がないため，「品徳と生活」「品徳と社会」「思想品徳」の「課程標準」(2011) における教育方法を紹介したい。小学校1〜2年「品徳と生活」では，「児童が知識を得る主な方向は活動を通して主体的に進める構造となっており，教師の直接的な教授だけによるものではない」と書いてある。具体的には「観察・調査・討論」などがあげられている。3〜6年「品徳と社会」では，「児童が自主的に学び独立して考えるよう導く」「多様な状況を豊富に作ることで児童の生活経験を深める」などと説明されている。特に教育活動としては「体験学習・探究学習・問題解決学習・小グループ学習」が事例としてあがっている。

　中学校「思想品徳」では「調査・参観・討論・インタビュー・テーマ研究・状況分析等の方法で，生徒が主体的に社会の現実と自己の成長の課題を探索することを指導する。協力し分かち合うなかで自己の経験を拡大し，自主的に探究したり独立して考えるなかで道徳を学習する能力を強化する」と書かれている。つまり小中学校では，教師が説明するだけでなく多様な方法によって道徳教育を行う必要が述べられている。

⑵　普通科高校

　普通科高校の「思想政治」では，必修課程において「生徒が勉強することで，社会実践活動も行うことができる」ことが要求され，多様な教育方法，たとえば「弁論コンクール」「調査結果の報告」「ボランティア」「インタビュー」

「参観訪問」などが提案されている。「多様な方式・方法で，生徒が自主的・協力して学習したり，探究的な学習を行うよう指導する」こともなされる。

4 道徳教育の評価

(1) 小・中学校

　「品徳と生活」「品徳と社会」「思想品徳」の「課程標準解読（解説）」(2011)における評価基準をみると，小学校1〜2年「品徳と生活」では，「多様な方法で児童の言語・非言語的表現を分析し，各種作品を収集し，教師・同級生・家庭の情報を集め，つとめて正確に全面的に児童を評価する」と記されている。小学校3〜6年「品徳と社会」では，「実際に基づき，信頼，公正，客観的な評価が必要である。たとえば児童の作品・宿題，日常的な観察や定期試験の結果をまとめたものとする」と，単純に試験だけで評価しないことがわかる。同時に「（本人が持つ）基礎の上に進歩・変化した点を反映・評価する」ことが必要であるという。中学校「思想品徳」では，「観察・描述的な評価・項目評価・談話・成長の記録・試験」による評価が示されている。

(2) 普通科高校

　普通科高校「思想政治」の「課程標準」(2017，2020改訂)には，4つの項目によってそれぞれ4段階の評価を行うと書かれている。4つの項目は大まかに分ければ「社会主義に関わる議論」「弁証法的唯物主義と中国の伝統」「法治教育」「公共政策」と理解できる。それぞれの項目に対して生徒のレベルに対応した評価内容が定められている。

第4節　近年の動向と展望

　日本の道徳教育はいじめの問題から道徳の教科化がなされた経緯があるが，中国でもいじめ・暴力が問題となり，「教育部等九部門の小中学生のいじめと暴力の防止に関する指導意見」(2016)が出されている。指導意見では教育指導によっていじめ・暴力が解決されるという考えから，「小・中学生の思想道

144

徳教育，法治教育，心理健康教育を特に強化する」ことが有効であるとされる。防止教育・関係者への指導も行われるが，一方で，いじめや暴力を行う者に対する「威嚇作用としての懲戒処分」や「犯罪事件」としていじめや暴力を捉えるところもある。

　「道徳と法治」の「法治」が果たして法に基づく政治，あるいは形式的な法治になるのかは，今後の法治教育の成果によるものと思われる。

冯建军（2019）「守正创新，把好思想政治方向——新中国成立以来中学思政课的发展历程与经验启示」中国教育报（2019 年 9 月 25 日）

中华人民共和国教育部ホームページ　http://www.moe.gov.cn　（2020 年 3 月 12 日閲覧）

中华人民共和国教育部（2001a）「课程标准」

中华人民共和国教育部（2001b）「教育部关于印发《义务教育课程设置实验方案》的通知」

中华人民共和国教育部（2001c）「义务教育课程方案」

中华人民共和国教育部（2019a）「对十三届全国人大二次会议第 6271 号建议的答复」教建议字〔2019〕83 号

中华人民共和国教育部（2019b）「普通高中三科统编教材今秋启用　2022 年前所有省份全部使用新教材」中国教育报（2019 年 8 月 28 日）

中华人民共和国教育部（2020）「思想政治课程标准 普通高中」2017 年版 2020 年修订：前言 1，10，14

中华人民共和国教育部・鲁洁（2019）『道德与法治 四年级上册』人民教育出版社

上薗恒太郎（2020）「中華人民共和国の国定道徳教科書における生命尊重」『長崎総合科学大学紀要』60(1)：1-33

沈暁敏（2017）「中国における社会科教育の動向—小学校における『品徳と社会』から『道徳と法治』への変容を中心に—」日本社会科教育学会『社会科教育研究』131：87-99

檀伝宝（2020）山田美香訳「改革開放以降中国の初等中等学校における道徳教育課程の発展」『アジア教育』14：1-8

宮本慧（2019）「中国における学校の法教育——『道徳と法治』教科書に着目して——」『社会科教育研究』137：129-139

山田美香（2015）「中国の道徳教育」日本弘道会・日本道徳教育学会編『近代日本における修身教育の歴史的研究—戦後の道徳教育までを視野に入れて—』：377-388

第18章 韓 国

———————関根 明伸

第1節 学校制度と教育課程の特色

1 概 観

　大韓民国（以下，韓国）は，わが国の約4分の1の100,339km²の国土に約2分の1の約5,180万人の人口を有しており，朝鮮半島の南半部に位置する隣国である。わが国とは歴史的にもっとも関わりが深い国のひとつだが，とりわけ日本の統治時代（1910～1945）には，現在の朝鮮民主主義人民共和国（以下，北朝鮮）とともにわが国の統治下にあった点は特筆される。解放後には，韓国はアメリカ軍政期を経て1948年8月15日に独立し，一方で朝鮮半島の北半部には1948年9月9日に北朝鮮が建国された。ともに朝鮮民族で構成されているが，現在もなお両国は政治的に対峙する分断国家となっている。

　韓国は，アジアではわが国と共に高い教育水準を保つ国家のひとつであり[1]，一般に国民の教育熱はきわめて高い。たとえば，2019年の高校などへの就学率はわが国とほぼ同様の99.7％であったが，大学などへの進学率は70.4％であり[2]，51％のわが国より20ポイント以上も高かった。この要因には，建国後の単線型学校制度の導入や「すべての国民」に「能力に応じて均等に教育を受ける権利」を保障した1948年の憲法の制定，あるいは「漢江（ハンガン）の奇跡」といわれた1960年代の経済復興がしばしば指摘されている。これらは国民の教育欲求を強く後押ししたからである（馬越，1981：2）。また，李氏朝鮮時代には官吏は主に科挙で登用されたが，こうした歴史も有名大学への進学こそが文人エリートへの出世条件と信じる，現代の国民感情に無関係でないとす

146

る見方もある。

　次に宗教についてみてみよう。三国時代から高麗王朝時代までは政治や文化
の中心は仏教だったが，李氏朝鮮時代には一転して儒教が国教とされたため，
儒教の影響は現代にも色濃く残っている。たとえば，尊敬語と謙譲語の使用や
敬老精神など，日常生活上のマナーや規則には大なり小なり儒教文化が垣間見
える。ただし，現代では儒教は礼儀作法や行動規範などの軸と認識されており，
宗教というよりは，歴史的に韓国に根付いてきた精神文化と捉えられている。

　宗教人口では，キリスト教のプロテスタントが18.3％，カトリックが10.9
％であり，わが国と比較してクリスチャンの割合は高い。次いで仏教が22.8
％，儒教0.5％，円（ウォン）仏教が0.2％の順であり，その他の0.6％にはイ
スラームや天道教，韓国正教会，新宗教，民間信仰などが含まれる。ちなみ
に，三大宗教（儒教，仏教，キリスト教）に限っては現在も創始者の生誕日は公
休日となっているなど，宗教が市民生活に直接・間接的に結びついているケー
スは少なくない。韓国社会は，さまざまな宗教が混在する複合的な多宗教社会
なのである。

２ 教育課程の特徴

　学校教育のシステムは，わが国との共通点が多い。学校制度は６・３・３・
４制が基本となっており，教育内容もわが国の学習指導要領に相当する「教育
課程」により全国統一的に規定されている。

　2015年9月23日には，現行の「2015改訂教育課程」（以下「2015年版」）が
告示されたが，初等学校の時間配当基準表を示せば，図表18-1の通りである。

　全体は，「共通教育課程」（初等1学年〜中学校3学年）と「選択中心教育課程」
（高校1〜3学年）に分類されるが，複数教科のグループを表す「教科（群）」や
「学年（群）」の概念がある点に特徴がある。道徳科は「社会／道徳」教科（群）
に属し，2年間の「学年（群）」のなかで，社会科との履修時間数を調整しな
がら弾力的に運営されていく。これらは，履修時数の弾力化による児童へ学習
負担の軽減や「集中履修」の実施を可能にするために導入されたものである。

図表 18-1　「2015 改訂教育課程」(2015)　初等学校の時間配当基準表

区分		1～2年生	3～4年生	5～6年生
教科（群）	国語	国語 448	408	408
	社会／道徳		272	272
	数学	数学 256	272	272
	科学／実科	正しい生活 128	204	340
	体育	賢い生活 192	204	204
	芸術（音楽／美術）		272	272
	英語	楽しい生活 384	136	204
小計		1,408	1,768	1,972
創意的体験活動		336 安全な生活（64）	204	204
学年（群）別総授業時間数		1,744	1,972	2,176

※ 1 単位時間の授業は 40 分
出所）教育部（2015a）〔別冊 1〕より

3　近年の教育改革の動向

　「2015 年版」の制定をめぐって，その背景には 2 つの大きな課題があった。そのひとつは，「創意融合型人材の養成」[3]という国家的・社会的なニーズである。2014 年 3 月，未来創造科学部は「国家融合技術発展戦略」を発表したが，これは未来社会を「融合技術が主導する産業構造社会」と捉え，"創意的な融合人材"の育成を提起したものであった（教育部，2016：25）。かねてから高校では，文系と理系で育成される資質や能力には偏りや隔たりがあるとの批判があったが，これに対して「2015 年版」は，カリキュラムの改革で"文系と理系の統合"を実現させ，「創意融合型」の人材を育成しようとしたのである。

　もうひとつは，既存の「教育課程」や学校教育の改善である。政府は 2013 年 12 月から「国家教育課程フォーラム」の開催や「国家教育課程総論開発の基礎研究」を開始し，学習の質的改善による「幸福な学習」の実現に向けた検討を進めてきた。これらは，詰め込み教育からの脱却と学習の楽しさを実感できる学びの実現のためであった（教育部，2016：28-29）。したがって，「2015 年版」

では「核心素養と力量」の育成による実質的な教育が重視されている。

「2015年版」の主な改革事項は以下の通りである（教育部，2016：28-31）。

① 人文・社会・科学技術に対する基礎力養成

② 児童生徒の"夢とやる気"を育てる児童生徒中心の教育課程開発

③ 未来社会が求める核心力量（キーコンピテンシー）の涵養

④ 学習量の適正化

⑤ 教育内容，教授・学習，評価の一体化

⑥ 学校現場からの要請の反映と現行教育課程の問題点の改善

第2節　学校における道徳教育の展開

1 韓国道徳教育の歴史的経緯

　韓国では，これまでどのような道徳教育がなされてきたのだろうか。韓国（朝鮮）で体系的な道徳教育が開始されたのは，日本統治時代の「修身」からである。「修身」とは，1911年の「第一次朝鮮教育令」によって登場して以来，天皇制教学体制の支柱として終戦まで日本国民としての資質育成の役割を担った教科であった。「修身」では，日本の皇室や偉人伝，伝統文化や物語を通して望ましい徳目を共感させ，理解させながら内面化する指導法がとられていた。朝鮮の子どもたちを日本人化するための思想教育的な役割も担っていたといえるだろう。

　しかし1945年8月，解放後に占領したアメリカ軍によって軍政が開始されると，軍国主義的な教育内容には排除の指示が出され，道徳教育をめぐる状況は大きく変わっていく。「修身」は廃止され，その直後には民主的な公民の育成を目的とする「公民」が設置された。ところが，この教科も約1年後には廃止され，1946年9月には新たに「社会生活」（後の社会科）が設置された。解放後にはアメリカから経験主義教育思想が大量に流入したが，コロラド・プランを改編して導入されたこの「社会生活」は，その象徴的な存在であった。[4]そしてわが国の社会科と同様に，同教科は道徳教育の役割も担っていたのである。

　ところが，建国後の不安定な政情と国民生活の貧困化は国民の「道義文化」を衰退させ，「社会生活」による間接的な道徳教育には次第に批判が高まっていった。この傾向は，1952年6月に北朝鮮との間で勃発した朝鮮戦争を機にさらに高潮し，以降は政治情勢が道徳教育に反映される結果をもたらした。

　1951年に文教部は「道義教育」の推進を発表し，1955年の「第1次教育課程」では初めて「社会生活」に「道義領域」が登場した。「第2次教育課程」(1962) では，道徳教育と反共イデオロギー教育の内容が統合された「反共・道徳生活」が新たに教科外に「特設」されている。そして「第3次教育課程」(1973) ではそれが教科化されて「道徳」へと改称され，今日に至っているのである。冷戦終結後，反共イデオロギー教育は「統一教育」へ転換されるなどさまざまな改革がなされたが，基本的な教科の枠組みは現在も変わっていない。

2 現在の道徳教育関連教科目

　現在の道徳教育関連の教科目は，以下の通りである。

　「共通教育課程」には「正しい生活」(初等1〜2年) と「道徳」(初等3〜中学3年) が，「選択中心教育課程」には「倫理と思想」「生活と倫理」「古典と倫理」がある。「道徳」は初等学校では「社会／道徳」の教科群に，中学校では「社会（歴史含む）／道徳」の教科群，そして高等学校では探究領域に属する。ここで注目すべき点は，わが国で「倫理」は公民科の選択科目だが，韓国では道徳教育関連科目のひとつである点である。このことは，韓国では初等学校か

図表18-2　「2015改訂教育課程」における道徳教育関連教科目

	初等学校						中学校			高等学校		
学　年	1	2	3	4	5	6	1	2	3	1	2	3
道徳教育関連教科目	「正しい生活」		「道徳」							「生活と倫理」「倫理と思想」「古典と倫理」		
教育課程	共通教育課程									選択中心教育課程		

出所）教育部（2015a）をもとに筆者作成

ら高等学校まで一貫した道徳教育のカリキュラムが存在することを意味する。また，授業は初等学校では担任が担当するが，中・高では教員免許をもつ専門の教師が担当する。中・高では「道徳」の教員免許が存在するのである。

第3節　道徳教育のカリキュラム

1 「道徳」の目標

ここで現在の「道徳」の教科目標を確認してみよう。

> 道徳科は基本的に誠実，配慮，正義，責任など21世紀の韓国人としてもつべき人間性の基本要素を核心価値として設定し，内面化することを一次的な目標とする。これを土台として自分の人生の意味を自主的に探索できる道徳的探究および倫理的省察，実践過程で伴う道徳を行う能力を養い，道徳的な人間と正義感に満ちた市民として生きて行けるよう手助けすることを目標とする。—（中略）—
> 　(1)初等学校段階では，"正しい生活"科で形成された人間性を基に，自分，他者，社会・共同体，自然・超越的存在との関係で自分の生活を反省し，さまざまな道徳的な問題を探究し共に生きるために必要な基本的な価値・徳目と規範を理解し，道徳的技能と実践力を涵養する。

出所）教育部（2015b：4-5）（筆者による訳）

「道徳」の目標では「核心価値」として，「誠実」「配慮」「正義」「責任」が提示され，同時に道徳的探究力や倫理的省察力，そして道徳的実践力の育成が目指されている。また，㋐自分自身，㋑他者，㋒社会・共同体，㋓自然・超越的存在という4つの「領域」との価値的な関係性の理解，そして共生のための徳目と規範への理解目標が記されている。道徳的実践力や技能としての態度目標が示されているのも特徴となっている。

2 「道徳」の内容

ここで初等学校の「道徳」の内容を示せば，以下の通りである。

内容も4つの「領域」で構成されており，わが国の「4つの視点」とよく似ている。ただし，「核心価値」と「一般化された知識」や「技能」も示されて

図表 18-3　韓国初等学校「道徳」の内容体系

領域	核心価値	一般化された知識	内容要素		技能
			3〜4年生	5〜6年生	
自分との関係	誠実	人間として好ましく生きるために自分に偽りなく誠を尽くして忍耐し，自分の欲求をコントロールする。	・勤勉，正直 ・時間管理と節約 ・忍耐	・感情表現と衝突の抑制 ・自主・自律 ・正直な人生	・道徳的アイデンティティ ・道徳的習慣化
他者との関係	配慮	家族およびまわりの人々と共に生きるために互いに尊重し，礼節を守り，奉仕と協同を実践する。	・孝，友愛 ・友情 ・礼節 ・協同	・ネットマナー，遵法 ・共感，尊重 ・奉仕	・道徳的対人関係能力 ・道徳的情緒能力
社会・共同体との関係	正義	公正な社会を作るために法を守り人権を尊重し望ましい統一感と人類愛を持つ。	・公益・遵法 ・公正性・尊重 ・統一の意志，愛国心	・人権尊重 ・公正性 ・統一の意志 ・尊重，人類愛	・共同体意識 ・道徳的判断能力
自然・超越的存在との関係	責任	人間として道徳的責任を果たすために人間の生命と自然，真の美と道徳的人生を愛し，ポジティブな姿勢を持つ。	・生命尊重，自然愛 ・美に対する愛	・自己尊重，ポジティブな態度 ・倫理的省察	・実践能力 ・倫理的省察能力 ・審美的感受性

出所）教育部（2015b：6-7）より筆者作成

　いる点はわが国との大きな相違点である。また，2学年ごとの「内容要素」は12個ずつであり，徳目の数はわが国より少ない。さらに現代的な課題は，わが国では「内容の取扱い」で「扱いに配慮する」と示される程度だが，韓国では「ネットマナー」や「統一の意志」などのように具体的な内容として提示されている。

　また，もっとも大きな相違点は，わが国の内容項目に相当する部分が「成就基準」で示されている点である。

152

「成就基準」［6道02-02］（初等5〜6年）の例

> 多様な葛藤を平和的に解決することの重要性と方法を理解し，平和的に葛藤を解決しようとする意志を育てる。
> ① 多様な葛藤が発生する理由は何か，葛藤を解決するための共感能力をどのように育てることができるか？
> ② 葛藤を平和的に解決するための傾聴する能力や道徳的に対話するための能力はどのように身に付けることができるか？

出所）教育部（2015b：11）（筆者による訳）

　この「成就基準」では，知識理解の到達基準を示しつつ，「平和的に解決するための共感能力」「傾聴する能力」「対話するための能力」などのように到達すべき態度や行動のそれも示されている。つまり，道徳的な知識理解や心情，行動は，如何なる理解度や行動・行為としてあらわれるべきなのかが，具体的な到達基準で示されているのである。このような表記は子どもには学習活動を明確にさせると共に，一方で教師には指導と評価の活動をしやすくさせている。目標と内容と指導（方法）の一体化が強く意識されているのである。

3 教育（指導）方法

　教育方法は，教科書『道徳5』での「葛藤（争い）を対話で解決する生活」単元を例に検討してみたい。この単元は次の3つの小単元で構成されている。

㋐「葛藤（争い）とその解決，正しく知る」

　最初の小単元では葛藤に関する認知的な学習が中心に記述されている。

㋑「葛藤（争い）を対話で解決する」

　次は，「読み物教材」による情意的な学習と探究活動が記述されている。

㋒「ともに葛藤（争い）を解決する」

　最後はこの単元のまとめと実践への動機づけを促す記述となっている。

　教科書では，認知的，情意的，行動的という3つの側面からの学習活動が重層的に繰り返され，最終的に大単元のテーマが追究されるように記述されている。なお，教師には講義や説話，ディスカッション，モラルジレンマ，ロールプレイング，ICT活動，プロジェクト学習，ボランティア活動など，指導法の

選択はすべて一任されている。スキル学習やマニュアル学習も重視されている。

4 「道徳」の評価方法 ―到達度と評価基準による評価―

　評価は初等学校では記述式，中学校では数値で行われる。ただし，あくまでも評価は道徳性の発達の把握と指導法の改善を目的としており，評価基準に基づく学習到達度の測定とその分析に主眼が置かれたものとなっている。

　測定では行動の変容が指標とされ，一般に到達度としての評価基準は，内容とも関連させながら「内容＋行動」の形で設定される場合が多い。たとえば，「葛藤の二面性を理解する」ことと「説明する」ことはセットとされることで説明できることが，理解していることの判断基準として設定されることになる。

　また評価の方法では，指導方法と同様に，認知的側面，情意的側面，行動的側面の3つの側面から総合的に実施することで，指導と評価の一体化が目指されている。そして，筆記評価やパフォーマンス評価，討論，ポートフォリオ，自己評価や相互評価などの多様な技法を幅広く活用することで，客観性や信頼性，妥当性を高めようとしている。

第4節　近年の動向と展望

　韓国の道徳教育には，戦前の修身科から解放後の社会科への転換や1970年代の「特設道徳」からの教科化など，わが国と共通する歴史的展開が数多くみられる。だが，近年では道徳教育の改革が急速に進められており，独自の在り方が精力的に追究されている。道徳科を中心とする道徳教育の主な特徴は，以下のとおりである。

　第1に，「2015年版」の道徳科では，目標，内容，方法，評価が一体的に構成されている点である。特に内容項目には目標に準拠した到達基準の内容が文書化され，評価はその基準に沿って実施されるため，指導の成果や改善点が捉えやすくなっている。子どもの成長過程の把握と指導法の改善を進めようとする「道徳科教育課程」には，これらの一体的な構造化が強く意識されている。

　第2に，道徳性について，認知的側面，情意的側面，行動的側面の3つの側

面から捉え，その観点に沿って多様な指導法と評価が実施されている点である。共通する視点からの指導と評価は，指導と評価の一体化に直結する。また，認知的側面に「知識」が含まれる点は，わが国との大きな相違点となっている。

　第3に，中・高では「道徳」の教員免許が存在する点である。これは，中等教育の道徳科は「心の教育」だけでなく，哲学や倫理学，そして現代的課題のような複合的で学際的な内容も扱う総合的な教科であることを意味する。教員免許を設けることで，教科教育としての専門性を高めようとしているのである。

　現行「2015年版」の「道徳科教育課程」は，韓国の道徳教育の教科化後40年の結実であり，到達点である。もちろん，完成体ではなく未だ発展途上にあるのはいうまでもないが，カリキュラムのコンテンツ・ベースからコンピテンシー・ベースへの転換という世界的潮流のなかで，ひとつの示唆に富む道徳教育のあり方を示したといえるだろう。ただ，一方で「社会／道徳」教科（群）概念の導入は，教科の位置づけを曖昧にし，不安定にさせないだろうか。また，道徳教育の「集中履修」が効果的で実効性があるのかも不透明である。これらの成果と課題については，今後とも注目していきたい。

・注・・

1）OECDのPISA調査（2018年）では，読解力5位（日本11位），数学的リテラシー7位（日本6位），科学的リテラシー7位（日本5位）であった。
2）韓国統計庁　http://www.index.go.kr/main.do（2021年1月9日閲覧）
3）「融合型人材」とは，複合的で総合的な産業構造をもつ未来社会で必要と想定される，文系と理系の知識・技術を併せ持つ人材を指している（教育部，2016：25）。
4）社会生活科教授要目は，1940年代のコロラド・プランがモデルとされた。

・参考文献・・

馬越徹（1981）『現代韓国教育研究』高麗書林
教育科学技術部（2013）『初等学校道徳5』
教育部（2015a）『初・中等学校教育課程総論』
教育部（2015b）『道徳科教育課程』
教育部（2016）『2015改訂教育課程総論解説　初等学校』
国家教育課程情報センター　http://ncic.kice.re.kr/（2020年1月9日閲覧）
関根明伸（2018）『韓国道徳科教育の研究―教科原理とカリキュラム』東北大学出版会

第19章　シンガポール

──────西野　真由美

第1節　学校制度と教育課程の特色

1　概　　観

　シンガポール共和国は，マレーシアおよびインドネシアと国境を接し，赤道直下に位置するシンガポール島を中心とする都市国家である（面積は約719km^{2}で，東京23区に相当）。人口構成は，中華系75％，マレー系15％，インド系7.5％，その他1.6％（2020年現在，シンガポール統計局）で中華系が多数を占めるが，公用語として，英語，中国語，マレー語，タミル語の4言語を定め，諸宗教・民族の平等を憲法で保障している多民族・多文化国家である。

　1824年から1942年までイギリスの植民地，第二次世界大戦期には日本の占領下にあった。その後，マレーシアの一州としてイギリスから独立，1965年にマレーシアから分離独立し，イギリス連邦に加盟して現在に至っている。

　学校教育政策については，教育省（Ministry of Education：MOE）が立案・策定し，すべての教育機関の認可，監督，指導，財政支援を行う。

　天然資源に恵まれず産業基盤に乏しいことから，政府は，人材育成を国家戦略に位置づけ，能力主義政策を推進してきた。その方針の転機となったのは，1997年，ゴー・チョクトン首相（当時）が教育改革の基本方針──「考える学校，学ぶ国家 "Thinking School, Learning Nation（TSLN）"」──を打ち出したことである。以後，教育省は，知識獲得中心の教育から創造や革新を目指す資質・能力重視の教育への転換を目指した教育改革に取り組んできた。

　国民の教育水準は高く，各種の国際学力調査で上位の成績を修めている。

156

2 教育課程の特徴

　シンガポールの学校体系は，初等教育（小学校6年間），前期中等教育（4～5年間），後期中等教育（2～3年間）である。長年にわたって，小学4年次の成績によって三段階に，さらに「初等教育修了試験」により三コース（特別・快速・普通）に振り分けるストリーム制を敷いてきたが，学力格差を助長する弊害を踏まえて見直しが進められ，2021年以降段階的に廃止される予定である。

　教育課程の基準は，教育省のカリキュラム計画・開発局が作成するシラバスで定められ，Webサイトで発信されている。シラバスには，各教科の目標，内容，指導方法，評価などが示されている。教科書はこのシラバスに基づいて教育省のカリキュラム計画・開発局が編纂している。なお，シラバス改訂のサイクルは，教科によって異なるが，ほぼ5年ごとに改訂されている。

　教育省は，さまざまな体験活動を通した全人教育を推進している。日本のクラブ・部活動に相当する正課併行活動（Co-Curricular Activities：CCA）に加え，各学校が特色ある活動を展開するための「学校主体の卓越プログラム」（小学校），「特色あるプログラム」（中学校）により，スポーツや芸術分野での活動の充実が図られている。

図表19-1　小学校のカリキュラム

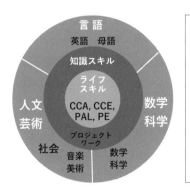

ライフスキル，知識スキル（プロジェクトワーク），教科（英語・母語・数学・科学・社会・音楽・美術）の三領域で構成

ライフスキルには，CCA（正課併行活動）・CCE（人格・市民性教育）・PAL（アクティブ・ラーニング・プログラム）・PE（体育）が含まれる。

一部の教科には推奨時数が示されている。

3 近年の教育改革の動向

　1997年に提唱された「考える学校，学ぶ国家」，その理念を継承して2004年に示された「少なく教え，より多くを学ぶ（Teach Less, Learn More：TLLM）」の方針の下，資質・能力重視の教育課程の実現が図られている。2009年に公表された「教育到達目標」では，公教育を通じて養うべき市民像が「自信ある個人・自律した学習者・活動する貢献者・思いやりある市民」と示された。

　さらに，2010年に発表された「カリキュラム2015（C2015）」（図表19-2）では，この市民像を教育目標として，21世紀に求められるコンピテンシーが，「中核価値（Core Values）」（第2節第2項参照）を中心とする同心円上に示されている。このフレームワークのもと，コンピテンシーの育成を重視した「プロジェクト・ワーク」（日本の「総合的な学習の時間」に相当）が導入されると共に，道徳教育の全面的な改革が進められ，「人格・市民性教育」が導入された。「人格・市民性教育」の内容は，2021年1月開始の新年度より改訂され，新たな整理が進んでいる。

　図表19-2　カリキュラム2015（21世紀コンピテンシーと生徒の到達目標）

出所）MOE（2012a, 2012b）より

第2節　学校における道徳教育の展開

1 道徳教育の変遷と人格・市民性教育の導入

　シンガポールの道徳教育は，多民族国家の国民統合を担う役割を担ってきた。独立以前から小・中学校に「倫理」が必修教科として設置されていたが，独立後の 1969 年に「公民」に改称，母国語で国民に求められる諸価値が教えられてきた。当時の学校は，英語と母国語のバイリンガル制を採用していたが，道徳に関する教科は母国語で実施された（1983 年に英語が第一言語と定められて以降も小学校の道徳教育は母国語で，中学校では英語で実施されている）。

　1970 年代以降，経済活動における英語の役割が大きくなるに伴って，価値観の西欧化やアジア的な伝統文化喪失への危機意識から，道徳教育は，アジア的な諸価値を教え，多様な民族を統合する国民意識の形成と伝統文化の継承を担う教育として刷新が図られた。しかし，その後も道徳教育の内容や指導の課題が政府設置の委員会で指摘され，改革が続いた。道徳教育を担う教科は，「生活教育」（小学校 1972 年），「よい市民」（小学校 1981 年），「生活と成長」（中等教育 1981 年），「宗教的知識」（中等教育 4 年以降 1984 年）など，名称や内容を変えながら実施されてきた。

　大きな転機となったのは，1991 年に政府がシンガポール国民に向けて，5つの「共有価値」（後述）を提起したことである。学校教育では，共有価値を反映する目的で道徳教育が刷新され，「公民・道徳教育」（Civic and Moral Education：CME）が導入された（中等教育 4 年以降は「公民」）。さらに 1997 年に「国民教育（National Education）」が導入されると共に，体験活動（CCA），コミュニティ参加プログラムなど，全人的な道徳教育の充実が図られた。

　もうひとつの転機が，前掲の C2015 の提唱である。道徳教育は新たに「人格・市民性教育（Character and Citizenship Education：CCE）」として刷新され，21 世紀コンピテンシーを育成する中心教科と位置づけられた。

　CCE は，図表 19-3 に示すように，授業とガイダンス，さまざまな体験活動

図表 19-3　小学校における人格・市民性教育（CCE）のカリキュラム

名　　　称	学　習　活　動
CCE 授業	CCE で求められる価値，知識，スキルの学習
ガイダンス（FTGP）	社会的・情動的コンピテンシーの指導（サイバーウェルネス教育とキャリアガイダンスを含む）および教師と生徒の関係づくり
学校主体の CCE 活動	CCE に関わる集団活動 学校の諸価値に関する学習
ガイダンスモジュール	性教育

※中学校では，CCE 授業，学校主体の CCE 活動，CCE ガイダンス（キャリア教育・ガイダンス，性教育，サイバーウェルネス）で構成。

の総称である。授業は，週2単位時間（小学校30分，中学校35〜40分）である。

　次に宗教教育についてみてみよう。多宗教国家を標榜するシンガポールでは，信教の自由が憲法で保障されている。1984年には，道徳的価値の育成を目的として「宗教的知識」が後期中等教育の必修教科（儒教，仏教，聖書，イスラームなどから選択）となったが，特定宗教の信仰を教える学習が政府の宗教への中立的な姿勢に反するとして1989年に廃止された。現行のCCEでは，個別宗教は取り上げないが，多様な宗教間の尊重や調和に関する学習が盛り込まれている。

2 人格・市民性教育における中核価値と資質・能力

　CCEは，C2015で提起された21世紀コンピテンシーの育成を担う教科であると同時に，「中核価値」とコンピテンシーをつなぐ教科でもある。

　「中核価値」の原型は，1991年に制定された「共有価値（Shared Values）」に遡る。政府が共有価値を提唱した背景には，建国以来，多民族や宗教間の融和や統合的な国民意識の醸成に苦慮してきた歴史に加え，価値観の西欧化への危機意識から生まれた「アジア的諸価値」への回帰がある。共有価値は，ゴー・チョクトン副首相（当時：後に第2代首相）の提唱のもとで検討され，5つの諸価値として示された（Singapore, 1991）。1）コミュニティに先立つ国家，個人の上にある社会，2）社会の基盤ユニットとしての家族，3）コミュニティサポートと個人の尊重，4）争いではなく合意，5）人種的宗教的調和，である。

　1992年に導入されたCMEは，これらの「アジア的諸価値」を学習する教

科として構想されたが，シラバスでは，「尊重」「ケアと思いやり」「誠実」など，より普遍的な価値として示された。2007年のシラバス改定では，「尊重」「責任」「レジリエンス」「誠実」「ケア」「調和」が，6つの「中核価値」として盛り込まれている。これらの諸価値は，"Our shared values"（1994），"Singapore 21 Vision"（1999）などから導出されていると説明されている。

C2015は，円の中心に中核価値を配することで，育成を目指すコンピテンシーがこれらの中核価値によって支えられねばならないことを明示している。さらに，21世紀コンピテンシーと関連するさまざまなソフトスキルの育成を目指す市民像の下に位置づけることによって，価値との統合が図られている。

第3節　道徳教育のカリキュラム

1 人格・市民性教育のカリキュラム

では，CCEのシラバスをもとに，目標・内容・評価の特徴をみてみよう。

図表19-4　教育目標とCCEで育成を目指す資質・能力

自信ある個人		関連するスキルや態度
	自分で考える 効果的にコミュニケーションする 対人関係スキルを身に付ける	思考力，コミュニケーションスキル， 協働スキル，対人スキル， リーダーシップスキル
自律した学習者		
	自分の学びに責任を取る 質問する，省察する，やり遂げる テクノロジーをうまく活用する	自己管理力，問題解決力， 情報メディアリテラシー， 技術リテラシー・スキル
思いやりある市民		
	世界と地域の諸事情に通じている他者に 共感し，他者を尊重する 積極的に参加する	多文化リテラシー 文化間リテラシー 公民リテラシー
活動する貢献者		
	率先して行動し，思い切って行う 適応的，革新的で，くじけない 高い基準を目指す	計画力 管理・組織力 イノベーションスキル

出典）Lee（2016：254）より抜粋して筆者作成

　CCEの目標は，小・中学校共通で，次のように定められている。「人格・市民性教育（CCE）は，児童生徒に諸価値を身に付けさせると共に，社会的情動的コンピテンシーをはぐくむことを目的とする。またそれによって，児童生徒を，変化の激しいグローバルな世界における良い個人及び有為な市民へと育てることを目指す。CCEは，児童生徒が，シンガポール社会を規定している諸価値の理解を通して，彼らが生きている世界への関心を示し，他者との関わりにおいて共感を示すよう励ます」（MOE，2012a，2012b）。

　中核価値とコンピテンシーの育成を通して，共有価値を身に付け，多民族・多文化共生社会の形成に寄与する市民を育成することがCCEの目標である。

　CCEの学習内容は，図表19-5に示すように，CCE全体を貫く3つのビッグアイデアの下，6つの中核価値，5つの社会的情動的コンピテンシー，6つの生活領域を学習するように構成されている。

　ビッグアイデア（重大な観念）は，CCE全体を貫く観念である。シラバスは，この三者が互いに関係しあっていることを強調している。たとえば，他者と積極的に関わるためには自分が誰であるかを知らなければならない。さまざまな関係は，自分の選択にも影響を与える。その選択は，自己のアイデンティティや他者との関係に影響を与える。それゆえ，それぞれを個別に教えるのではなく，生活領域に関わるさまざまな教材や問いのなかにこれらの観念が織り込ま

図表19-5　人格・市民性教育の内容構成

3つのビッグアイデア（Big Ideas） アイデンティティ・関係（Relationships）・選択（Choice）		
6つの 中核価値	5つの社会的情動的 コンピテンシー領域	6つの 生活領域
尊重	自己意識	自己
責任	自己管理	家族
レジリエンス	関係管理	学校
誠実	社会的意識	コミュニティ
ケア	責任ある意思決定	国
調和		世界

出所）MOE（2012a，2012b）に基づき筆者作成

れている。

　学習方法では，価値理解を基盤としつつ，「どのように学んだか」というプロセスの充実が求められている。推奨されている学習活動には，ロールプレイ，体験的学習，協同学習，討論や内省などがあげられている。

　教科書は，学校や家族など生活領域でのさまざまな出来事をテーマに編纂され，各章は，イラストを多用した短い読み物やコラムで構成されている。「Family Time」として，そのテーマに関わる内容を取りあげ，家庭で話し合うことができる題材も紹介されている。また，教材ごとに，「あなたなら，どう意思決定するか」をグループで話し合うなど，グループワークを想定した問いが用意されている。

　CCE の評価の目的は，「人格と市民性の成長のためのフィードバックの提供」と位置づけられている。CCE には8段階の到達目標（図表19-6）が設定されており，評価はこれらの目標に準拠した記述式評価である。教師による評価に加え，相互（ピア）評価や自己評価を促し，子どもが自ら目標を立てて振り返る活動を重視する。教師には，CCE の到達目標を子どもと共有し，目標の実現に向けた対話によってフィードバックを充実するよう求められている。

図表 19-6　人格・市民性教育（CCE）の到達目標

レベル	到達目標 learning outcome
L01	自己意識を身に付け，自己管理スキルを活用して幸福と有用性を実現する
L02	誠実に行為し，道徳原則を守って責任ある決定をする
L03	社会意識を身に付け，対人スキルを使って，相互尊重に基づくポジティヴな関係を構築し維持する
L04	しなやか（レジリエント）に，さまざまな困難をチャンスに変える力をもつ
L05	我が国のアイデンティティに誇りを抱き，シンガポールへの帰属意識を持って，国家づくりに参画する
L06	シンガポールの社会的文化的多様性を大切にし，社会的結びつき（団結・結合）と調和を推進する
L07	他者に配慮し，コミュニティと国家の発展に積極的に貢献する
L08	コミュニティや国家，グローバル社会の諸問題について，情報に通じた責任ある市民として，熟考し，応答する

出所）MOE（2012a, 2012b）

2 正課併行活動（CCA）の実践

　正課併行活動は，さまざまな体験活動を通して，諸価値を身に付け，コンピテンシーを育成すると共に，社会統合を育み，コミュニティと国への帰属意識と責任感を醸成することを目指す全人教育のプログラムである。1996 年に教科外活動（extra-curricular activities）として導入されたが，extra という呼称が正規の教育課程ではないという印象を与えてしまうことから，1999 年に改称され，学校の教育活動の一環であることが明示された。

　CCA では，日本のクラブ・部活動同様，文化系・体育系のさまざまな活動が展開されている。中学校では，少なくともひとつの CCA への参加が必修である。

　CCA への参加を促すため，2003 年から，LEAPS とよばれる成績づけが実施されている。参加した生徒は，5 領域（リーダーシップ，人格形成プログラムへの参加，受賞歴，参加率，奉仕活動）でポイントを獲得する。それらの活動状況は，上級学校進学の際に活用されている。

第 4 節　近年の動向と展望

　CCE のカリキュラムは，2021 年 1 月に改訂されている。

　基本的な枠組みは維持されているが，主な変更点は，小中学校共通で，「メンタル・ヘルス」の学習を位置づけたことと，デジタルリテラシー育成の一環として Cyber wellness に関する授業時数を増加すること，体験活動を充実し，CCA との結びつきをいっそう強化することである。また，小学校では，母国語に固有の物語や歌，諺などを活用して道徳的価値の学習を充実させる一方，中学校では，現代的な諸課題（いじめ，メディア，人種や宗教など）について，少なくとも 2 週間に一度学級で話し合う機会をもつようにすることが示された。

　今回の改訂では，人文・社会系教科全般で「アジア理解」が重視されており，アジアの成長に貢献する人材育成が意識されている。

　建国以来，一貫して「アジア的諸価値」による国民統合を重視してきた一

164

方，20 世紀末から続く，創造的で革新的，グローバルな市民性育成という新たな課題に直面するなか，道徳教育には，国民意識の醸成と 21 世紀の社会を担う市民の育成という 2 つの課題にどう応えるかが問われてきた。現在の改革動向を見る限り，小学校では共有価値，中学校ではコンピテンシーを重視し，発達段階によって重点を変えてこの課題に応えようとしているようにみえる。

　共有価値を基盤とした多文化共生のなかから，グローバル社会に生きる市民としての創造性を育む取組はこれからも続くことになる。

• 参考文献 • ……………………………………………………………………………………

Lee, W.O. (2016) "The Development of a future-oriented citizenship curriculum in Singapore: Convergence of character and citizenship education and curriculum 2015," In Z. Deng, S. Gopinathan, & C. K. Lee (Eds.) *Globalization and the Singapore curriculum: From policy to classroom*, Singapore: Springer, 241-260.

Ministry of Education Singapore (MOE) (2010) *"Character and citizenship education. Identity, relationship, choices."*

Ministry of Education Singapore (2012a) *2014 Syllabus Character and citizenship education Primary.*

Ministry of Education Singapore (2012b) *2014 Syllabus Character and citizenship education Secondary.*

Ministry of Education Singapore (2014) *Co-curricular activities (CCAs).*

Ministry of Education Singapore (2020) *Primary School Education. Preparing your child for tomorrow.*

Singapore (1991) *Shared Values*, White paper. 2 Jan. 1991.

池田充裕 (2013)「シンガポール」国立教育政策研究所編『諸外国における教育課程の基準—近年の動向を踏まえて—』：131-145

第20章 アラブ首長国連邦

─────中島　悠介

第1節　学校制度と教育課程の特色

1 概観：UAE の社会状況と宗教教育・道徳教育

　アラブ首長国連邦（UAE）は中東地域のペルシャ（アラビア）湾岸沿いに位置しており，イスラームを国教とする連邦制国家である。首都があるアブダビ首長国に加え，ドバイ，シャルジャ，フジャイラなどの7つの首長国から構成される。UAE は産油国だが，石油資源はアブダビに集中的に埋蔵されており，潤沢な資金を活用して公的部門が発展している一方，ドバイのように資源は乏しいながらも積極的な外資導入により，急速な経済発展を遂げている首長国もあり，中東地域における「経済ハブ」にもなっている。また，UAE 全体の人口は963万人（2018年）ほどだが，全人口のうち国民が1割ほどしか占めない点で極端に国際化した社会を形成している。実際にはインドやフィリピンなどの南アジア・東南アジアに加え，近隣アラブ諸国や欧米諸国出身の外国人労働者およびその家族が滞在しており，UAE の経済発展に貢献している。

　このように，イスラームの文化的土壌を形成しながらも，国際化が進行した社会である UAE において，2017年9月より国内の公立・私立学校で道徳教育（al-Tarbīyah al-Akhlāqīyah。以下，教科としての道徳教育を「道徳科」と表記）が正規科目として導入されることとなった。道徳教育が科目として導入されたのは，中東アラブ諸国では初めての試みである。その主な理由としては，イスラームを国教とし，イスラーム教育を公教育において提供している国々では，宗教教育の枠組みのなかで道徳教育も実施されてきたことが考えられる。公教育の役

割のひとつに，その国・社会で共有しておくべき共通の価値観を教えることがあげられるが，UAE でも公教育においてイスラーム教育が必修科目として実施され，そのなかで道徳的な素養もあわせて涵養されてきた。しかし，2017年道徳科の導入後も，イスラーム教育が科目として残される点で，道徳教育と宗教教育がカリキュラムのなかで併存している。

UAE では公立学校は主に国民を対象とし，授業料なども無償であり，カリキュラムでもイスラーム教育が必修とされ，授業も主にアラビア語で行われている。一方，外国人を主な対象とした私立学校も大きく発展しており，これらの学校では米国や英国などのカリキュラムが提供され，教授言語も英語や他の外国語であることが多い。このような「イスラーム」と「国際化」という 2 つの社会的特徴をもつ UAE では，どのような道徳科が目指されているのだろうか。

2 教育課程の特徴

UAE では教育に関する権限は連邦教育省にあるため，UAE のカリキュラムに従う公立・私立学校に対し，同省が大まかな教育内容や時間などを規定している（図表20-1）。この表を見ると，イスラーム教育やアラビア語の授業が第1学年から必修となっているが，英語の時間数も多く確保されている。また，第10学年以降は理系科目が細分化され，授業時間数も多くなっている。

一方で前述の通り，極端に国際化が進行した社会であることから，そうした多数の外国人に対応するために，米国や英国，インドなどのカリキュラムに従う私立学校も多く展開しており，各首長国政府がこれらの学校を管轄している。たとえば，UAE でもっとも経済発展が進んでいるドバイでは，ドバイ知識・人材開発庁が私立学校を監督し，学校設置の認可や質保証のための学校監査を実施している。このように，公立学校は連邦政府として統一的な制度の枠組みのなかに置かれているものの，私立学校の監督は各首長国にある程度の権限が委ねられている。外国人を主な対象とした私立学校には，上記のようにUAE 以外の多様なカリキュラムが認められているが，これらの私立学校も，ムスリムの生徒を対象とした必修科目としてイスラーム教育を，また，すべて

図表 20-1　第 1 学年から第 12 学年までの科目と 1 週間当たりの時間数（2017 年度）

科目　＼　　　　学年	1	2	3	4	5	6	7	8	9	10	11	12
イスラーム教育	3	3	3	3	3	3	3	3	3	3	3	3
アラビア語	6	5	5	5	5	5	5	5	5	5	5	5
英語	5	5	5	5	5	6	6	6	6	6	6	6
社会・国家学習	7	7	7	7	7	8	8	8	8	6	6	6
科学・技術	5	5	5	5	5	6	6	6	6			
数学	7	7	7	7	7	8	8	8	8	6	6	6
物理										3	3	3
化学										3	3	3
生物										3		3
コンピューター科学										2	2	2
創造デザイン・イノベーション										2	2	2
デザイン技術				3	3	3	3	3	3			
ビジネス・マネジメント										2	2	2
視覚芸術	2	2	2	2	2	2	2	2	2			
ライフスキル										3	3	
	35	34	34	37	37	41	41	41	41	41	41	41

＊第 10 ～ 12 学年は，一般（ジェネラル）コースのみ記載している。
出所）UAE Ministry of Education（2018）より筆者作成

の生徒の必修科目としてアラビア語と社会科を設置することが求められる。

3　近年の教育改革の動向

　UAE の学制は基本的に単線型で，2017 年度までは 5 ― 4 ― 3 ― 4 制であった。第 1 学年から第 5 学年までを「第 1 サイクル（初等教育に相当，6 歳で入学）」，第 6 学年から第 9 学年までを「第 2 サイクル（前期中等教育に相当）」とし，この 9 年間が義務教育とされていた。また「第 3 サイクル（後期中等教育に相当）」は 15 歳から 17 歳までの 3 年間とされ，1 年間の共通科目を履修したのち，2 年目以降は文系か理系のコースを選択していた（中島，2018：3）。

　そして連邦教育省により，2018 年度にこれらの学校段階に新たな変更が加えられた。サイクル 1（基礎レベル）は初等教育に相当し，第 1 学年から第 4 学年となった。また，サイクル 2（中間レベル）には第 5 学年から第 8 学年が対応し，そしてサイクル 3（中等レベル）として第 9 学年から第 12 学年までが

設定された。これらの段階を修了すると高等学校の修了証が授与され，それにより12年間の義務教育を終えたことになる。

　また，2016年には「ストリーム制」が導入され，「一般ストリーム」「職業ストリーム」「先端ストリーム」「エリートストリーム（先端理系プログラム）」の4つが設定された。第9学年を終えた時点で一般ストリームに所属する生徒は，成績に応じて先端ストリームへの所属を選択でき，数学・理科においてより深い指導をうけることになる。また，さらに優秀な生徒はエリートストリームを選択し，第6学年から第12学年の期間，理数系科目について集中的な教育をうける（Government. ae, 2018）。このように，特に理系のエリート育成に焦点を当てて，積極的に教育制度改革が進められている。

第2節　学校における道徳科の導入

　2016年7月27日，ムハンマド・ビン・ザーイド・アル゠ナヒヤーンアブダビ皇太子の指導のもと，アブダビ皇太子府が連邦教育省やアブダビ教育評議会などと協力し，「道徳教育」と銘打たれた科目として，学校教育のカリキュラムに組み込む方針を発表した。この新しい道徳科は公立学校や連邦教育省カリキュラムに従っている私立学校ではアラビア語で，それ以外の私立学校については英語で提供されることになるが，これらの私立学校はアラビア語を選択することもできる。2017年度には一部の学校の第1〜第9学年において試験的に導入され，2018年度より第10〜12学年を含めた実施が予定されていた。2020年3月に連邦教育省で実施したインタビューによると，現在は第1〜第8学年では道徳科は単独の科目として設置されているが，同時に，他の授業（社会科，イスラーム教育，英語など）にも統合的（Integration）に実施されているため，ひとつのテーマについて複数の授業をうけることになるという。つまり，第1〜第8学年では単独の科目として道徳科が提供されるのに加え，他の科目でも同じテーマが取り上げられるため，1週間に2度，道徳に関連する内容を学ぶ機会がある。一方，第9〜第12学年については，現状，単独の科目として設置されておらず，他の科目と統合された授業のなかで行われていると

いう。また，この道徳科を担当する教員は，アラビア語や社会科を担当する教員が兼任している場合が多い。

　このように，UAE では道徳科の導入が進められたが，そこにはどのような背景があるのだろうか。前述のムハンマド・アブダビ皇太子は道徳科の導入にあたり，「国家の存続性は，…（中略）…自らの高貴な価値観や原理をどの程度保持するかに依存している。その中心にあるものは，科学はその強みとなるものであるが，文化的価値観と人間の道徳の向上である」とし（Abu Dhabi Education Council, 2017），国家存続の要点を科学の発展と道徳性の堅持という 2 つの側面から述べている。また，2017 年，ハリーファ・ビン・ザーイド・アル゠ナヒヤーン UAE 大統領（兼アブダビ首長）は国家方針として「Year of Giving」を発表し，国民のコミュニティへの寄与の向上について指し示した。この方針では，国民のボランタリー精神を向上させ，「特別ボランティアプログラム」を促進してコミュニティへの恩返しの文化を醸成することや，国家への忠誠心や愛国心と共に，他者への献身性や貢献心を育むために道徳教育が重要であるとされた（KPMG, 2017：1-3）。

　加えて，道徳教育につながる考え方として，ムハンマド・ビン・ラーシド・アル゠マクトゥーム UAE 首相（兼ドバイ首長）が，他者への「寛容」の精神を示している。ムハンマド首相は 2016 年 11 月 16 日の「国際寛容デー」の前日に，UAE 国民へ向けて「寛容のメッセージ」を発表した。そのなかで，「自身の国家の開放性と寛容性に誇りを持ち，また人種，肌の色，宗教，宗派，エスニシティに由来する排他主義，不寛容，差別に陥るべきではない」ということが示された。また，「インターネットが発達する中で，人々の意見や議論が不寛容に陥ることはあってはならず，他者を差別するために人種や国籍を用いてはいけない」ということも述べられている。こうした問題に陥らないためのひとつの手段として，学校のカリキュラムに道徳教育を導入することへの期待を述べている（UAE the Cabinet, 2016）。

　最後に，道徳教育と宗教教育との関係について触れておきたい。連邦教育省において 2020 年 3 月に実施したカリキュラム担当職員へのインタビューのな

170

かで「例えば，私が『正直さ』について話をするとき，道徳科では，私はイスラームにおける『正直さ』を教えるつもりである。私たちの預言者はどのように正直であったか，クルアーンなどの文章がどのようであったか，ということである」，「たとえ児童生徒が他の科目からそのことを学ぶつもりでも，彼は道徳教育とは異なる別の観点からそれを得ることになる。それらは互いに相反するものではないし，互いに補完するものである。そして，私たちが児童生徒に発展させたいと思うものは，多様な観点からの物事の理解であり，イスラーム教育の観点からのみではない」と述べられていた（下線筆者）。このような「道徳教育」と「宗教教育」を相補的に捉える意見はあくまで個人のものであり，教育現場で実践することも容易ではないが，UAE の道徳科に込められた「想い」として一考の余地があるだろう。

第3節　道徳科のカリキュラム

　道徳科のカリキュラム作成は，特別に設置された道徳教育委員会によって行われたが，そこではアブダビ皇太子府，連邦教育省，アブダビ教育評議会（現在のアブダビ教育・知識局），ドバイ知識・人材開発庁，アブダビ観光文化庁などが含まれている。アル＝ハマーディー UAE 教育大臣は「ひとつのカリキュラムが，すべての国籍や年齢の生徒の幸福に関して，これほど巨大な多様性や豊富な内容を示したことはこれまでなかった」と述べており（Khaleej Times, 2017），その科目の総合性や内容の多様さに対する認識が見て取れる。

　道徳科は「4つの柱」として，人格と道徳性（Character and Morality），個人とコミュニティ（The Individual and The Community），文化学習（Cultural Studies），公民学習（Civic Studies）から構成される。これらは図表 20-2 の通り，第1学年から第12学年までの12年間にわたって，66個の一連のユニットを通して教えられるように設計されている。たとえば，図表 20-2 の「第1学年・1学期・前半」には「公正性，愛情（CM1）」の内容が割り当てられており，これが1ユニットにあたる。1ユニットあたり6週間で，週1コマ（45分）の授業が実施される。また，第12学年には生徒が4つの柱から学んだことを統合す

図表 20-2　道徳科の全体像

学年	1学期		2学期		3学期	
	前半	後半	前半	後半	前半	後半
1	公正性, 愛情 (CM1)	私と私の家族 (IC1)	読み聞かせを通したUAE遺産の発見 (CUS1)	思いやり, 正直さ (CM2)	フレンドシップ (IC2)	無形の文化 (CUS2)
2	寛容, 違いへの尊重 (CM3)	自己アイデンティティと他者との協働 (IC3)	物質や象徴は私たちに何を語り掛けるのか (CUS3)	レジリエンス, 忍耐力 (CM4)	健康でいること (IC4)	物質や象徴は私たちに何を語り掛けるのか：類似点と相違点(CUS4)
3	平等, 評価 (CM5)	私と私の世界 (IC5)	UAE文化の理解（第1部）(CUS5)	思慮深さ, 協働 (CM6)	勇気を持つことと安全でいること (IC6)	UAE文化の理解（第2部）(CUS6)
4	思いやりと共感 (CM7)	成長と幸福 (IC7)	貿易, 旅行, コミュニケーションの文化への影響 (CUS7)	平和, 責任 (CM8)	違いを助け, つくること (IC8)	貿易, 旅行, コミュニケーションの文化への影響 (CUS8)
5	認知的, 感情的共感 (CM9)	自身や他者へ責任を取ること (IC9)	UAEにおける定住, 家族, 血族関係 (CIS1)		道徳的人格, 徳の倫理学 (CM10)	スポーツや娯楽における倫理 (IC10)
6	公正性としての平等, 正義 (CM11)	身体的な健康と食事 (IC11)	どのようにしてUAEは, 今日の多様で包括的な社会に発展したのか (CIS2)		多様化した社会における尊重と寛容 (CM12)	精神的健康 (IC12)
7	個人の道徳的義務と責任 (CM13)	良い意思決定 (IC13)	貿易, 旅行, コミュニケーション：ますますグローバル化し, 相互の接続が強まる世界におけるUAE；文化交流 (CIS3)		人間の欲求 (CM14)	デジタル・チャレンジ (IC14)
8	コミュニティの文脈における道徳性 (CM15)	多様性の尊重 (IC15)	UAEにおける協議的ガバナンスの発展 (CIS4)		国家の文脈における道徳性 (CM16)	衝突への対応 (IC16)
9	グローバル倫理入門 (CM17)	金銭的意識 (IC17)	何をどのように保存されるのか (CUS9)	UAEにおける政府, 役所, 司法制度 (CIS5)	UAEにおける政府, 役所, 司法制度 (CIS6)	活動的な市民になること（第1部）(CIS7)
10	倫理とグローバル経済 (CM18)	穏やかな人生を生きる (IC18)	文化間の関係 (CUS10)	責任のある成人になること（第1部）(CIS8)	責任のある成人になること（第2部）(CIS9)	活動的な市民になること（第2部）(CIS10)
11	平和と衝突の学問 (CM19)	振り返りと移行 (IC19)	普遍的文化 (CUS11)	グローバルな市民性 (CIS11)	グローバルな市民性 (CIS12)	グローバルな観点の涵養 (CIS13)
12	実際生活の資金のマネジメント (IC20)	実際世界における倫理 (CM20)	道徳的な生活を生きる (PR1)	実践における道徳性 (PR2)		

＊ CM は Character and Morality（人格と道徳性）, IC は The Individual and The Community（個人とコミュニティ）, CUS は Cultural Studies（文化学習）, CIS は Civic Studies（公民学習）, PR は総合的学習を示している。

出所）UAE Ministry of Education（2017a：5）より筆者作成

るための取組が設定されている（UAE Ministry of Education, 2017a：5）。

　図表20-2のテーマの構成をみてみると，第1学年から第4学年にかけては「人格と道徳性」「個人とコミュニティ」「文化学習」の柱を中心に，【思いやりと共感（CM7）】【思慮深さ，協働（CM6）】【フレンドシップ（IC2）】など，主として個人の内面形成に関わるものが多く設置されている。さらに，【読み聞かせを通したUAE遺産の発見（CUS1）】【UAEの文化の理解（第1部）（CUS5）】といった，UAEの文化・遺産に関連する内容もみられる。第5学年から第8学年にかけては，「人格と道徳性」において平等・正義，義務・責任，尊重・寛容といったより抽象的な概念と共に，「個人とコミュニティ」ではスポーツやICTといった現代的なテーマを扱うようになっている。また，「文化学習」の代わりに「公民学習」の内容が2学期に集中的に行われているが，そこでは家族や血縁関係，文化交流，ガバナンスといったUAEのコミュニティや社会，政治などの基礎的事項に関する内容がみられる。そして第9学年から第11学年では，各学年で2学期後半以降は公民学習が集中的に行われることに加え，文化の普遍性や関係性，グローバル倫理・経済・市民性など，国際的な視野を涵養するテーマや，これまでの活動を振り返りつつ人生全体を見通すことを目的とした内容が設定されている。

　連邦教育省発行の教科書『道徳教育』（パイロット版）の第2学年のユニット「寛容，違いへの尊重（CM3）」に含まれる内容をみてみると，写真のなかの多様な国籍・人種の子どもたちにどのような共通点や違いがみられるのかを，クラスで議論する内容が設定されている。加えて，「好きな食べ物」「好きなスポーツ」「今まで読んだ中で最高の本」をカードに書いて互いに共有し，比較するという内容が記載されている。この単元には他にも語彙や読み物，家族とのコミュニケーションといった活動が含まれている。このように多様な活動を提供しつつ，異なる文化を相互に理解することを目的とした内容が低学年にみられることも，UAEの道徳科の特徴としてあげられよう。

　道徳科の評価については，連邦教育省におけるインタビュー（2020年3月実施）によれば，一般的に最大100点のうち40点がテキストでの活動，30点が

レポートなど，点数換算で成績がつけられるが，子どもにはそれらの内容を踏まえたコメントのみが示されるという。また，他教科では評価の結果が「合格／不合格」のように進級に影響を及ぼすが，道徳科では成績の結果が進級に関わることはない。このように「子どもの道徳性をいかに評価するか」ということは，UAE でも重要な課題として捉えられていることがわかる。

第4節　近年の動向と展望

　本章では UAE で新たに導入された道徳科の展開を述べてきた。UAE は7つの首長国から構成され，イスラームを国教とすると同時に，極端に国際化が進行した社会を形成している。こうした社会環境を背景に，道徳科はイスラーム教育と併存する形で導入されたが，その特徴として，道徳科が備える「総合性」「多様性」をもって，国民・外国人の貢献心・忠誠心を向上させ，排他主義を抑制し，社会的な寛容さを醸成することも期待されている。学校教育において従来重視されてきたイスラームの宗教教育や，各国のカリキュラムに沿った道徳性のみではなく，「UAE」という国家の枠組みを考慮しつつ，あらゆる人種・国籍の子どもを包括するような道徳教育が求められているといえる。実際には，こうした背景から相互理解や多文化共生を重視する内容とともに，UAE の政治や経済，文化をはじめとした社会的な理解を深めつつ，国家の枠組みを超えてグローバルな視野を涵養することも想定されている。

　以上から，UAE では国民にはイスラームという精神的な根幹を維持しつつ，道徳科を通して国籍や民族・人種などに関係なく国民や外国人を包含できる「UAE 市民」として，国家・社会への貢献心や他者への寛容性といった価値観を育成しようとしているといえる。加えて，UAE の政治・経済・社会に関する知識を備えた「市民」としての意識づけを行うことにも焦点が当てられており，ゆるやかな形での統合を目指していると捉えることができよう。日本は UAE ほど国際化した社会を形成しているわけではないが，将来的にはさらなる国際化・多様化が進行していくことが想定され，そうした社会のなかで「求められるもの」のひとつのあり方として示唆的であると考えられる。

174

このように，制度としてはある程度整備が進められてきた UAE の道徳科だが，実践面では依然課題もみられる。アル゠マフレヒー（Al-Maflehi, H.）による研究では，教師の声として「教えるべき道徳の内容が難しい」「生徒の理解の範囲を越える価値を教えなければいけない」「学校全体で 1 人しか道徳を教えておらず，仕事の負荷が大きい」といった声もあった（Al-Maflehi, 2018：31-37）。このように，UAE における道徳科の発展はいまだ途上であり，今後どのような方向で展開してくのか，継続して研究する必要があるだろう。

注 ⋯⋯⋯⋯⋯⋯⋯⋯⋯⋯⋯⋯⋯⋯⋯⋯⋯⋯⋯⋯⋯⋯⋯⋯⋯⋯⋯⋯⋯⋯⋯

1）この表は連邦教育省のカリキュラム関連資料をもとに作成したものであり，実際の学校では，体育や音楽といった授業も行われている。
2）アブダビ教育評議会は 2017 年にアブダビ教育・知識局（Abu Dhabi Department of Education and Knowledge）へと改組・名称変更された。

参考文献 ⋯⋯⋯⋯⋯⋯⋯⋯⋯⋯⋯⋯⋯⋯⋯⋯⋯⋯⋯⋯⋯⋯⋯⋯⋯⋯⋯⋯⋯

Abu Dhabi Education Council (2017) "ADEC Organizes A Training Program on Moral Education-Prior to Launching the Pilot Program in Schools Starting Trimester II." https://www.adek.gov.ae/ （2017 年 5 月 20 日閲覧）

Al-Maflehi, H. (2018) "Investigating Cycle One Moral Education Teachers' Perceptions of Moral Education and Challenges They Face in the Midst of Curricular Changes: Abu Dhabi Case Study," Emirates College for Advanced Education.

Government. ae (2018) "Stages and Streams of School Education." https://u.ae/en#/ （2019 年 4 月 28 日閲覧）

Khaleej Times (2017) "Principals to Boost Moral Education in Schools." https://www.khaleejtimes.com/ （2017 年 5 月 20 日閲覧）

KPMG (2017) *UAE's Year of Giving,* KPMG Lower Gulf.

UAE Ministry of Education (2017a) *Moral Education Curriculum Document.*

UAE Ministry of Education (2017b) *Moral Education Grade 2 First Semester Pilot Edition.*

UAE Ministry of Education (2018) "Al-Tawzī' al-zamanī al-khutta al-faṣlīyah." https://www.moe.gov.ae/En/Pages/Home.aspx （2018 年 3 月 19 日閲覧）

UAE the Cabinet (2016) "Risālat al-tasāmuh." https://uaecabinet.ae/en （2017 年 5 月 20 日閲覧）

中島悠介 (2018)「アラブ首長国連邦における『道徳教育』科目導入の社会的背景に関する一考察」『大阪大谷大学紀要』52：1-14

第 III 部

道徳教育論の
現代的潮流

概　要

林　泰成

　第Ⅲ部では，新しい道徳教育論の考え方のいくつかが紹介されている。

　まず第21章では，ケアリング倫理に基づく道徳教育論が紹介されている。ケアやケアリングという概念自体は，思想史のなかにも探ることができるが，道徳教育との関わりで議論され始めたのは比較的新しい。

　第22章では，道徳性心理学の潮流が紹介されている。コールバーグの道徳性発達理論は，第Ⅰ部第11章でも言及されているが，それだけに大きな影響力をもっているといえるだろう。また前章のケアリングの考え方もコールバーグに対する批判として出てきたという一面もあるので，ぜひ行きつ戻りつして読んでいただきたい。またこの章で取り上げられているハイトの道徳教育論の整理は，それぞれの道徳教育論の考え方の立ち位置を理解するうえでも役立つ。

　第23章では，現代倫理学の主な立場を，義務論，功利主義，徳倫理学の3つに分けたうえで，そのうちのひとつである徳倫理学を取り上げている。この立場は，古代ギリシャの時代からあるが，現代に再度，復興してきたものでもある。

　第24章では，最近，日本でも実践が始まっている子どもの哲学（P4C）が取り上げられる。これは，リップマンが唱えた考え方に端を発する。これまで，日本の哲学研究は，どちらかといえば，西洋哲学の紹介のような形になっていたが，直接，子どもが哲学することを支援するという意味で，哲学することの日本への本格的な実践的導入としても意義深いものだといえよう。

　第25章では，市民性教育（シティズンシップ教育）が取り上げられる。道徳教育で教えられる道徳的価値が民主的な価値であらねばならないとすれば，それは当然，市民性との関連が生じるであろう。第13章ではイギリスにおける市民性教育に言及されているので，その章も参照していただきたい。

　第 26 章では，SEL（社会性と感情の学習）について紹介されている。その定義は，本章を読んでいただきたいが，近年「非認知的能力」や「社会情動的スキル」が重要視されており，そうした流れともつながる学習の取組が取り上げられている。

　第 27 章では，いじめ問題と道徳教育との関連が取り上げられている。道徳は，平成 30 年度からまず小学校で「特別の教科　道徳」として教科化が進められたが，その出発点としての議論は，教育再生実行会議から出された第 1 次提言「いじめ問題等への対応について」（平成 25 年 2 月 26 日）にある。そこでは，いじめ問題への対応として道徳の教科化が提案されている。そうした前提で，本章を読んでいただきたい。

　第 28 章では，対話と議論の道徳教育と題して，ハーバーマスの討議倫理学や，テイラーやヘイドンらの考え方が取り上げられている。日本における今回の道徳教科化の議論のなかで，「考え，議論する道徳」という用語は，文科省が使ったスローガンであるから，教科化の中心に，考えることや議論することがあると捉えることは間違ってはいないだろう。しかし，本章を読むと，それは単なる指導スキルの問題ではないということが見えてくる。皆さんはどう読み取られるであろうか。

　さて，第Ⅲ部は，雑多にいろいろなことが取り上げられているように見える。しかし，そのことは，道徳教育の奥深さを示唆しているようにも見える。道徳の教科化は「考え，議論する道徳」への転換ではあったが，日本に入ってきている道徳教育論は，それでもなお，心情とか情動とかを無視しているわけではないし，子どもの哲学などは，場合によっては，子ども自身が道徳的価値を否定するような事態だって引き起こしかねない。しかし，道徳教育に関するそうしたいろいろな考え方ややり方がグローバルに広まりつつあるということは，価値観の多様性を認めつつ，幸福を追求したり，議論できる環境を維持したりするためにはどうするのがよいのかということを，私たちが考え続けることが求められているということだろう。未来の道徳教育の在り方を私たち一人ひとりが考え，議論していきたいものだと思う。

第21章 ケアリングと道徳教育

──────林　泰成

第1節　ケアリングの再発見

1　ケアをめぐる問題の広がり

　ケアやケアリングという概念を思想史上に探れば，さまざまな思想家が言及している。たとえば，古代ギリシャの哲学者ソクラテスは，金銭などではなく自らの魂ができるだけよくなるようにと気遣うこと，すなわち「魂の配慮（ケア）」ということを説いた。

　現代ドイツの哲学者ハイデッガー（Heidegger,M.）は，「気遣い（Sorge）」ということを実存論的な分析の結果として明らかにした。

　看護の領域では，医療的なキュア（治療）とは異なるものとして，ケアあるいはケアリングが取り上げられ，それは，看護の職務内容の本質的な部分として語られている。現在，この領域では，看護師が患者に一方的に援助を与えることをケアとよび，たとえば，看護師の行為に対する患者の反応によって看護師自身がケアされるというような，看護師と患者の双方向性の関係をケアリングとよぶようになってきている。

　また，ケアリング・コミュニティという用語は，宗教関係の団体をはじめ多くの組織が使用しているが，そうした組織が取り組んでいる「共助」や「互助」の活動においては，人間は，経済学で想定されている自己の利益を最大化するように行動するホモ・エコノミクスという概念からはほど遠い存在だと感じられる。もっとも，経済学においても，そうした想定は，理論構築のための前提であって，それが人間の真の姿だなどと考えられているわけではないだろう。

　したがって，ケアをめぐる問題はさまざまな領域で議論されており，倫理学や道徳教育に限定されたものではない。しかし，本章では，道徳教育との関連に限定して，すなわち，ギリガン（Gilligan,C.）やノディングズ（Noddings,N.）の主張を中心に，その議論を取り上げることにしよう。

2　道徳教育におけるケアリングの再発見

　前項に記したように，ケアやケアリングの発想は，古来よりある。しかし，合理的な思考が求められる学問領域では，生活のなかに埋もれたケアのような発想は表舞台に出にくかったといえるのではないだろうか。

　ケアやケアリングの発想は，よく考えてみれば，日本の「思いやり」にも通じるような概念であり，日本の道徳教育においても今までそれが中心的に取り上げられていなかったことの方が不思議に思えてくる（林，2000, 2006）。おそらくは，合理性や正義などを重要視する西洋の発想があったからこそ，それに対する批判的な見方としてケアやケアリングが出てきたのではないだろうか。

　日本の学校教育における各教科は，通常は，そのもととなる親学問があり，そこへの導きとして教科や科目の教育が成立している。しかし，生活科や総合などのように，どちらかといえば生活体験に密着している教科や領域もある。道徳教育も，「特別の教科」として扱われるようにはなったものの，これまでどおり学校の教育活動全体を通じての道徳教育もあり，やはり個々の子どもの行動や生き方に影響するものとして生活に密着したものといえる。

　しかし，一方で，倫理学や心理学の研究成果をうけて，道徳教育の方法や内容が変わることもありうる。たとえば，文科省が定めている学習指導要領では，「発達に応じて」指導することが求められているものの，子どもの道徳性の発達についての説明は，学習指導要領やその解説のなかには記載されておらず，ピアジェ（Piaget,J.）やコールバーグ（Kohlberg,L.）などの心理学的研究成果が参照されることになる。けれども，ピアジェは，拘束的な道徳から自律が生まれるのではないというし，コールバーグも，道徳的価値を教えることは道徳性の発達とは関係がないと主張し，学習指導要領の考えと矛盾した点もある

ので，実践家たちは実践しようとすると戸惑うことになる。

　だが，ケアやケアリングの発想は，日常生活におけるわれわれの素朴な道徳感覚からそう逸脱したものではない。「困っているのだから助けてあげましょうよ」とか，「お互い様だよね」とかというような感覚で行われる道徳的行為につながればよいのである。そういった意味では，家庭や地域のなかで人間同士の関係性を通して行われていたインフォーマルな道徳教育の再発見なのだといってもよいのではないだろうか。

第2節　コールバーグからギリガンへ，そしてノディングズへ

1 ギリガンのコールバーグ批判

　道徳教育において，正義との対比でケアという概念が取り上げられるようになったきっかけは，ギリガンが提示したコールバーグ批判である（Gilligan, 1982）。

　コールバーグは，道徳性発達理論の提案者，モラルジレンマ授業の創始者として国際的によく知られている（第11章を参照）が，その研究によって示された男女差の問題にギリガンは反論した（第22章を参照）。コールバーグが示したような，正義を中心とした男性の道徳性発達とは違って，ケアや責任を中心とした道徳性発達があるとギリガンは主張するのである。

　ここで「責任」と訳されている語の原語は，responsiveness である。語源としては responsibility も responsiveness も同じであるが，しかし，responsiveness は，「よく反応すること」を意味している。したがって，通常の「責任をとる」というような場合の「責任」の意味ではなくて，「目の前で起こっていることに即座に反応する責任」を意味していると捉えられる。たとえば，目の前に苦しんでいる人がいるとすれば，何が正義かというような判断よりも先に，どこが痛いのかを尋ねるとか，自分にできることを尋ねるとか，救急車をよぶとかなどの即座の反応を示すことが求められているのである。

　こうした主張は，男女差別につながりかねない一面もある。女性はケアに向いているのだから，ケアする職業に就けばよいというような短絡的な判断である。これまでの社会では，そうしたジェンダーによる差別があってそれが心理学的な事実として表に出てきていると考えるべきであろう。したがって，ケアと責任の道徳性は，本来，男性にも女性にも求められるべきである。

　ギリガンは，心理学者であり，発達段階論という見方そのものについては批判をしていない。したがって，コールバーグの道徳性発達理論のような詳細な説明は行われていないものの，ケアの発達段階が想定されている。

2 ノディングズのケアリング倫理

　ギリガンの後，ケアリングについての書物を著したのが教育哲学者のノディングズである（Noddings, 1984）。

　ギリガンは，書物のなかで，ケアという用語を用いているが，ノディングズは，ケアリングという用語を用いている。彼女は，母子関係を典型例としてケアリングの説明を行っているが，その際，母親はケアする人で赤ちゃんはケアされる人というような一方向的な関係ではなく，母親のケアに対して赤ちゃんが笑うことでケアし返しているというような説明を行っている。つまり，双方向性の関係があると主張する。

　また，ギリガンが主張していた発達論的な見方そのものを，男性的な発想だとして拒否している。ここまで徹底して拒否すると，普遍的な倫理的原理のようなものが見出せなくなるので，道徳教育の理論としては成り立たないのではないかと思われるのだが，しかし，ノディングズは，ケアの関係は常に存在すると主張し，相対主義に陥ることはないという。

　前項で記した男女差別につながりかねないという問題は，ノディングズの主張についても当てはまるように思われるが，ここでも，それが真意ではないであろうということを述べておきたい。ノディングズは，『ケアリング』アップデイト版（2013）では，それまで副題にあった「feminist approach」を「relational approach」に変更している。強調されているのは，「関係的なアプローチ」な

のである。

　われわれは，自然な関係のなかで，ケアする人として他者に応答する。それが道徳的行為になるということなのである。こうしたケアリングを，ノディングズは，「自然なケアリング」とよぶ。しかし，ときには，そうした自然なケアが生じない場合もありうるのではないか。たとえば，日ごろから，挨拶を返してもくれないような隣人に対しては，苦しんでいても「いい気味だ」というような気持ちになることはないのだろうか。それも自然な気持ちだとして，そのままに放っておいてよいのだろうか。

　ノディングズは，そうした場合，義務から行われるケアリングとして「倫理的なケアリング」ということを主張する。しかし，その場合でも，その倫理的なケアリングは，自然なケアリングに依拠していると考えるのである。そして，自然なケアリングから倫理的なケアリングへとつなぐ営みが，学校教育における道徳教育と考えられることになるだろう。

　それでは，具体的に，道徳教育の方法としてはどのようなことが主張されているのか。それは4つある。モデリングと対話と訓練と奨励である。

　モデリングは，手本を示すということである。これは，『ケアリング』のなかでは取り上げられていないが，その後の著書のなかで言及されている（Noddings, 1992）。対話は，教師と生徒との間の深い人格的な交わりを前提とした対話である。訓練は，施設などで体験してみることである。そして奨励は，ケアする自己のイメージを表明させて，そこに向けて励ますことである。

　ケアリング倫理に特徴的な道徳教育の方法は4つ目の奨励である。

3　状況倫理としてのケアリング倫理

　ケアリング倫理の特徴として，道徳的価値や性格を優先するのではなく，関係性を優先するという点をあげることができる。くわえて，道徳的な判断のための普遍的な原理を立てず，状況に依存した道徳判断をするという点も特徴としてあげることができる。

　状況に依存した倫理といえば，これまでもなかったわけではない。その代表

格は，倫理学者のフレッチャー（Fletcher, J.）であろう（Fletcher, 1966）。

　フレッチャーは，生命倫理の領域でもパイオニア的存在であるが，キリスト教の牧師でもあり，状況倫理の考え方を提示するにあたって，その立場が色濃くその主張に反映されている。たとえば，状況倫理は，相対主義に陥るということを認めるが，しかし，アガペー的な愛を究極的な基準として絶対視する。少し極端な表現になるが，アガペー的な愛があるから大丈夫ということになる。そして，このアガペー的な愛を説明するために，以下の6つの命題が示されている。

　　第1の命題「ただ一つのものが本質的に善である。愛がそれであり，愛以外
　　　　　　は何ものも善ではない」
　　第2の命題「キリスト教的な決断にとって唯一の規範は愛である。ほかに何
　　　　　　もない」
　　第3の命題「愛と正義は同一である。正義とは，分配された愛のことだから
　　　　　　である」
　　第4の命題「愛は隣人の善を欲する，我々が彼を好きであってもなくても」
　　第5の命題「目的だけが手段を正当化する。他の何も正当化しない」
　　第6の命題「愛は状況に応じて決断する。規定に従って決断するのではない」

　紙幅の都合上，ここでは各命題の説明は省くが，第5の命題については誤解されるのではないかと思われるので，少し説明を加える。通常，たとえば「平和のために好戦的な隣国と戦争をすべきだ」というような主張に対して，倫理的には，「戦争という手段は，平和という目的に反している。だから戦争をしてはいけない」というような意味で，「目的は手段を正当化しない」といわれる。フレッチャーは，こうしたことを否定しているわけではない。そうではなくて，「目的だけが手段を正当化する」というのは，「目的は手段を聖なるものとして選別する」ということなのである。目的にふさわしい手段だけが許されるということになる。

　さて，ここでは，筆者は，キリスト教的な倫理を肯定的に主張し，学校における道徳教育として推奨したいというわけではない。こうした発想のもとでの

倫理や道徳の教育から，脱宗教化を図ったものが，ケアリング倫理だとは捉えられないか，といいたいのである。ノディングズにおいては，アガペー的な愛の代わりに，ケアリングの関係が置かれているのである。

第3節　可能性と課題

　われわれの日常的な道徳的判断は，専門家の理論に基づいて行われているわけではなく，学校教育も含めた日常生活のなかで培った良識に基づいて行われているように思われる。したがって，金銭感覚のように，常識的な範囲での道徳感覚のようなものの育成が，道徳教育においても求められるのではないか。このように述べることは，さまざまな学問領域における道徳性や道徳教育に関する探究を不必要なものだということにしてしまうわけではない。そうしたことは，教師や学校を設置する側には必要なことであろう。ただ，すべての子どもたちにとって必要なことを考えると，むしろ，そうした道徳感覚の育成が求められるだろうということなのである。

　そうした意味では，ケアリング倫理の発想は，きわめて生活に密着した形での道徳判断の訓練につながり，現実場面で役立つ道徳的能力の育成が望めるのではないだろうか。

　今後検討すべき課題を2点指摘しておきたい。

　まず，日常の層のなかに埋没した部分に，じつは普遍的な原理が隠されているのではないかという点が気がかりではある。たとえば，ノディングズが，自然なケアリングだけではなく，倫理的なケアリングにまで言及しなければならないのはなぜか。ケアを求めている相手に共感できず，ケアしようという気持ちが起こらない場合でも，なぜ，そのままにしてその場を立ち去ることが許されないのか。許されないとすれば，それを禁ずる倫理的原理のようなものがまだ隠されているのではないのか。

　また，男女差については言及したが，ケアリングには文化差のようなものもあるのではないか。教科化される前の日本の道徳教育では，心情主義的な面が強調されており，また，日本文化は西洋の国々と比べれば，個の独立が弱く集

団の圧力が強いように感じられるが，そうした状況は，ケアリングという発想
ときわめて親和性が高いように思われる。

● **参考文献** ●‥‥

Fletcher, J. (1966) *Situation Ethics : The New Morality,* Westminster Press.（小原信訳〔1971〕『状況倫理：新しい道徳』新教出版社）

Gilligan, C. (1982) *In a Different Voice : Psychological Theory and Women's Development,* Harvard University Press.（岩男寿美子訳〔1986〕『もうひとつの声：男女の道徳観のちがいと女性のアイデンティティ』川島書店）

Noddings, N. (1984) *Caring : A Feminist Approach to Ethics & Moral Education,* University of California Press.（立山善康・林泰成ほか訳〔1997〕『ケアリング：倫理と道徳の教育─女性の観点から』晃洋書房）

Noddings, N. (1992) *The Challenge to Care in Schools : An Alternative Approach to Education,* Teachers College Press.（佐藤学監訳〔2007〕『学校におけるケアの挑戦：もう一つの教育を求めて』ゆみる出版）

Noddings, N. (2013) *Caring : A Relational Approach to Ethics & Moral Education,* University of California Press; Updated Ed.

品川哲彦（2007）『正義と境を接するもの：責任という原理とケアの倫理』ナカニシヤ出版

林泰成編（2000）『ケアする心を育む道徳教育：伝統的な倫理学を超えて』北大路書房

林泰成（2006）「道徳教育におけるケアリング」中野啓明・立山善康・伊藤博美編『ケアリングの現在：倫理・教育・看護・福祉の境界を越えて』晃洋書房

中山將・高橋隆雄編（2001）『ケア論の射程』九州大学出版会

吉原惠子・広岡義之編（2011）『ケアリング研究へのいざない：理論と実践』風間書房

道徳性心理学の潮流：道徳性をどう捉えるか

———荒木　寿友

第1節　道徳性研究の現在

　道徳性に関する研究は，古くはフロイト（Freud,S.）やピアジェ（Piaget,J.），コールバーグ（Kohlberg,L.），そしてデュルケム（Durkheim,E.）といった心理学や社会学の領域においてなされていた。しかし，近年ではより多様な学問分野において，判断と直感の関係性や人間の集団形成，利他的行動，遺伝など道徳性に関連する領域の調査研究が進められている。

　たとえば行動経済学の分野において，カーネマン（Kahneman,D.）は人間の思考には衝動的で直感的な「システム1」と，論理的思考力を伴った「システム2」の2つが存在することを示した（カーネマン，2014）。私たちは日常生活を円滑に送るために，さまざまな事柄に対して素早く直感的に判断をするシステム1に依拠した生活をしているために，逆に思い込みや主観から抜け出すことが困難であるといえよう。ゆえにシステム1による判断を鵜呑みにするのではなく，意識的に熟慮しなければならないとする。なお，後に取り上げるハイト（Haidt,H.）も道徳判断における直感（intuition）の優位性から，社会的直感モデル（social intuitionist model）を提起している[1]。

　進化人類学の領域では，人間の利他的行動の起源に関する研究が進められている。ボーム（Boehm,C.）は，およそ4万5千年前に狩猟採集生活を送っていた人類は，逸脱的な行動に対しては処罰を与え，向社会的な行動に対しては見返りを得ることができるような集団の合意を形成していたとする（ボーム，2014）。正当な労働なく利益だけを得ようとするフリーライダーは，集団の平等性を著しく害するため厳しい処罰の対象となり，同時に血縁以外の人びとに

188

寛大になることで集団の利益が向上し全体的な効率性があがり，集団生活が良くなることが狩猟採集民にはわかっていたとする。

　このような利他的な行動について，哲学者のグリーン（Greene, J.）は次のように述べる。「私たちの道徳脳は，集団内で，おそらく個人的な人間関係の文脈のなかだけで協力するように進化した。私たちの道徳脳は，集団間で（少なくともすべての集団が）協力するようには進化しなかった」（グリーン，2015：30）。つまり，協力という利他行動は身内という集団内に向けられたものであり，他の集団との普遍的な協力体制を築き上げるために進化したものではないのである。

　このように，現在では実に多様な研究分野において，直感，利他行動，集団性といった道徳性に関わる研究が進んでいることがわかる。

　そこで本章では，まず道徳性研究の第一人者であるコールバーグを再度取り上げ（第11章参照），認知発達の観点から道徳性発達理論について概観する。次いで，道徳における直感の役割を提唱したハイトの「道徳基盤理論」と，それに対するデイモン（Damon, W.）らの批判を取り上げ，近年の道徳性研究の知見から道徳性を包括的に捉える必要性を述べたい。

第2節　認知発達に基づく道徳性発達理論

1 コールバーグの道徳性発達理論

　コールバーグは，1958年の博士論文 "The development of modes of moral thinking and choices in years 10 to 16" において，認知発達を基盤として道徳性が発達することを示した三水準六段階の道徳性発達理論を展開した（発達段階については第11章参照）。ピアジェを理論的祖とする認知発達理論とは，人間が外界の情報を取捨選択しながら取り入れ（同化），それに対して自分の考えを変え，整合させていく（調整）という情報処理のプロセスが認知構造の均衡化をもたらし，質的に異なる構造をもって発達していくことを意味する。コールバーグは，当時主流となっていた道徳の内容（価値そのもの）を伝達する品

性教育が相対主義をもたらすと批判し，認知構造の変化，つまり道徳的推論における思考の形式の発達を促すアプローチを展開した。

　コールバーグの道徳性発達理論を理解するにあたって重要な概念がある。それは正義の原理（principle of justice）と，役割取得（role-taking）である。コールバーグにとって道徳性とは正義，すなわち公平さ，公正さ，平等さを意味しており，正義に関する推論が構造的なまとまり，つまり発達段階としてあらわされている。コールバーグによれば，正義の原理とは「普遍化された相互性ないしは役割取得の原理である」（Kohlberg, 1969：74）。彼にとって正義とは道徳判断をする際の思考の形式をあらわしており，発達段階の最終段階（第六段階）で示される判断の形式が原理化された正義である。また，正義に関する判断の発達は「普遍化可能性」（いついかなる時であっても判断の正しさを志向すること），「可逆性」（立場を入れ替えても判断が正しいこと）が増大していくプロセスをあらわしている。同時に，他律的に誰かから指示される道徳律ではなく，自らの内面から「すべし」という規範性が増大することを意味している。

　一方，役割取得とは，「自己と同じような存在としての他者に対して反応したり，あるいは他者の観点から自己の行動に反応したりする傾向に従って，人間の行為や思考を構造化すること」（Kohlberg, 1971：141）である。この役割取得の対象が拡大し，またより深く対象を理解しようとするにつれて，道徳判断は一層複雑になる。なぜならば，私の要求とあなたの要求（二者間）が公平に扱われるような裁定を下すことよりも，より多くの要求が同時に公平に扱われるような裁定を下すことのほうが，役割取得する対象の数と深さが増大し，そうするには高度な認知能力も必要とされるからである。コールバーグの描く道徳性発達段階は，役割取得の対象が拡大・深化し，各人の権利や要求を公平に扱い裁定を下す能力のプロセスを示したものなのである。

2　コールバーグ理論への批判

　コールバーグ理論に対して批判がなかったわけではない（Kohlberg et al., 1983）。たとえば，第六段階で描かれる道徳性が西洋のリベラルイデオロギー

を反映しているという批判（シュウェーダーなど），道徳には正義だけではなく思いやりや配慮という道徳があるにもかかわらず，コールバーグはそれを等閑視しているという批判（ギリガン），発達段階の上昇は自律した自己をあらわすが，それは同時に没個人的であることもあらわしており，社会的なつながりの中で生きるという道徳的意味を無視しているという批判（サリバン）などである。以下ギリガンの批判について取り上げる。

　ギリガンは『もう一つの声』(1986) において，男性とは異なった「もう一つの声」としての女性の発達過程を描き出すことにより，人間の発達をより包括的に捉えることができると主張した。コールバーグによって描かれた道徳的自律への発達過程は，状況や関係性から独立し，抽象的で合理的，客観的な判断ができるようになることをあらわしているが，たとえばサンデル (Sandel, M.) によれば，それは自分の属性やコミュニティ，人格からは切り離された「負荷なき自我」として描かれることになる（サンデル，1999）。ギリガンは女性を対象に道徳的葛藤のある話について面接を行ったところ，女性は具体的な状況のなかで他者に対して思いやりや配慮，責任をもつという視点（サンデルの言葉を借りれば「位置ある自我」）から道徳的問題を捉えていることを明らかにし，「配慮と責任の道徳性発達」を示した。

　ギリガンの指摘に対して，コールバーグは道徳には正義の側面だけではなく，配慮と責任といった側面があることを認め，道徳領域の拡大を行った (Kohlberg et al., 1983)。コールバーグは第六段階において「人間尊重の原理」を採用し，正義の原理に他者一般の幸福を志向する「慈愛の原理」を加えて新たな段階として定式化したのである（コールバーグ，1987）。この定式化に対しては，問題を単純化し原理的に統合できない正義と配慮を容易に統合しようとしたという批判（加賀，1993）や，道徳性の発達を形式的論理的特徴から捉えようとした認知発達的アプローチの限界を示すもの（山岸，1987）という指摘もある。いずれにせよ，コールバーグの道徳領域の拡大は，後のジャスト・コミュニティ (Just Community) 実践において，個人の正義とコミュニティ（具体的他者）への配慮の双方を発達させる方向へと舵を切ることになった。

第3節　道徳判断における直感の役割

1 ハイトによる社会的直感モデルと道徳基盤理論

　コールバーグの研究に対して，ハイトはまず直感的に道徳判断がなされ，その後にその直感を正当化する理性的な（戦略的な）判断が行われるとする社会的直感モデルを提示した（ハイト，2014）。彼は直感と理性の関係を，「象」と「乗り手」という比喩，つまり心は乗り手と象とに分かれ，乗り手（理性）の仕事は象（直感）に仕えること（直感に正当性を与えること）であると説明する。彼は「ペットの犬が死んだのでそれを食べた」「国旗が不要になったので雑巾として使用した」「避妊をした上での近親相姦」といった生理的嫌悪を伴う「無害なタブー侵犯ストーリー」を用いて，直感に基づいた判断に対して合理的な理由づけができるか調査した結果，多くの人が合理的に説明できないことを見出した。つまり，人間は直感に「支配」されていることになる。

　このような直感にはどのような源泉（基盤）があるのだろうか。彼は道徳基盤理論（moral foundation theory）において，「ケア」「公正」「忠誠」「権威」「神聖」「自由」という6つの基盤を示し，人間はそのいずれか複数を重視した直感な選択をすると指摘する（ハイト，2014）。道徳基盤理論は，以下の4つの特徴，すなわち人間が生得的に有している道徳の源泉があること（生得性），その源泉は複数あること（多元性），それらは直感的に選択されること（直感），そしていずれかに重きを置いた判断をするかは，生得的な傾向に加えて環境や所属する文化の影響をうけていること（経験），があるとする。

　ハイトは道徳基盤理論を教育へ援用することについて，積極的に論じてはいない。それは道徳基盤理論に見出される「事実」から，どう生きていくべきかという「当為」を導き出すことが自然主義的誤謬を犯してしまうという危険性を自覚しているからであろう。この理由から，彼は発達的な観点からも論じることはない。発達段階の上昇がなぜよいといえるのかも，自然主義的誤謬を冒しかねないからだ。彼は分断・対立する集団間への対処として，次のように述

べるにとどまっている。「あなたがよその集団を理解したいなら，彼らが神聖
視しているものを追うとよい。まずは６つの道徳基盤を考慮し，議論のなかで
どの基盤が大きなウエイトを占めているのかを考えてみよう」（ハイト，2014：
478）。

2 直感をどう捉えるか

　さて，ハイトが示したモデルは，文化人類学や進化心理学，動物行動学など
広い知見から総合的に道徳を捉えた点で，さらに認知発達に重きをおいた従来
の道徳性心理学とは異なる主張を展開したこと点においても非常に興味深い。
ではハイトの捉える直感で道徳性を捉えることに問題はないのであろうか。

　ハイト自身も指摘しているように，社会的直感モデルはカーネマンのシステ
ム１による判断に類似している（ハイト，2014：590）。となると，その直感に基
づいた判断はさまざまな道徳の源泉に支配されたものであり，私たちは集団間
の争いを調停する判断ができないことになる。だからこそ，システム２の思
考，すなわち熟慮が必要になってくるが，ハイトは「他の集団を知る」という
方法でこの弱点を乗り越えようとする。またハイトは「自己省察」という言葉
で熟慮を表現しているが，その効果を積極的に評価しているわけではない。し
かし，直感的な判断に大きく左右されることが常なのであれば，それを自覚し
自らの思考を客観化し，そこにバイアスがないのか検証するというメタ的な自
己省察が必要となってくる。他者の声に耳を傾けることによる他者理解に併せ
て，自己省察という自己理解の双方の取組が必要になってくるであろう。

　ハイトの理論に対しては，デイモンとコルビー（Demon & Colby, 2015）が批
判を展開している。つまり，デイモンらはハイトが認知と感情（直感）を極端
に分離し，感情の方により重要な働きがあると論じていることに対する批判で
ある。彼らはホフマン（Hoffman, M.L.）の共感性発達理論を引き合いに出しつ
つ，共感の成長には道徳的理解という知性が密接に関わっていることを指摘し
ており，また，ハイトが直感的と称するものは，私たちがそれまでの経験や熟
慮を通じて即座に判断できるようになったことをあらわしているにすぎないと

する。さらにハイトのタブー侵犯ストーリーが現実味を帯びていないこと，また直感のみが道徳的な羅針盤を提供するものではないと指摘する。

第4節　道徳性研究の今後

　以上みてきたように，道徳性は，認知構造の変化として捉えることも可能であるし，生得的で直感的な道徳の源泉から道徳性を探っていくこともできよう。先に取り上げたデイモンらは，より包括的な視点から道徳性を捉えようと試みている（Demon & Colby, 2015）。彼らは，道徳性を精神的，情動的，行動的な側面から捉えるだけではなく，それらの関連性を明確にすること，ならびに道徳性の束縛的な志向（〜してはならない）と上昇的な志向（理想を求める姿）の機能の双方を捉えることが必要であると述べている。彼らは，遺伝，文化，道徳的な理解（内省的な道徳性と習慣的な道徳性），道徳的な感情，道徳的動機づけ，道徳的な成長を促す道徳的価値（誠実，謙虚さ，公正）というさまざまな側面から道徳性を捉えている。これらの視点は，先に提示したボームやグリーンによる文化や遺伝に根ざす集団のあり方を踏まえた道徳性の捉え方を包含しているといえよう。

　一方，近年のコンピテンシー研究においては，道徳性そのものは明確に扱われていない。たとえばファデル（Fadel,C.）らは，コンピテンシーを知識，スキル，人格，メタ学習という次元から捉え，人格の次元において道徳に関連する項目を扱っている（ファデル，2016）。しかし，人格とはそもそも何をあらわしているのかという議論は十分にはなされておらず，先述したような発達的な視点や人間はどうあるべきかという規範性，道徳性を構成する要素としての直感や情動などが含まれているわけではない（社会情動的スキルがそれに関連するかもしれないが）。また道徳性そのものを知識，スキル，人格，メタ学習といった次元から捉えることが可能かについても検討していく必要があるだろう（荒木，2019）。デイモンらが示すように，そもそも道徳性を構成する諸要素や，それらの相互関連性を明らかにするとともに，それらがどのように発達していくのかについて捉えていかねばならない。

• 注 •...

1）ハイトの著作では intuition を「直観」と訳しているが，本稿では他の論との
一貫性をもたせるために，「直感」と訳した。

• 参考文献 •...

Damon, W., Colby, A. (2015) *The Power of Ideals : The Real Story of Moral Choice,*
Oxford University Press.（渡辺弥生ほか訳〔2020〕『モラルを育む〈理想〉の
力：人はいかにして道徳的に生きられるのか』北大路書房）

Kohlberg, L. (1969) "Stage and sequence: the cognitive-developmental approach to
socialization," In Harper and Row (1984) *The Psychology of Moral Development,
vol. II, Essays on Moral Development.*（永野重史監訳〔1987〕『道徳性の形成：
認知発達的アプローチ』新曜社）

Kohlberg, L. (1971) "From Is to Ought: How to commit the naturalistic fallacy and
get away with it in the study of moral development," In Harper and Row. (1981)
The Philosophy of Moral Development, vol. I, Essays on Moral Development.

Kohlberg, L., Levine, C., & Hewer, A. (1983) *Moral Stages : A Current Formulation
and a Response to Critics,* Karger.

荒木寿友（2019）「コンピテンシーの育成と人格の形成：道徳のコンピテンシーか
ら導かれる〈道徳性〉の再定義」グループディダクティカ編『深い学びを紡ぎだ
す：教科と子どもの視点から』勁草書房

加賀裕郎（1993）「モラル・ディレンマからジャスト・コミュニティへ：コールバー
グ理論の展開」佐野安仁，吉田謙二編著『コールバーグ理論の基底』世界思想社

カーネマン, D. 著，村井章子訳（2014）『ファスト＆スロー：あなたの意思はどの
ように決まるか？』（上・下）早川書房

グリーン, J. 著，竹田円訳（2015）『モラル・トライブズ：共存の道徳哲学へ』
（上・下）岩波書店

コールバーグ, L. 著，岩佐信道訳（1987）『道徳性の発達と道徳教育：コールバー
グ理論の展開と実践』麗沢大学出版会

サンデル, M. 著，菊池理夫訳（1999）『自由主義と正義の限界』三嶺書房

ハイト, J. 著，高橋洋訳（2014）『社会はなぜ左と右にわかれるのか：対立を超える
ための道徳心理学』紀伊國屋書店

ファデル, C. ほか著，岸学監訳（2016）『21 世紀の学習者と教育の 4 つの次元：知
識，スキル，人間性，そしてメタ学習』北大路書房

ボーム, C. 著，斉藤隆央訳（2014）『モラルの起源：道徳，良心，利他行動はどの
ように進化したのか』白揚社

山岸明子（1987）「付論　コールバーグ理論の新しい展開：主としてギリガンの批
判をめぐって」コールバーグ, L. 著，永野重史監訳『道徳性の形成─認知発達論
的アプローチ』新曜社

第23章　徳倫理学

─────西野　真由美

第1節　徳倫理学の再興

1 徳倫理学の射程

　現代の倫理学は，義務論，功利主義，徳倫理学（Virtue Ethics）という３つの理論に分類される。最初の２つは近現代の倫理学の主流であったが，徳倫理学は，20世紀半ば，両者への批判を端緒に，古典（主としてアリストテレス倫理学）への回帰として再興した。

　徳倫理学の特徴は，行為の善悪やそれを判断する原理ではなく，「行為主体（agency）」に注目することであるとされる。「正しい行為とは何か」を問題にする狭義の「道徳」ではなく，正しい行為とは有徳な人が行う行為であるとして，「有徳な人とはどんな人か」「有徳な人ならどう行為するか」，さらには，「私はどんな人であるべきか」（Hursthhouse, 1999：15，邦訳：27）を問う。

　徳倫理学が伝統的な道徳理論を批判するのは，ある状況を切り取って「どう行為すべきか」を義務や行為の帰結の推測から導こうとする道徳理論では，「私は何を大切にしていかに生きるか」という実践的な問いに応えられないこと，そして，義務論や功利主義が説く道徳では，他者への義務や全体の利益が優先され，自己の幸福に積極的価値が置かれていないことからである。徳倫理学は，道徳原理ではなく，「どうすれば有徳な人になれるか」という実践的な問いを立てることによって，義務や利益に限定されない人間の生の豊かさを捉えようとしているといえよう。

　とはいえ，徳倫理学と他理論の境界は，徳倫理学の主張ほど鮮明ではない。

　確かに，アリストテレスは，「ある行為が正しいと言われるのは，正しい人々が行うであろう仕方で行為する場合である」（NE：1105b4）という。ところが，その直前では，「我々は諸々の正しい行為を為すことによって正しい人となる」（NE: 1103a30-b）と，まったく逆にみえる主張をしている。「正しい人」になろうとすれば，従来の倫理学理論同様に，「正しい行為とは何か」が問題にならざるをえないのではないか。また逆に，徳倫理学が批判する伝統的倫理学，たとえばカントにも徳をめぐる豊かな考察がある。では，徳倫理学に固有の主張とは何だろうか。

　徳倫理学の独自性を捉えようとすると，まず出会うのは，その多様性である。この半世紀に徳を主題にした主要な思想家をあげるだけでも，アンスコム（Anscombe,G.E.M.），フット（Foot,P.），マッキンタイア（MacIntyre,A.），テイラー（Taylor,C.M.），ヌスバウム（Nussbaum,M.C.）など，多彩である。さらに複雑なのは，その揺籃期にあたる1980年代までは，コミュニタリアニズムによる伝統回帰思潮と一体的に語られることが多かった徳への教育が，リベラリズムからも議論されるようになってきたことである。現代では，善か正義か，伝統か革新か，という二項対立を超えた新たな徳倫理学が形成されつつある。

　その多様性ゆえに，徳倫理学の全体像は捉えにくい。また，徳倫理学とは出自の異なる価値教育や人格教育の実践を広義の徳倫理的アプローチとみなす傾向もみられる。本章では，徳倫理学の理論的枠組みを確認した上で，その今日的動向を道徳教育の視点で明らかにしていこう。

❷ 徳倫理学の基本概念─実践知と幸福─

　徳倫理学は，多様な理論を内包するが，「徳」に注目する点では共通である。では，徳倫理学における徳とは何か。まずこの問いから始めよう。

　徳倫理学再興の契機となったのはアリストテレスへの注目であり，彼の思想は徳倫理学の理論的支柱となってきた。ここでも，アリストテレスを手掛かりにしてみよう。

　徳倫理学で広く受け入れられている徳の定義はこうである。「徳とは，選択

に関わる性格の状態であって，理性によって，また，実践知を備えた人が行う
ような仕方で決定される中庸において成立する」（NE：1106b36-1107a2）。

　徳は，現実のさまざまな状況において適切に行動するための「選択」に関わ
っていて，その判断は，「実践知」（フロネーシス，英訳は practical intelligence）
の働きを要請する。これはどういうことだろう。

　そもそも，ある性格が徳，すなわち優れているといえるのはなぜか。たとえ
ば，蛮勇と臆病の「中庸」であるとされる勇気が，前二者よりも「優れてい
る」のは，その状況に相応しい行為（この場合は勇気）とはどうすることかを決
める働きによって，適切な行為が選択されるからである。

　アリストテレスは，人柄に関わるさまざまな徳（倫理的徳）に対し，それら
を主導する「実践知」を「知性的徳」と呼んで区別した。人柄に関わる徳（勇
気・節制・友情・正義など）が性格的卓越性を有するのに対し，実践知は，それ
らの獲得を可能にする理性的な働きである（なお，知性的徳には，学問的知性（エ
ピステーメ）も含まれるが，実践知は，特に実践に関わる知恵を指し，「賢慮」や「慎
慮」などとも訳されてきた）。

　「性格の状態（ヘクシス）」とは，身に付けていること（繰り返すことによって持
続的となった状態）である。一般に，アリストテレスは，徳の獲得において習慣
を重視したことで知られるが，重要なのは，それが「選択」に関わっていると
いうことである。ここで繰り返されるのは，行為ではなく，選択である。徳倫
理学が「行為」でなく「人」を問題にするのは，一回限りの行為ではなく，選
択の繰り返しで人格が形成されるプロセスに注目しているからである。

　アリストテレス倫理学，そしてその継承を標榜する徳倫理学の特徴は，この
徳のある生，すなわち，よく生きることを「幸福」（エウダイモニア）と結びつ
けることである。「エウダイモニア」の英訳は，徳倫理学では，happiness や
well-being ではなく，"flourishing"（開花，繁栄，自己実現）が選ばれる。幸福
に，快楽の追求とは異なる意味を込めているためである。

　カントが幸福を「自愛」とよんで道徳性と峻別し，功利主義では個人の幸福
追求と公共の利益を対立的に捉えるのに対し，アリストテレスには，幸福と善

や正義との対立がない。人生の目的は幸福であり，徳は，それを有する人の幸福を構成するとみなされているのである。

　徳倫理学は，幸福を快楽とは異なる"flourishing"として提起することで，自己実現の徳を他者や社会に関わる徳と同様の重み付けをもって扱う。相互に相反する可能性もあるさまざまな徳を実践において調停するのが，実践知の働きである。この徳への包括的な視点が，徳倫理学の多様性を拓いたといえよう。

第2節　徳倫理学における道徳教育の構想

1 「徳を身に付ける」とはどういうことか

　初期の徳倫理学では，徳を「持つことが望ましい性格特性」と位置づけ，それらの徳に知的能力は含まれない，とする見方が支配的であった。そのため，道徳教育の目的は，特に年少時を中心に，生活経験のなかでの模倣や習慣形成，たとえば物語などを通してロールモデルとなる人の生き方に学び，豊かな感情や共感，道徳的感受性を育むこととされてきた。

　しかし，この解釈には，実践知の育成が十分に反映されていない。徳倫理学が，認知と情動の二分法を超えた実践知を軸に，性格的徳と知性的徳を統合する道徳教育の構築へ向かうのは自然な流れといえよう。

　確かに，アリストテレスは，性格的徳の形成において習慣を重視している。しかし，それは，考えなしにルーチンを反復することではない。「しかるべき時に，しかるべきことに基づいて，しかるべき人びとに対して，しかるべきものを目指して，しかるべき仕方で」（NE：1106b21-22）という表現が示唆するのは，徳は，さまざまな状況においてふさわしい行為をその都度実践知を行使して判断し選択する，その繰り返しによって形成されるということである。「身に付けている状態（ヘクシス）」とは，この繰り返しの結果，未知の事態に対してもそれを発揮する能力が備わっている状態であり，「行為する能力」と呼ぶのがふさわしい。現代の「コンピテンシー」に通じる概念といえよう。

　性格形成における実践知の働きに注目したマッキンタイアはこう断言する。

「フロネーシスは知性的な徳であるが，それがなければ性格的な諸徳はどれ一つとして行使されえない」。(MacIntyre, 1981：154，邦訳：189)。

　徳は，自然的性向（生まれつきの性格）が，経験と熟慮と実行力によって導かれ，さまざまな状況において適切な行動を選ぶ選択を繰り返していくなかで，形成される。そのプロセスで働いているのは，状況を解釈し，それに対応して自らの行為を調整する実践的な思考，すなわち，実践知である。したがって，徳の育成には，実践知を使い，育む道徳教育が要請されるのである。

2　徳の学習とスキル

　徳に知性的徳を含めるべきかについては，現代の徳倫理学においてもなお対立がある。近年では，徳を身に付ける視点から，徳をスキル学習のアナロジーで捉えた学習論が展開されるようになっている。

　たとえば，アナス（Annas, J.）は，徳は，一度身に付けて終わりではなく，発達するものだとして，その過程での学びの変化に着目する。アナス（2011）によれば，徳とスキルの類似点は，社会的・文化的文脈のなかで実践的に学ばれ，身に付けられること，そして，初学者は模倣により学ぶが，やがて，状況に応じて行為を調整し，改善していく自己指導的な学びへ移行していくことである。徳の学びでは，子どもは最初，大人の行為や評価を模範にしながら「思いやり」を学ぶが，長ずるにつれて，その概念を自身の経験や内省を通して発展していく。スキルも徳も，学びには，省察的実践と自己調整を必要とするのである。

　スキルの熟達者には初学者に見えないものが見える。同様に，有徳な人には，他の人には見えないもの（たとえば，他者の痛みや苦しみ）が見える。有徳な人とは，同じ状況を体験しても，その状況に対する見方が違う人なのである。

　では，徳とスキルの違いは何だろう。

　この問いには，アリストテレス自身も答えている。すなわち，目的を実現するためのスキル（テクネー：技術知）と異なり，実践知には，目的自体の吟味が含まれるとされている。実践知は，単に目的を実現する方法知にとどまらず，目的の背後にある価値観や目的の正当性への批判的検討を求めるのである。

　だが，徳の学習が所属集団のなかで大人をモデルに学ぶことから出発するのであれば，その所与の文脈への批判的検討は可能だろうか。

　アナスは，この問いに，徳の学びにはその力がある，と答える。なぜなら，実践知には，行為選択の理由の吟味が求められるからである。さらに，もっとも重要なのは，徳の学びには，所属集団の個別的な文脈を超えて，徳の普遍性に引き寄せられ，「思いやりとは何か」「これが思いやりのある行為といえるか」と問う可能性が開かれていることである。先人や書物との対話は，徳の学習者を「今，ここ」を超え出て，多様な対話と熟慮へ連れ出すのである。

3　熟慮と議論の徳

　徳倫理学を基盤とする道徳教育における難題のひとつは，「有徳な人になりたい」という意欲をどう育てるか，であろう。「有徳な人」というロールモデルが，現代の子どもたちにとって内発的動機づけとなりうるだろうか。

　スノウ（Snow,N.）は，今日の西欧社会では，「普通の人々が，徳をそれ自身のために身に付けたいと動機付けられることはない」（Snow, 2016：140）と指摘し，人生の他の目的を追求するために徳を育てるという動機を肯定する。

　人は，よい教師，よい親，優れたスポーツ選手になりたいという目標に導かれて，ロールモデルに従う。そのなかで，思いやりや誠実，努力など，目標の実現にさまざまな徳が要請されることを学ぶ。この学習自体が，人生の価値ある目標の追求であり，徳を育てる習慣形成の過程と捉えられているのである。

　一方，アナスは，ロールモデルだけでは不十分で，もっと意識的な，徳の視点で自らを振り返る熟慮（deliberation）が必要だとする。そこで，行為を振り返って，なぜ勇気が必要なのか，勇気とはどういうことかを意識し，教師や仲間からのフィードバックを得ることで実践知を育成していく学習を構想する。

　徳倫理学からの多様な道徳教育の構想と並行して，かつて徳に冷ややかであったリベラリズムからも，内容的な徳を育成する教育論が提起されてきている。ガットマン（Gutmann,E.）は，答えがひとつでない実践的な問題解決に向け，学校教育における「熟議（deliberation）に必要なスキルと徳の涵養」を求

める（Gutmann, 2000）。ガットマンによれば，熟議には，批判的思考力や状況知，他者の視点の理解が要請されるのであり，それらは，誠実さや相互尊重などの徳とともに，さまざまな人びと，さまざまな見方から学ぶことで養われる。

逆に，徳は統一的で，諸徳の間に対立は生じないとしてきた徳倫理学では，善の複数性に向き合い，相互に解決しがたい不一致を尊重して，対話と議論を求める理論（Swanton, 2005）が展開されるようになっている。

こうした変化の背景にあるのは，善き生の多様性を尊重しつつ協働する社会の実現が，立場を超えて目指されるようになってきたことだろう。これまで徳倫理学には，徳の形成を個人の問題と捉える傾向があった。多様な他者に開かれるという複数性の視点が生まれたことによって，徳倫理学は現代社会における道徳教育の構想をいっそう発展させていくだろう。

第3節　展　　望

徳倫理学を基盤とする道徳教育は，いまだ形成の途上にある。

スノウ（2002）は，徳や価値を教えようとする前に，子どもの現実から出発して，子どもの現実の幸福（well-being）を，彼らが生きるために何を必要としているかを考えなければならない，という。徳倫理学が，子どもの「今，ここ」の幸福を正面から受け止めてこなかったのではないか，という指摘である。

元来，徳には，聖人君子とか，高尚なものと結びつくイメージがあり，徳倫理学も卓越主義（perfectionism）であるとされる。「有徳な人ならどう行為するか」という問いは，子どもが徳からは遠い未熟な存在であることを前提とすることで，道徳教育の可能性を狭めてしまうのではないだろうか。この疑問は，徳倫理学の本質的な問い――徳のある人とは誰か――に通じている。スワントン（Swanton, C.）は，この問いに対し，すべての人が徳への発展途上にあるとして，互いに補い合うための対話や熟議の意義を強調する（Swanton, 2016）。

有限な人間にとって徳の成熟は遠い。それは，徳とともにあるとされる幸福が遠のくことでもある。有徳な人ですら，克服できないような悲惨な状況に陥ることもありうる。それゆえに，ヌスバウム（2001）は，幸福を求める人間の

弱さや傷つきやすさ（vulnerability）を道徳性の基盤と捉える。幸福が人間にとって共通の願いであり，しかしまた，その願いが多様なものであるなら，そして，その多様な願いゆえに有徳の人でさえも傷つき苛まれざるをえないのなら，徳への道も，人間の弱さや傷つきやすさへの等しいまなざしを共有しつつ，多様性・複数性を実現しなければならないだろう。

「有徳な人ならどう行為するか」。その問いは，もうひとりのあるべき私自身への問いであり，その実像は，多様な善き生の理想を描く人びとと共に生きるこの世界のなかで，実践的に問われ続けていく問いなのである。

●参考文献●……………………………………………………………………………………

＊アリストテレス『ニコマコス倫理学』からの引用は，本文中に（NE：ベッカー版ページ番号・段落番号）を表記した。

Annas, J.（2011）*Intelligent virtue,* Oxford University Press.

Gutmann, E.（2000）"Why should schools care about civic education?" In L. M. McDonnell, P. M. Timpane, & R. M. Benjamin（Eds.）*Rediscovering the Democratic Purposes of Education : Studies in Government and Public Policy,* University Press of Kansas.

Hursthouse, R.（1999）*On virtue Ethics,* Oxford University Press.（土橋茂樹訳〔2014〕『徳倫理学について』知泉書館）

MacIntyre, A.（1981）*After Virtue,* Second Edition, University of Notre Dame Press.（篠﨑榮訳〔1993〕『美徳なき時代』みすず書房）

Nussbaum, M.（2001）"The vulnerability of the good human life: Relational goods," *The Fragility of Goodness : Luck and Ethics in Greek Tragedy and Philosophy,* Cambridge University Press.

Snow, N.（2002）"Virtue and the Oppression of Women," *Canadian Journal of Philosophy Supplementary.* 28: 33-61.

Snow, N.（2016）"How habits make us virtuous," In J. Annas, D. Narvaez, & N. Snow（Eds.）*Developing the virtues. Integrating Perspectives,* Oxford University Press.

Swanton, C.（2005）*Virtue Ethics : A Pluralistic View,* Oxford University Press.

Swanton, C.（2016）"Developmental virtue ethics," In J. Annas, D. Narvaez & N. Snow（Eds.）*Developing the virtues. Integrating Perspectives,* Oxford University Press.

第24章 子どもの哲学 (P4C)

———— 土屋　陽介

第1節　子どもの哲学の概要と，世界各地での取組

　「子どもの哲学」とは，1960年代末から70年代前半にかけて，アメリカの哲学者リップマン（Lipman, M.）によって始められた教育活動である。英語での名称は"Philosophy for Children"。その頭文字を取って，しばしば"Ｐ４Ｃ"（ビー・フォー・シー）と略記される（"for"は遊び心から"4"と当て字されている）。日本国内では，「子どもの哲学」の他に，「こども哲学」「てつがく」「探究の対話p4c」といった名称でも知られている。

　子どもの哲学は，もともとは対話を通した思考力の教育（クリティカル・シンキング教育の一種）として始まった。そこで行われるのは，「哲学対話」とよばれる，一種独特な「考えを深めるための対話」である。たとえば，「幸せってなに？」「ロボットも心を持つことはできる？」「どんなルールも守らなければならないの？」とったような，答えが必ずしもひとつに決まるとは限らない素朴な哲学上の問いを巡って，子どもも大人（教師）も一緒に輪になって対話する。他者の多様な意見や価値観を聞き合い，お互いに問い合って意見を述べ合うなかで，ゆっくり，じっくりと考えを深めていく。このような共同探究的な対話の体験を繰り返すことで，子どもたちは「傾聴」「質問」「仮説形成」「推論」といった，他者とともに思考し探究する上で必要なスキルや態度を自然に身につけていく。以上が，子どもの哲学の大まかな内容と，本来のねらいである。

　哲学対話はあくまでも「考えを深めるための対話」であるため，自分の意見を「話す」ことよりも，相手の話を「聞いて，考える」「わからない点をお互

いに問い合う」ことに力点が置かれる。このような対話空間（リップマンはこれを「探究のコミュニティ（共同体）」とよぶ）を作り出すための方法は実践者によってさまざまだが，たとえば筆者の場合には，以下のような「心得」を示して中学生と一緒に哲学対話を行っている。[1]

---

① 手をあげて話すことよりも，よく考えることを大事にしよう。
② 真剣に考えたことであれば，ほかの人を傷つける発言でないかぎり，どんなことでも自由に話してよい。
③ わからないときは恥ずかしがらずに「わからない」といおう。
　＊「意見」よりも「質問」を大事にしよう。
④ 沈黙は気にしない。
⑤ 相手の話をよく聞こう。
　＊相手の考えをいかして自分の考えを深められるように。
　＊教室にいる全員が安心して自分の考えを話せるように。

　子どもの哲学の授業では，以下の5つのステップを踏んで哲学対話を行うことが一般的である（土屋，2019b：189-217）。① 教師も子どもも一緒にお互いに顔を見合える体勢で座る。② 考えの素となる素材・教材（絵本や映像作品など）をシェアする。③ 今回の授業で考える「問い」をつくる。④ 教師がファシリテーターを務めて「問い」を巡って哲学対話する。⑤ 対話のふりかえりを行う。しかし，子どもの哲学には「絶対にこのように行わなければならない」というような方法上の制約はほとんどない。子どもの哲学は「授業の方法論」ではなく，対話を手がかりに子どもたちが安心して自由に考えられる空間を教室（学校）のなかに作り上げていくという教育実践だからである。それゆえ逆にいえば，どんな場面にもあてはめられるマニュアル的な方法は，子どもの哲学には存在しない。

　アメリカで始まった子どもの哲学は，半世紀のうちに世界各地へと広がり，現在では日本も含めて約60の国や地域に草の根的に普及している。対象となる子どもの年齢や属性は多種多様であり，たとえばフランス・パリ近郊のジャック・プレヴェール幼稚園では，さまざまなルーツをもつ園児たちが一堂に会して哲学対話を行っている（この実践の様子は，『ちいさな哲学者たち』という教育

ドキュメンタリー映画を通して視聴することができる）。このような，未就学児を対象とした子どもの哲学の取組も世界各地でみられる。

　学校教育のなかで比較的組織的に取り組まれている国の一例としては，オーストラリアをあげることができる。西山渓（2020）によると，オーストラリアの子どもの哲学の特徴は，さまざまな教科の授業のなかに哲学対話の要素を取り入れようとする傾向が強くみられることである。たとえば，クイーンズランド州にあるビューランダ州立学校では，特定の授業のなかで特定の教員だけが哲学対話に取り組むのではなく，子どもたちが学校全体を通して哲学や哲学対話を経験できるようなカリキュラムと仕組みが整えられており，そのための教員に対する研修やサポートも充実している。このような教員・実践者支援のためのプログラムが充実していることも，オーストラリアの子どもの哲学の特徴である。

　また，西山によると，「何らかの不正義や不平等（貧困，民族・人種の対立，戦争など）」が存在し，それによって社会の分断が進んでいる地域において，そうした社会のあり方を変革していくための土台をつくる「民主主義の実践」として子どもの哲学が取り組まれることもある（西山，2020：305）。その例として西山は，イスラエルおよびハワイのカイルア地区での子どもの哲学の取組を紹介している。これらに加えて，ブラジルのファベーラや南アフリカのタウンシップ（どちらも貧困地区）の学校で子どもの哲学が実践されている例もある。

　なお，アジアの国々にも子どもの哲学は普及している。日本に先行して取り組んできた国や地域の例として，韓国，台湾，香港，シンガポールの名前をあげておきたい。

第2節　子どもの哲学と道徳教育

　子どもの哲学は，海外においても日本国内においても，道徳教育の一環として学校のなかで取り組まれるケースが多い。しかし，もともとは思考力教育の手法である子どもの哲学が，なぜ道徳教育に応用可能なのだろうか。本節ではこの疑問に対して，リップマンの教育理論と，ハワイの子どもの哲学の実践の

なかから生まれた「知的に安全な探究のコミュニティの醸成」という教育理念
の２つを参照して考察する。

1 哲学対話を通した道徳的思考力の育成[2)]

　リップマンは，道徳教育の結果として子どもたちがある特定の道徳的諸価値
の重要性を理解・納得できるようになったとしても，それだけではまだ道徳性
を身につけたことにはならない，と考える。道徳的な判断や行為の妥当性は，
常にそのときどきの個別の状況や文脈の影響をうけるからである。たとえば，
「平和には価値がある」「暴力は悪である」という道徳的言明は，一般論として
は誰もがその正しさを納得して受け入れるだろう。しかし，平和の価値を十分
に理解し納得している人であっても，その人が現実世界で生きるなかで次のよ
うな個別的な問題に出会ったら，それに対してどのように判断を下すことが道
徳的に妥当であるか，その都度立ち止まって考えざるをえない。[3)]

- 友人が理不尽な暴力をうけているのを目の当たりにしたときに，それでもな
  お非暴力を貫くことは，道徳的に正しいふるまいだろうか？
- 暴力が悪である以上，私たちはいますぐ世界中の紛争地域に出向いて，自ら
  の命を賭して戦争を止めるように説得を行うべきだろうか？
- 現に暴力によって人を殺した殺人者に対して，社会が「死刑」という名の暴
  力を加えることは，道徳的に正しいことだろうか？

　以上のことが示しているのは，ある特定の道徳的諸価値の重要性を一般的に
理解していても，そのことから直ちに道徳的な判断や行為に至ることができる
わけではない，ということである。そうした価値を，実人生において遭遇する
個別的な場面のなかで適切に実現することができてはじめて，私たちは道徳的
に適切な判断を下し，道徳的に行為することができるのである。そのために必
要なのは，状況や文脈に即して理性的に思考する「道徳的思考力」である。
　リップマンによれば，子どもの哲学は，まさにこの「道徳的思考力」の育成

に有効な教育実践である。複数の道徳的諸価値が葛藤し合っている状況や，一見すると自明に思える倫理原則がうまく機能しない特定の文脈を示し，そのような場面でどのような道徳的判断を下すべきかを多面的・多角的に考え議論することによって，子どもたちは個別的な状況のなかで道徳的な判断を下す練習を繰り返し行うことができるからである。道徳的なテーマを巡る哲学対話を通して，個々の状況に応じた道徳的に適切な判断や行為はどのようなものかを，子どもたちはさまざまな思考のスキルを発揮しながら考えるようになる。そして，そのようなスキルの発揮をお互いに模倣し合って内面化していくことによって，子どもたちは道徳的思考力を身につけていくのである。

2 哲学対話を通した知的に安全な探究のコミュニティの醸成

　アメリカのハワイ州で 1980 年代半ばから取り組まれている子どもの哲学は，リップマンの精神や方法を引き継ぎつつ，そこにさらにいくつかの新しい教育理念（および，それに伴う教育手法）を付け加えて，独自進化を遂げていることが知られている。そのなかでも特に，哲学対話を通して教室（学校）のなかに「知的に安全な探究のコミュニティ（intellectually safe community of inquiry）」を作り上げることは，ハワイの子どもの哲学がもっとも大切にしている理念の一つである。「知的に安全な探究のコミュニティ」とは，安心して自由にありのままに自分の考えを伝えて探究に参加できる場のことである。ハワイの子どもの哲学では，「思考を深める」ことと「知的に安全な探究のコミュニティを醸成する」ことは，哲学対話（哲学的探究）の「両輪」として不可分の関係にあり，どちらが欠けても哲学対話は機能しなくなると考えられている。

　ところで，「安心して自由にありのままの自分で探究に参加する」とは，具体的にはどういうことだろうか。たとえば，対話の参加者が互いに相手の悪口をいい合っていたり，特定の参加者の発言があからさまに無視されていたりしたら，そのような場で自由にありのままに自分の考えを伝えたいとは思えないだろう。このような場が知的な安全性を欠いていることは明らかである。

　しかし，「知的に安全な探究のコミュニティ」というのは，さらに複雑で繊

細な概念である。ハワイ大学でハワイ流の子どもの哲学を修得し，ハワイと日
本の双方で実践を重ねている豊田光世は，次のような思いが頭をよぎって発言
をためらうような場も，知的な安全性が欠けていると指摘する（豊田, 2020：
34）。

［A］こんなことをいったら他の人にばかにされるのではないか。
［B］どうせ他の人も同じようなことを考えているから，いわなくてもいいや。
［C］せっかく発言するなら，すごいと思われることをいいたい。
［D］自分が考えていることって，正しいかなぁ？
［E］でしゃばりだと思われたら嫌だなぁ。

　［A］［C］［D］は，周りからどのように思われるか（どのように評価される
か）が気になって，自分が本当にいいたいことがいえなくなっている状況であ
る。本当はいいたいことがあるのに周囲の目が気になっていえない場面だけで
なく，［C］のように周囲に高く評価されたいがために本心を偽って発言する
場面もまた，知的な安全性が欠けていると考えられているのである。
　［B］［E］は，場の「空気」を読んだり，相手の内心を「忖度」したりする
ふるまいが暗に求められ，それに従うことで自分の考えを伝えられなくなって
いる状況である。するとたとえば，普段からみんなの前で堂々と発言できる子
どもが，発言者が誰もいないときにクラスメイトや教師から暗黙のプレッシャ
ーをうけて挙手するような場面も，やはり知的な安全性を欠いていることにな
る。「発言が活発になされている」からといって，必ずしもその場が「知的に
安全な探究のコミュニティである」とは限らない。逆に，クラスメイトの意見
を聞きながらひとりでじっくり考えている子どもが，誰からも発言を無理強い
されることなく（「いまは発言せずにひとりで考えたい」という意思が尊重されて）安
心して対話に参加し続けられていたら，その場は知的な安全性が確保されてい
るといえるのである。
　子どもたちが（教師もまた）上で述べたような不安から解放されて，安心し

て自由に探究に参加できることは，深まりのある哲学対話を行うための不可欠の条件である。このため，子どもの哲学では，子どもたちと教師がともに哲学対話に繰り返し取り組み，思考を深める楽しさを体感するなかで，哲学対話を行う教室が知的に安全な探究のコミュニティになるように参加者全員で促し合っていく。たとえば，誰かが発言していたらおしゃべりせずにしっかり聞く。どんな意見にも敬意を払い，茶化したり無視したりしない。わからないときは周囲の視線や空気に流されず，勇気をもって「わからない」と表明する。自分と違う意見に対しては，発言者の「人格」を否定することなく，発言者の「意見」に向けて質問や反論を行う。このような態度を子どもと教師がともに培っていくことで，みなが安心して自由にありのままの自分で探究に参加できる場が醸成されていくのである。

　このような，他者と自己に対する尊厳が十分に保障されたコミュニティが確立されてはじめて，私たちが道徳的にふるまうことは意味をもつようになる。知的に安全な探究のコミュニティを作り上げることは，道徳的価値に基づいて道徳的に行為することをそもそも可能にする基盤を作り上げることに等しいのである。この点において，子どもの哲学は道徳教育に大きく貢献する。哲学対話によって作り上げられる知的に安全な探究のコミュニティとは，お互いがお互いを個人として尊重し合うコミュニティであり，それはすなわち，私たちの道徳性の基盤を成すコミュニティなのである。

第3節　子どもの哲学のこれから

　子どもの哲学は，近年では日本国内でも注目が高まっている。特に2010年代以降は，全国各地の学校で取り組まれるケースが増えている。当初は都市部の私立小中学校や，お茶の水女子大学附属小学校などの取組が中心であったが，10年代半ば頃になると宮城県内で「p4cみやぎ」のムーブメントが起こり，仙台市や白石市の公立小中学校を中心として，道徳科の枠組みのなかに哲学対話を取り入れた授業が盛んに実践・研究されるようになっている。以上はあくまでも一例であり，道徳科や他の教科のなかに哲学対話を取り入れる授業

実践は，全国各地の学校教員や研究者によっていままさに研究・開発が進められている最中である。筆者自身も実践者の1人として，これからの日本の学校教育に子どもの哲学がますます取り入れられるようになることを願ってやまない。

・注・··

1）筆者は，所属大学の系列校にあたる中高一貫校において，道徳科の授業のなかで週3時間，クラス担任の教員とティームティーチング体制で子どもの哲学の実践に取り組んでいる。筆者が行っている子どもの哲学を取り入れた道徳授業についてと，ここで紹介している「心得」の詳細については，土屋（2019b：22-58），および，土屋（2019a）を参照されたい。

2）本項で概説する議論の詳細については，土屋（2018）を参照されたい。

3）以下の個別的な問題の例は，リップマンが *Thinking in Education* のなかであげているものを参考にして，そこにさらに具体性を補って筆者が作成したものである（Lipman, 2003：113, 邦訳：165-166）。

・参考文献・··

Lipman, M. (2003) *Thinking in Education,* second ed., Cambridge University Press. （河野哲也・土屋陽介・村瀬智之監訳〔2014〕『探求の共同体：考えるための教室』玉川大学出版部）

土屋陽介（2018）「『考え，議論する道徳』の哲学的基礎づけ：フロネーシスの教育の観点から」『開智国際大学紀要』17：41-54

土屋陽介（2019a）「哲学対話を取り入れた道徳科授業の学習指導案例」荒木寿友・藤井基貴編著『道徳教育（新しい教職教育講座　教職教育編　7)』ミネルヴァ書房：129-135

土屋陽介（2019b）『僕らの世界を作りかえる哲学の授業』青春出版社

豊田光世（2020）『p4c の授業デザイン：共に考える探究と対話の時間のつくり方』明治図書

西山渓（2020）「海外の現状」河野哲也編『ゼロからはじめる哲学対話：哲学プラクティス・ハンドブック』ひつじ書房：297-314

第25章 市民性教育／シティズンシップ教育

──────菊地　かおり

第1節　1990年代以降の市民性教育をめぐる潮流

1 シティズンシップの定義

　本章では，近年の市民性教育（シティズンシップ教育，以下，互換的に用いる）をめぐる動向を概観しつつ，そのなかで求められる市民のあり方と，道徳あるいは価値の位置づけについて検討する。

　シティズンシップは多義的な概念であり，日本では，市民として備えるべき資質を意味する場合に「市民性」という訳が用いられることが多い。ただし，シティズンシップはその他にも「国籍」や「市民権」といった，市民を法的側面から定義する意味合いも含まれる。たとえば，柄谷はシティズンシップの要素として，法的地位，権利，望ましい活動をあげている（柄谷，2001）。

　シティズンシップの定義としてよく参照されるのは，マーシャル（Marshall, T.H.）のものであり，「シティズンシップとは，ある共同社会の完全な成員である人びとに与えられた地位身分である」（Marshall & Bottomore, 1992 : 18, 邦訳 : 37）とされる。デランティ（Delanty,G.）はより簡潔に，シティズンシップは「政治共同体の成員資格」を意味するとしている（Delanty, 2000 : 9, 邦訳 : 19）。つまり，シティズンシップはa）誰が政治社会の一員であるのかという成員の範囲，また，b）その一員であることは何を意味するのかという成員の要件にかかわる概念であるといえる。

　日本においては，シティズンシップや市民性はもちろんのこと，市民という言葉自体，あまりなじみがないかもしれない。近年の日本において市民の活動

や市民社会論への注目が高まるのも，特定非営利活動促進法（NPO法）の成立などをうけた1990年代後半になってからである（植村，2010：296-301）。

一方で，国家の成員を意味する国民は，日本においては「国民であること＝日本人であること」とみなされることが多い。このとき，国民は，法的地位や権利を享有する主体（citizen）としてよりも，ナショナル・アイデンティティを共有する人びと（nation）として理解される。日本においては，社会契約に基づいた国家と個人の関係性という視点が弱いことも市民という言葉が用いられない一因として考えられるだろう。

2 市民性教育への関心の高まり

シティズンシップの定義と同様に，何を市民性教育と捉えるのかは論者や研究分野によって異なる。たとえば，社会科教育の文脈では「公民的資質の育成」を市民性の育成と捉え，戦後の日本の教育課程におけるひとつの要素として説明されることもある。また，教育基本法に基づけば，「国家及び社会の形成者」の育成が目指されているという点で，国家の形成者＝国民とは異なる社会の形成者＝市民の育成が教育理念として含意されてきたという解釈も可能である。ただ，現在の「シティズンシップ教育（citizenship education/education for citizenship）」への注目の高まりは，1990年代に生じた新しい潮流とみることができる。1990年代以降，シティズンシップ教育は各国の教育政策における重要課題となった。この背景には，新自由主義の隆盛や社会主義体制の崩壊などの政治・社会体制の変化と，それに伴う理論の展開がある。

3 シティズンシップをめぐる論点

シティズンシップ論においては，権利を重視する立場，義務や徳を重視する立場，参加を重視する立場など，いくつかの立脚点の違いが見出せる。またこれらの立場の違いは，自由主義（リベラリズム），共同体主義（コミュニタリアニズム），共和主義（リパブリカニズム）など，どの思想的立場からシティズンシップを定義するのかということにも関わってくる。自由主義と共和主義のシテ

図表25-1　シティズンシップをめぐる論点

	希薄なシティズンシップ論 （リベラル・近代的）	厚みのあるシティズンシップ論 （リパブリカン・古典的）
議論の特徴	権利の重視	権利と義務（責務）の相互関係の重視
議論の内容	市民の権利とは何か	市民としての実践とは何か
実践形態	消極的／受動的	積極的／能動的
共同体	必然悪としての国家（強制力の担保）	善き生活の基盤としての政治的共同体（必ずしも国家である必要はない）
地　位	純粋に公的地位	公的にも私的にも浸透している地位
個人像	独立的な個人	相互依存的な諸個人
自　由	選択を通じた自由	市民的徳の実践としての自由
成員資格	法的に権利として規定	道徳的価値によって規定

出所）岡野（2009：52）注14

ィズンシップに対する考え方の違いは，「希薄なシティズンシップ」と「厚みのあるシティズンシップ」という対比で特徴づけられることもある（図表25-1）。

4　市民性教育の多様なアプローチ

　シティズンシップ論にみるこれらの立場の相違は，市民性教育におけるアプローチの違いとしてあらわれることになる。たとえば，自由主義の立場からシティズンシップのあり方を構想するならば，何よりも市民の権利が重視されることになる。義務や徳を重視するアプローチでは，市民の自発的参加，特にボランティア活動が重視される。また，政治参加を重視するアプローチにおいては市民的徳の育成が求められることになる。

　戦後，福祉国家の理念のもとに発展した権利を中心としたシティズンシップの捉え方は，1980年代の新自由主義の隆盛においてその消極性や受動性が批判されることになる。つまり，市民には権利が与えられているものの，その義務が果たされていないという批判である。一方で，民主主義社会の維持という観点からは，市民に与えられた権利が行使されない状況が問題視されることになる。現在のシティズンシップ教育の中心的な理念となっている「行動的シテ

ィズンシップ（active citizenship）」は，福祉国家体制のもとでの自由主義的な
シティズンシップに対する新自由主義や共和主義からの批判から生まれたとも
いえよう。

第2節　市民性教育における道徳と価値の位置づけ

　市民性教育において道徳や価値をどのように位置づけるのかは，その前提と
なる思想的立場によって異なってくる。ここでは，市民的徳の育成を重視する
立場として，イングランドにおいてシティズンシップ教育の導入に大きな役割
を果たした政治学者のクリック（Crick,B.）の議論を取り上げて検討したい。

　クリックは価値の教授について，「価値をそのまま直接に教えることが可能
だとは，残念ながら私は考えていない。意味ある価値は，実体験か想像上の経
験から生じなければならない。そうでなければ丸暗記すべき一連のルールにす
ぎなくなってしまう」と述べている（Crick, 2000：124, 邦訳：176）。また，「人
格・社会性教育，宗教教育，道徳教育など名称は何であれ，価値を明確な目標
にしている教育は，論理学の言葉で言えば，健全なシティズンシップや健全な
振る舞いの『必要条件』ではあるが，『十分条件』ではない」（Crick, 2000：
129, 邦訳：184）と指摘している。クリックはこのように，価値の直接的な教
授は不可能であること，また，一定の価値を目標とすることは必要だが，それ
だけではシティズンシップ教育としては十分ではないとしている。

　イングランドにおけるシティズンシップ教育の導入を提起した報告書『学校
におけるシティズンシップのための教育と民主主義の教授』（QCA, 1998, 通
称，クリック報告）では，シティズンシップ教育の3つの要素のひとつとして
「社会的・道徳的責任」をあげている。[1]そのなかで，道徳的価値の発達に向け
た指導が不可欠であることと，子どもたちはすでに一定の概念を形成してお
り，生活のなかでそれが体験的に学ばれていることに注意を促している。

　「学校の内外において子どもたちが集団で活動したり遊んだりするとき，ま
たコミュニティの問題に取り組むときにはいつでも，この〔＝社会的・道徳的

責任の〕学びが発展させられなければならない。（略）道徳的価値と個人の発達に関する指導は，シティズンシップに欠くことのできない必須の条件である。（略）子どもたちはすでに学習や討論を通して，公正，法規則，意思決定，権威，彼らの身近な環境に対する態度，社会的責任についての概念を形成している。彼らはまた学校，家庭，その他の場所において，民主主義のなかで生活しているかどうか，どのような社会問題が彼らに影響を及ぼし，どれほど多様な圧力団体や政党がその問題について発言しなければならないかということについてある程度の知識を獲得している」（QCA，1998：2.11 (a)，下線引用者）。

　加えて，クリックは，実質的価値よりも手続き的価値を重視していた。「実質的な意味での正しい態度（『法の支配の尊重』『適正な個人主義』『階級なき社会』など何でもよいが）へと誘導する教育は，政治やシティズンシップの教育ではない」（Crick，2000：106，邦訳：150）とし，「市民的自由とシティズンシップを提唱し教えることで広めようとしているのは，自分が正しいと思っているあらゆる事柄や（哲学者たちのいう）実質的な価値ではなく，手続き的な価値である」（Crick，2000：105，邦訳：149）と述べている。手続き的価値としては，自由，寛容，公正，真実の尊重，理由を示す議論の尊重（respect for reasoning）をあげている（Crick，2000：156-167，邦訳：219-234）。

　このようにクリックが構想するシティズンシップ教育においては，責任の概念の発達を中核として価値や道徳の重要性が提起されているものの，それを目標として掲げることを慎重に避けているといえる。

第3節　国境を越えた市民性育成の取組

　1990年代以降の市民性教育の新たな潮流として，国境を越えた市民性育成の取組に着目したい。ひとつは，欧州評議会（Council of Europe）による「民主的シティズンシップのための教育（Education for Democratic Citizenship：EDC）」，もうひとつは，ユネスコによる「グローバル・シティズンシップ教育（Global Citizenship Education：GCED）」である。

1 ヨーロッパにおけるシティズンシップ教育

　ヨーロッパでのシティズンシップ教育の推進は，1992年に調印されたマーストリヒト条約による欧州連合市民権（Citizenship of the Union）の創設によるところが大きい。欧州評議会では，1997年に「民主的シティズンシップのための教育（EDC）」の推進が決議され，2002年に加盟国に対して勧告が出された。2005年には，欧州委員会の援助により，「教育を通じたシティズンシップの欧州年（European Year of Citizenship through Education）」が開催されている。欧州評議会は，市民を「社会のなかで共存する（co-existing）人」と定義し，国家の一員であることのみに捉われない，より包括的で多元的な概念の必要性を提起している（中山，2011：55-56）。

　また，欧州評議会と欧州連合（European Union：EU）の取組の相違について，欧州評議会が民主主義の文化を広めようとしているのに対して，EUは知識基盤社会で生きていく市民の育成を重視している。また，アプローチにおいても「欧州評議会が啓蒙活動やネットワーク作りによりEDCを広めようとしているのに対し，EUはインディケーターを開発して各国のランキングを作り，政策担当者にデータとして提示することで，各国の自発的な改善を促している」という（中山，2011：60）。

2 ユネスコのグローバル・シティズンシップ教育

　ユネスコが推進しているグローバル・シティズンシップ教育（GCED）は，2010年代に提起された新しい教育プログラムである。その発端は，2012年9月にパン・ギムン国連事務総長（当時）が提唱した「グローバル教育ファースト・イニシアティブ（Global Education First Initiative：GEFI）」にある。このなかで，グローバルな市民性の育成が教育における最優先事項のひとつとして掲げられることとなった。2013年以降，グローバル・シティズンシップ教育を定義し，また普及するための国際会議が開催されることになる（小林，2019：37-38）。GCEDは，2015年の持続可能な開発目標（SDGs）の目標4・ターゲッ

ト4.7において持続可能な開発のための教育（ESD）とともに言及されており，ユネスコが推進する教育プログラムの中核に位置づけられている。

ユネスコのGCEDは，「学習者の中に，人類社会全体が直面しているグローバルな諸課題に対して，<u>地域の視点及びグローバルな視点</u>の双方からよりよい解決の方策を考え，自らそれにかかわる動機づけを醸成する取り組みであり，またそれを通じて，より公正，平和，寛容，安全で，持続可能な世界を実現するために当事者として積極的な貢献ができる人を育成する教育の営み」と定義されている（UNESCO, 2014；小林，2019：39，下線引用者）。また，GCEDの学習課題は，ａ）認知，ｂ）社会・情動的スキル，ｃ）行動という３つの学びの領域から設定されており（UNESCO, 2015：29），単に知識を得るだけではなく，いかに行動につなげるかという点が重視されている。

第4節　市民性教育の課題と日本への示唆

国境を越えた市民性育成の取組に共通するひとつの大きな問いは，従来の国民国家の枠組みを超えるような市民の育成はいかにして可能か，というものである。グローバル化の進展による相互依存関係の増大のなかで，地球規模の課題に対する世界的な連帯が求められる一方で，自国第一主義へと傾斜する動きもみられる。国民国家を基盤とするシティズンシップ（ナショナル・シティズンシップ）が人びとの現実を強く規定している状況を受け止めつつも，その成員であることの意味を問い直し，より開かれたシティズンシップのあり方について多様な可能性を模索することが必要となっている。

現在の日本においては「国民＝日本人」という構図が支配的であり，改正教育基本法（2006年）や道徳教育においても色濃く反映されている。市民性教育に着目した取組は，グローバル化や日本国内の国際化・多文化化を踏まえ，多様な人びとの存在を前提としたアプローチの重要性を提起している。日本という国家，あるいはグローバル社会の一員であることの意味を，国民のみならず市民という観点から問い直し，多様な人びとが共に社会を構築するためのシティズンシップの再検討が求められる。

218

• 注 •……………………………………………………………………………………

1）その他のシティズンシップ教育の要素は，「コミュニティ参加」と「政治的リ
テラシー」の２つである。

• 参考文献 •………………………………………………………………………………

Crick, B.（2000）*Essays on Citizenship*, Continuum.（関口正司監訳〔2011〕『シティ
ズンシップ教育論：政治哲学と市民』法政大学出版局）

Delanty, G.（2000）*Citizenship in a Global Age : Society, Culture, Politics*, Open
University Press.（佐藤康行訳〔2004〕『グローバル時代のシティズンシップ：
新しい社会理論の地平』日本経済評論社）

Marshall, T. H. & Bottomore, T.（1992）*Citizenship and Social Class*, Pluto Press.
（岩崎信彦・中村健吾訳〔1993〕『シティズンシップと社会的階級：近現代を総括
するマニフェスト』法律文化社）

Qualifications and Curriculum Authority（QCA）（1998）*Education for Citizenship
and the Teaching of Democracy in Schools : Final Report of the Advisory Group
on Citizenship*,（The Crick Report）, QCA.

UNESCO（2014）*Global Citizenship Education : Preparing Learners for the
Challenges of the 21st Century*, UNESCO.

UNESCO（2015）*Global Citizenship Education : Topics and Learning Objectives*,
UNESCO.

植村邦彦（2010）『市民社会とは何か：基本概念の系譜』平凡社

岡野八代（2009）『シティズンシップの政治学：国民・国家主義批判』［増補版］白
澤社

柄谷利恵子（2001）「脱国民国家型市民権の理論的考察の試み：英帝国及び英連邦
を例にして」『比較社会文化：九州大学大学院比較社会文化学府紀要』7：89-99

菊地かおり（2018）『イングランドのシティズンシップ教育政策の展開：カリキュ
ラム改革にみる国民意識の形成に着目して』東信堂

小林亮（2019）「ユネスコの地球市民教育（GCED）が目指す共生型のグローバル
人材育成の試み：地球市民アイデンティティを育成する意義は何か？」『国際理
解教育』25：36-46

中山あおい（2011）「国を越えるリージョナル・シティズンシップを育成する教
育：ヨーロッパの事例から」『国際理解教育』17：55-64

嶺井明子編（2007）『世界のシティズンシップ教育：グローバル時代の国民／市民
形成』東信堂

第26章 SEL（社会性と感情の学習）

———渡辺　弥生

第1節　ソーシャルエモーショナルラーニングとは

1 目指す5つの力

　ソーシャル・エモーショナル・ラーニング（Social Emotional Learning：以下SEL）は，子どもたちの学びのエッセンシャルである。定義は，「SEL は，すべての青少年と成人が，アイデンティティを健全に発達させ，感情をマネジメントし，個人及び集団の目標を達成し，他人に共感し，思いやりを示し，支えあう人間関係を築き，維持し，責任ある決断をするための知識・スキル・態度を習得し，それを応用するプロセスである」と明記されている。すなわち，SEL は単なるひとつのプログラム名ではなく，子どもたちの人間力を教育的に推進し続ける包括的な体系であり，サステナブルな一大教育事業ともいえる。

　この SEL を支援する団体は 1994 年に設立された非営利団体 CASEL（the Collaborative for Academic Social and Emotional Learning）であり，アメリカのシカゴに拠点が置かれている（渡辺，2019，2020）。SEL が提唱する子どもたちの社会性と感情（情動）の学習が目指すのは，図表 26-1 に示されている5つのコア能力である。自己の理解，自己マネジメント（管理），責任ある意思決定，対人関係のスキル，他者の理解である。この教育の流れは，今や欧米だけではなく，オーストラリア，アジアなどにも広がっている。CASEL は，SEL のこうした5つのコア能力を育成する方法を体系化し，ルールはじめ評価，データ収集，関係者のチーム形成から遂行までのタイムラインを示し，同時に収集したデータを元に改善していくフローなど，空間的にも時間的にも隙間のない教

220

図表26-1　基本となる5つのコア能力

©2020 CASEL. ALL RIGHTS RESERVED.

自己の理解：自分の感情，思考，価値観を正確に認識し，それが行動にどのように影響するかを正しく把握し，適度な自信，楽観主義，成長マインドセットの感覚を持って，自分の強みと限界を的確に評価する能力。

自己マネジメント：様々な状況下で自分の感情，思考，行動をうまくコントロールする能力。ストレスを効果的に管理し，衝動を調節し，自分自身をやる気にさせ，目標を設定し，目標に向かって努力する能力。

責任ある意思決定：倫理基準，安全配慮，社会規範に基づいて，個人の行動や社会的相互作用について建設的な選択をし，様々な行動の結果を現実的に評価し，自己と他者の幸福を考慮する能力。

対人関係のスキル：多様な個人やグループと健全で実りある関係を築き，維持する能力，明確なコミュニケーション能力，傾聴能力，他者と協力する力，不適切な社会的圧力に抵抗する能力，建設的な葛藤交渉能力，必要に応じて助けを求めたり提供できる能力。

他者の理解：視野を広げ，多様な背景や文化を持つ人々を含む他者の視点に立ち，共感し，社会的・倫理的な行動規範を理解し，家族や学校，地域社会の資源や支援を認識する能力。

出所）https://casel.org/wp-content/uploads/2020/07/SEL-ROADMAP.pdf（2021年5月1日閲覧）

育体系を構築している。すなわち，教科，プログラム，カリキュラムを含むすべてを視野に入れ数年先まで見通した計画を提案している。対象も個人対応から，クラス，学校，家庭，地域社会，国家レベルというスケールにカスタマイズさせることができるように構築されている。SELに関わる人たちが互いに信頼し協力しあう関係を築けるよう，また有意義なカリキュラムと指導方法，さらにはサステナブルな評価を特徴とする学習環境と経験を確立する策が提案されている。この教育の営みは，教育の公平性に常に配慮がなされており年齢にかかわりなく共に繁栄する学校づくりと，安全で健康的で公正な地域社会に貢献することが目標として掲げられている。

2 SELの背景

　SELの背景には，1990年代のアメリカが抱える深刻な問題があった。当時，

ドラッグ，暴力，性被害といった問題が山積しており，なんとか予防できないかという気運が盛り上がっていた。1995年には，小学生から高校生まで550万人の子どもたちを対象に，学校に警察官が訪問して教育するという方針が取られた。しかし，これは成果を生まなかった。その後，政策として，落ちこぼれ防止法（No Child Left Behind），ゼロトレランスなど当時の大統領の鳴り物入りの教育改革も進められてきた。ゼロトレランスは，小学生でも停学させるなど問題を起こしたものに例外なく厳しく対応するという方針であった。しかし，結局子どもの道徳性や社会性は伸びず，逆に問題行動が増えるという弊害が報告された。そのようななかで，子どもたちの，感情コンピテンスや感情リテラシーといった「感情」が注目されるようになり，学力の向上やメンタルヘルスのためにも，社会性や感情の育成が重要であるという意識改革が推し進められたのである（山崎・戸田・渡辺，2013）。

1997年，CASELとASCD（Association for Supervision and Curriculum Development）は提携し，「教育者のためのガイドライン」を出版している。幼児から高校生までを対象に発達に応じたSELを遂行するために，教育者が活用しうる実践的なプログラムを提供した。その後20年間，CASELとその協力者によるイニシアチブにより，多くのエビデンスが蓄積されている。現場の状況に応じて，数ある魅力的なプログラムのなかからどのプログラムを選択すれば良いか，など信頼できる指針が示されるようになっている。CASELの駆動力には目を見張る進化があり，2015年に出版された『社会性と情動の学習の手引き』は，社会性や・感情（情動）についての学びのあらゆる側面をカバーする内容が含まれている。総勢100名近くの著名な執筆者によってまとめられており，その著しい成長を物語っている（Durlak, Domitrovich, Weissberg & Gullotta, 2015）。

3　理論的な枠組み

理論的には，1990年代半ばのゴールマン（Goleman, D.）の感情知能やガードナー（Gardner, H.）の多重知能に関する出版の影響が強い。メンタルヘルスの

みならず道徳判断や市民性，学力などさまざまな領域の研究においても，社会性と感情の発達は鍵となる。こうした社会性や感情リテラシーの向上は，知識だけではなく，教師や仲間との関係性を高め，学校にいる居心地や雰囲気などを含めた学習環境を望ましいものにすることから，学習意欲を高め，結果的に学習成果を高めることが明らかにされている（Zins, Weissberg, Wang, & Walberg, 2004）。213のSELのメタ分析からえられた知見では，幼児から高校生までの270,034人の生徒にSELプログラムを実施したところ，参加者は対照群と比較して，社会情動的スキル，態度，行動，学業成績が大幅に改善されたことが報告されている（Durlak, Weissberg, Dymnicki, Taylor, & Schellinger, 2011）。

第2節　学校の教育活動全体の土台となるSEL

1 カリキュラム・マネジメントとしてのSEL

　SELを学校全体に導入していくために，2020年には"SELプランナー"というガイドが紹介されている。図表26-2に示されるように，4つのエリアが想定されており，それぞれのエリアのミッションは，方略的に，システマティックに，効率よく実行できるように，必要な資料やマニュアルなどがすべてオンラインで閲覧あるいはダウンロードできるように整備されている。実際に，SELを学校に導入しようと決めた時点から，いつ何をすれば良いか具体的なモデルとなる計画のタイムラインが紹介されている。

　具体的には，最初の1ヵ月に校長はSELを熟知し，チームを立ち上げる。スタッフ，保護者，コミュニティ全体でこのSELを共有し理解するよう努める。次の2，3ヵ月でルーブリックなどを活用して，学校のニーズや現状などをアセスメントし短期目標を定めて，実行プランを考える。どのようなデータをいつ集めるかなども計画する。実行精度の高い計画と，関係者が互いに良好な連携ができるかどうかを見定め予算案を立てる。3ヵ月から11ヵ月では，目標や計画のもとに，教える側の大人自身の社会情動力を高めることが求めら

図表 26-2　学校へ SEL を導入するガイドライン

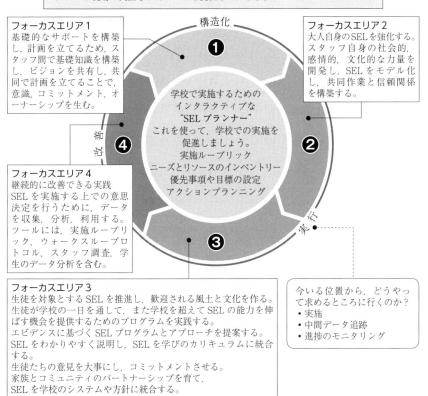

CASEl ガイドは，単体のプログラムやカリキュラムではありません。学校全体の SEL を達成するためのステップ・バイ・ステップのプロセスを提供する包括的なオンラインリソースです。4 つのフォーカスエリアで構成されたこのリソースは，SEL を戦略的，体系的，効果的に実施するための専門家のガイダンスと現場で実証されたツールを提供しています。

構造化

フォーカスエリア 1
基礎的なサポートを構築し，計画を立てるため，スタッフ間で基礎知識を構築し，ビジョンを共有し，共同で計画を立てることで，意識，コミットメント，オーナーシップを生む。

フォーカスエリア 2
大人自身の SEL を強化する。スタッフ自身の社会的，感情的，文化的な力量を開発し，SEL をモデル化し，共同作業と信頼関係を構築する。

学校で実施するためのインタラクティブな "SEL プランナー"
これを使って，学校での実施を促進しましょう。
実施ルーブリック
ニーズとリソースのインベントリー
優先事項や目標の設定
アクションプランニング

改善

フォーカスエリア 4
継続的に改善できる実践
SEL を実施する上での意思決定を行うために，データを収集，分析，利用する。ツールには，実施ルーブリック，ウォークスループロトコル，スタッフ調査，学生のデータ分析を含む。

実行

フォーカスエリア 3
生徒を対象とする SEL を推進し，歓迎される風土と文化を作る。
生徒が学校の一日を通して，また学校を超えて SEL の能力を伸ばす機会を提供するためのプログラムを実践する。
エビデンスに基づく SEL プログラムとアプローチを提案する。
SEL をわかりやすく説明し，SEL を学びのカリキュラムに統合する。
生徒たちの意見を大事にし，コミットメントさせる。
家族とコミュニティのパートナーシップを育て，
SEL を学校のシステムや方針に統合する。

今いる位置から，どうやって求めるところに行くのか？
• 実施
• 中間データ追跡
• 進捗のモニタリング

出所）https://schoolguide.casel.org/uploads/sites/2/2019/09/2020.10.22_School-Guide-Essentials.pdf（2021 年 5 月 1 日閲覧）を参考に筆者作成

れる。この時点で，当該の学校に最適なプログラムを選び，実際に実行していく。子どもたちの学びのプログレスをモニターできるように，さまざまなデータを収集していく。11 ヵ月から 12 ヵ月目には，ルーブリックを使って，子どもたちの成長を概観しデータの成果をまとめる。そして 2 年目の計画を立てる。2 年目に入ると，長期的な計画も立てる。チームの役割を反省し，会議や

データの収集，課題について話し合いを重ね，家庭やコミュニティにも今後の
プロセスを共有していく，新しいメンバーなども加え，さらに連携を深めていく。

2 教育者自身の力量を伸ばすアセスメント

　子どもたちの力量を伸ばすためには，実は，教育者自身の力量が要である。
教師の学級経営がうまいと，クラスの雰囲気や学校風土はポジティブなものに
なり，ひいては子どもたちの社会性や感情力を伸ばし，問題行動を軽減させる
と多くの研究で明らかにされている。SEL が優れているのは，こうした教え
る側の力量が効果を高めていることを可視化できるよう客観的なデータを常に
活用しようとする姿勢である。教師個人だけでなくチームとしての力量を高め
るためにもデータという客観的な指標を共有することが必要である。

　校長は，構成メンバーの話に常に耳を傾け，計画に対して柔軟な態度を取る
と同時に，計画を前に進める意思決定ができる人が求められる。構成メンバー
となる教員は，各学年，また各教科の代表，特別支援，など専門的なメンバー
も加わる。その他の教員もサポートスタッフとして加わり，全員が参加意識を
共有することが必要である。そのため，教える側の力量を高めるための自己評
価ツールが活用されている。メンバーすべてが自身の強みや今後伸ばすべきと
ころを客観的に探り，洞察を得るためのものである。自身で内省するだけでな
く，スモールグループで話し合い，SEL を実施していくために自分の強みを
生かし，また弱いところをどのように伸ばしていくかについて考える。仲間の
アイデアを参考にし，時には仲間をモデルにして，互いに力量を高めることが
求められている。

3 "発達的なレンズ" を重視

　幼児から高校生を対象としているが，発達のエビデンスが重視されている。
さまざまな年齢の子どもや若者が直面する発達や発達課題こそが，SEL の指
導方法から，SEL の評価の方法までを決定する上で関連づいていることはい
うまでもない。たとえば，5つのコアとなる力のひとつである，「自己の理解」

図表 26-3　社会的覚知の発達

就学前学校	小学校	中学校	高校
"基本的な"感情—嬉しい，悲しい，怒った，怖い，を表現する。	感情を調節するために考えたり，感情を意図的に隠したり表現したりする。	同時に"入り混じった"感情を経験できる。	経験する感情は，その個人の経験や個人的な特性による可能性が高まる。

図表 26-4　フレームワークからアセスメントまで

	就学前	児童期
フレームワーク	基本感情の理解	より複雑な感情を理解
標準	自分の感情を認識し命名	感情の強さを区別
教示	感情を喚起するロールプレイ	"怒りの温度計"
アセスメント	感情の知識を直接的教師評定	直接アセスメント教師評定

出所）https://casel.org/wp-content/uploads/2020/04/Keeping-SEL-Developmental.pdf（2021 年 5 月 1 日閲覧）

について考えてみよう。図表 26-3 に示す通り，就学前学校，小学校，中学校，高校の4つの発達的特徴がわかりやすく説明されている。就学前には基本的な感情の理解や表現ができるようになるが，小学校になれば感情を調節したり，意図的に感情を隠したり表現したりできるようになる。中学校になれば，嬉しいけど不安といった入り混じった感情を多々経験するようになり，高校になれば個人の経験や性格によってさまざまな感情的体験をすることになる。SEL に関わるものは，こうした発達的に変化するものをエビデンスとして理解した上で，実践のねらいや具体的な目標，実際に使うと良い実践方法や，子どもたちの成果を捉えるアセスメントを選択し，活用することが求められている。

　実際に実践を進めていく場合には，発達段階に応じて，図表 26-4 のようなフレームワーク，標準，教示，アセスメントを定める必要がある。生徒のコンピテンシーを向上させるためにそれぞれのねらいを具体化して，保護者などとも"発達的なレンズ"を意図的に共有することができれば，効果はさらに期待される。

4 エビデンスに基づいたプログラムの紹介

　SEL のプログラムのひとつとしてリストに掲載されるためには厳しい基準をクリアする必要がある。どのような発達の子どもを対象に実施して効果がみられたのかという視点も必要であるが，統制グループとの比較，アセスメントを用いたプリテストとポストテストからの効果の検証など科学的に効果が認められる研究方法が用いられている。統計的な検定によってもその効果が確認されていなければならない。選び抜かれたプログラムは，どのような効果の検証がなされたかすべて，CASEL のホームページから随時情報を得ることができる。代表的なプログラムとして，PATHS，RULER Approach などがある。

　日本でも，SEL の考え方は普及しはじめており，いくつかの学校で導入されはじめている。日本 SEL 研究会（https://j-sel.org/）なども設立されており，日本の学校に馴染む SEL を考えようという機運は起こりつつある。今後は，学校に関わるものすべてがこの SEL について共有し，子どもたちの社会性や感情力を伸ばし，子どもたちがワクワクと，学ぶ意欲を高められるよう願いたい。

・参考文献・‥‥‥‥‥‥‥‥‥‥‥‥‥‥‥‥‥‥‥‥‥‥‥‥‥‥‥‥‥‥‥‥‥‥

　Durlak, J. A., Domitrovich, C. E., Weissberg, R. P., & Gullotta, T. P. (Eds.) (2015) *Handbook of social and emotional learning : Research and practice,* Guilford Press.

　Durlak, J. A., Weissberg, R. P., Dymnicki, A. B., Taylor, R. D., & Schellinger, K. B. (2011) "The impact of enhancing students' social and emotional learning. A meta-analysis of school-based universal interventions," *Child Development,* 82 (1): 405-432.

　Zins, J. E., Weissberg, R. P., Wang, M. C., & Walberg, H. J. (2004) *New Building school success through social and emotional learning : Implications for practice and research,* Teachers College Press.

　星友啓 (2020)『スタンフォードが中高生に教えていること』SB 新書

　山崎勝之・戸田有一・渡辺弥生編 (2013)『世界の学校予防教育』金子書房

　渡辺弥生 (2019)『感情の正体―発達心理学で気持ちをマネジメントする』筑摩書房

　渡辺弥生 (2020)「道徳性を育成するソーシャルスキルトレーニング」西野真由美編著『道徳教育の理念と実践』放送大学教育振興会

第27章 いじめ問題への取組

――――滝　　充

　いじめを道徳教育上の問題として捉えようとする発想は，きわめて日本的かも知れない。「いじめを行うのはその児童生徒に道徳心が育っていないから」「いじめ問題の解決・解消には児童生徒に対する道徳教育が有効」などの主張に対し，その賛否はさておくとしても，大きな違和感を感じる日本人は少なかろう。しかし，諸外国でも同様とは限らない。いじめに相当する語から主にイメージされる行為は何か，道徳という語から主にイメージされる特性はどのようなものかは，社会や文化によって異なる。それゆえに，両者を結びつけて考えることが自然なこととは限らない。本章では，国際的な状況も視野に入れながら，いじめ問題に対する道徳教育の可能性について検討する。

第1節　国際的にみたいじめ問題とその定義

　最初に，いじめに相当する語から主にどのような行為がイメージされるのかについて概観する。いじめに相当する外国語といえば，一般的には英語のbullying の語が思い浮かべられよう。しかしながら，いじめの語と bullying の語が包摂する行為にはズレがあることを理解しておくことが必要である。

1　暴力との境界がない bullying

　北欧では，スウェーデンにおける男子の集団暴力 mobbning に関する研究（Heinemann, 1972）を皮切りに複数の関連研究が発表され，1983 年にはノルウェーで世界に先駆けた大規模な質問紙調査も実施された。この調査は小学校の2 年生から 9 年生までの 13 万人を対象としたもので，その結果に基づいてまとめられたスウェーデン語の小冊子が Olweus（1983）である。その後，この

冊子は増補改訂され，英語版の Olweus（1993）としても出版された。この時，スウェーデン語の mobbning の英訳に用いられたのが bullying である。その後，欧米各地で研究が広がるなかで，bullying は国際的な共通語のようになった。

しかしながら，日本のいじめの英訳に bullying を用いることに対し，筆者は懐疑的である。たとえば，bullying に関して用いられる代表的なタイプ分けに，物理的 physical，言語的 verbal，社会的 social（もしくは，心理的 psychological），インターネットなど cyber がある。物理的というのは，殴る，蹴る，叩く，押すなどの行為を指すが，そうした行為をいじめに含めることに抵抗を感じる日本人は少なくなかろう。なぜなら，そうした行為は日本では暴力 violence に分類され，いじめとは別に扱われることが多かったからである。

ところが，先に紹介した研究の経緯からわかるとおり，物理的な行為は bullying のイメージの中核をなしている。そうした行為を bullying と切り離して扱うなどということは，欧米では到底考えられない話に違いない。bullying は主に男子の行為というイメージ，校庭を監視することで bullying は減らせるとの主張，そうした監視は男子の bullying には有効だが女子の bullying には有効ではないとする研究，などから推測されるように，bullying は暴力を中核として，その延長線上に広がる概念と考えられる。

2 暴力と一線を画してきた日本のいじめ

それに対して，日本におけるいじめは暴力とは一線を画した行為として注目され，議論や研究が始まった。いじめという表現が日本の教育界に公に登場したのは 1970 年代後半のことであり，『月刊生徒指導』1980 年 1 月号に「集団いじめの提起するもの」と題した特集が組まれ，1 年後の『教育心理』1981 年 2 月号には「いじめっ子」と題した特集が組まれた。当時は少年による暴力事件・殺人事件などが頻発し，同時に「校内暴力」が社会問題化した時期でもあったが，あえて暴力という語ではなく，いじめという語で特集が組まれた。ただし，その時点でいじめという語が教師や一般市民の関心を引くことはなかった。

　同じ頃，京都市教育委員会が学校からの問題行動の報告をうけて毎年まとめていた『児童・生徒の問題行動の現況』では，「悪質ないたずら・嫌がらせ」という項目の数値が増加傾向をみせていた。1977 年の 1,000 人あたり 3 件が1981 年には 44 件にまで急増しており，それは同時期の「暴力」という項目の数値の 14 件から 32 件への増加を上回る勢いであった。この増加傾向に着目してまとめられた報告書が，京都市教育研究所（1983）であった。この時期になると，いじめという語も広く認知されており，タイトルにもいじめの語が用いられている。

　このように，日本では暴力と一線を画す形でいじめの概念が定着したわけだが，その原因はいじめという日本語が存在していたからかも知れない。当時の日本では，いじめの語は義母による継子いじめ，お局様とよばれる先輩女子社員による新人女子社員へのいやがらせなどに用いられるなど，どちらかといえば女子による行為，男子にみられがちな腕力の行使とは異なり陰湿，などと表現され，非暴力的な攻撃がイメージされていた。1985 年には文部省（現文部科学省）が毎年実施する「生徒指導上の諸課題に関する調査」（いわゆる「問題行動等調査」）にも加えられたが，「暴力行為」とは別立ての項目となった。

3　法律の制定がもたらした定義の変更

　ところが，2013 年に制定された「いじめ防止対策推進法」（以下，「推進法」）は，従来のいじめの定義を引き継ぎつつも，心理的な苦痛に加えて身体的な苦痛も併記した定義を採用した[1]。つまり，暴力をいじめの名の下に扱う形になったのである。そして，「問題行動等調査」の定義も「推進法」に準じたことで，「暴力行為」は「いじめ」の項目にも重複して計上されることとなった。

　もちろん，いじめも暴力も区別なく問題にすればよいとの主張は単純明快に聞こえる。しかし，国立教育政策研究所が 1998 年から実施している「いじめ追跡調査」[2]は，従来のいじめ（法律施行後は，「暴力を伴わないいじめ」と表現）と従来の暴力（法律施行後は，「暴力を伴ういじめ」と表現）とは，児童生徒の経験率でも，巻き込まれる児童生徒の広がりでも大きく異なることを示している。国

立教育政策研究所（2016）によれば，「暴力を伴ういじめ」の場合には，小学4年生から中学3年生までの6年間に実施された質問紙調査12回中に加害経験を1回以上報告した児童生徒は5割弱だが，その半数は1〜2回にとどまり，12回の調査中に6回以上報告した常習的ともよべる児童生徒は全体の5〜6％にすぎない。すなわち，「暴力を伴ういじめ」は一部の児童生徒が何度も繰り返し加害に及ぶ行為といえる。一方，「暴力を伴わないいじめ」の場合には，同じ6年間に実施された質問紙調査12回中に加害経験を1回以上報告した児童生徒は9割近くになる上に，その半分は12回の調査中6回以上で報告を行っている。すなわち，「暴力を伴わないいじめ」は，一部の常習的な児童生徒だけでなく，幅広い児童生徒が繰り返し加害に及ぶ行為といえる。

　このように相異なる2つの行為をひとつの用語で，それもマイナーなほうの語で代表させたことは，原因を考えたり対策などを講じたりする上では具合が悪く，その意味では学校現場などに無用の混乱をもたらしたといえる。一方で，従来のいじめの定義の趣旨をしっかりと引き継いだ面もあり，従来の暴力などの議論に欠けていた視点が明確に付け加えられた。すなわち，腕力の行使などといった客観的な行為の有無や程度ではなく，主観的な被害感情の有無や程度を問題にする視点である。これは，ハラスメント（harassment）の考え方を先取りしたものともいえる。[3)]

第2節　日本における道徳教育・生徒指導といじめ問題

　次に，道徳教育という語から主にどのような働きかけがイメージされるのかについてみていく。日本の道徳教育や生徒指導はやはり独特であり，そのことが教師によるいじめ問題への取組を容易にしてきたと思われるからである。

1 日本の道徳教育

　日本の学校，とりわけ小学校で実際に重視されている道徳教育の内容は，教室内・学校内における規律などの遵守の類，他者に迷惑をかけない・思いやりをもつなどの協調性や共感性の類であろう。それらと比べると，自律性，ある

いは自己の信念に従って行動するなどは，相対的に低い位置づけといえよう。

　そうした特徴は，いじめ（とりわけ，「暴力を伴わないいじめ」）のような行為の類に対する指導にプラスにもマイナスにも影響していると考えられる。自分の言動が他者に対して与える影響に思いをはせるよう促すことで他者の痛みを感じさせようとしたり，無自覚に他者を傷つけてしまうことのないよう注意を払わせようとしたりできる一方で，みんなと同じようにできない者を非難したり，排除したりする行動を正当化しやすくする可能性もある。

2　日本の生徒指導

　日本の生徒指導は，戦後，アメリカの guidance and counselling（日本の進路相談や教育相談に相当）を参考に導入された。しかし，その後数十年を経て，今や両者は大きくかけ離れた様相を呈している。日本の学校において重視されている内容は，ひとつには問題行動などへの対処や対応であり，もうひとつはそうした問題などの未然防止をも見据えた社会性の育成である。そして，その主たる担い手として教師が想定されてきた点も，欧米の学校とは異なる[4]。

　日本の生徒指導は機能概念と表現されており，教育課程のなかに特別な領域や時間をもたない。その代わり，小・中学校においては週の時間割の2コマを占める道徳の時間と特別活動の時間，場合によっては総合的な学習の時間なども活用する形で，日々の生徒指導が行われてきた。そのためであろう，日々の生徒指導の主たる担い手は学級担任であり，個人ではなく集団を対象に指導・支援する形の生徒指導や，個別の指導・支援に際しても欧米のようなカウンセラーなどではなく学級担任などの教師が行う形の教育相談が一般的となった。いじめの問題を道徳教育で取り上げたり，学級で話し合ったりすることが容易なのも肯けよう。

第3節　日本のいじめに対する道徳教育の可能性

　最後に，いじめ問題に対して道徳教育に何ができるのかについて検討する。

1 暴力および暴力を伴ういじめと道徳教育

　そもそも暴力に関していえば，「推進法」の成立を待つまでもなく，違法な行為，犯罪行為として，つまり行為自体が「悪」として禁じられてきた。にもかかわらず，学校においては，子どものやること，教職員が指導やしつけのために行うこと，などの理由で容認されがちであったにすぎない。法で禁じられているということは，個々人の道徳性などに委ねただけでは解消しないもの，なにがしかの罰則をもって押さえ込む必要があるもの，との判断を意味する。そうした行為に対して道徳教育が果たしうる役割は，おのずと限られる。また，暴力は行為自体や行為の結果が視認可能である上に，先に紹介した調査結果が示すとおり，一部の特別な個人が引き起こすことの多い行為でもある。それらを勘案するなら，そうした行為に気づいた時点ですぐにやめさせること，理由が何であれ然るべき対処を行うことが有効かつ効率的であり，やはり道徳教育の出番は限られる。

2 暴力を伴わないいじめと道徳教育

　それに対し，「暴力を伴わないいじめ」に相当する行為は，必ずしも行為自体が「悪」として禁じられているわけではない。たとえば，冷やかしやからかいといった行為は，否定的に受けとめられる場合が多いものの，好意的に受けとめられる場合もある。たとえば，結婚式で散見される新郎新婦に対する友人からの冷やかしやからかいは，多くの場合，友人たちとの親密さの証として好意的に受けとめられる。参列者のなかに不快感を抱く者がいたとしても，新郎新婦が不快に感じていないようなら容認される。つまり，行為自体の善悪ではなく，その行為により不快な思い（精神的な苦痛）をしたかどうかが問題となる。

　行為自体が悪という場合ならば，学校の役割は善悪の区別という知識の提供だけでも十分であろう。法を遵守させる，もしくは違反した場合に処罰するなどは，必ずしも学校の役割ではなく，むしろ家庭や警察などの役割といっても

よい。しかし，相手の受け止め方によって悪や善になる行為の場合には，単なる知識ではなく，相手がどのように受け止める可能性があるのかなどに対する適切な判断力の育成が求められる。それは学校の，とりわけ道徳教育の役割といえよう。

3　ハラスメント教育の可能性

　一般的ないじめ行為の場合，被害者を攻撃したいという思い，一種の悪意が存在する。そうした場合には，教師や保護者などの関係者の間でも問題意識が共有されやすく，指導も徹底しやすい。しかし，無自覚な行為によって，あるいは善意からの行為によって他者を傷つける場合もありうる。そうした場合に，指導の現場ではためらいや迷いが生じる。国の「いじめの防止等のための基本的な方針」においても，「いじめ」という言葉を使わずに指導することもありうると含みをもたせているのは，そのためであろう。

　そこで，無自覚や善意からの行為によって他者を傷つけてしまうことを回避できる児童生徒が育つよう促すために，ハラスメント教育が求められる。具体的には，どういった言動が他者を不快にしたり，傷つけたりするのかについて，児童生徒に知識や議論の機会を提供するのである。「暴力を伴わないいじめ」が欧米の harassment に近いこと，「推進法」に盛り込まれた視点がハラスメントのそれであることを考えれば，いじめの未然防止を目的としたハラスメント教育を行うことは自然なことと考えられる。

　ただし現時点では，どのような言動がハラスメントに当たるのかについての国民の合意が形成されているとはいいがたい。[5] しかし，だからこそ，未来のためにハラスメント教育の開発が求められているともいえる。暴力とは一線を画す形でいじめを問題にしてきた伝統のある日本だからこそ，日本版の市民性教育とともに，他国に先駆けた日本版ハラスメント教育の開発が期待されているといえよう。

234

97847620308719784762030871

250

278

234

•注•

1）「推進法」のいじめの定義は，「児童等に対して，当該児童等が在籍する学校に在籍している等当該児童等と一定の人的関係にある他の児童等が行う心理的又は物理的な影響を与える行為（インターネットを通じて行われるものを含む。）であって，当該行為の対象となった児童等が心身の苦痛を感じているもの」である。それまでの文部科学省の「問題行動等調査」の定義では「精神的な苦痛」とされていたが，「推進法」では「心身の苦痛」（傍点筆者）に変わった。

2）国立教育政策研究所が1998年より実施しているいじめに関する質問紙調査。一地方都市の小学4年生から中学3年生までの全員を対象に，匿名性を保ちつつ個人を追跡できる形で実施されている。

3）2018年，アメリカの映画プロデューサーをセクシャル・ハラスメントで告発する動きが，テレビ界や映画界の授賞式におけるMe Too運動に発展したことで，日本も含む世界的なニュースになった。さらに，2019年，日本国内ではマスコミ関係者に対する官僚の言動がセクハラに当たるのか，スポーツ界における指導者の言動がパワー・ハラスメントに当たるのかがニュースとなった。性的な会話だけでも，あるいは威圧的な言動などだけでもハラスメントとみなされうるという認識の広がりは，日本社会のハラスメント観の大転換ともいえる。しかし，「推進法」は，その数年前の時点で，そうした考え方を盛り込んでいた。

4）近年は，欧米でもいじめ対策は学校の仕事，教師の仕事といった考え方が広まってきたものの，依然として教師の仕事は学習指導，教科教育という考え方は根強い。いじめ防止のための昼休みの校庭監視や昼食時の監督などの対策を保護者やボランティアに任せる学校も少なくない。

5）注3でも触れた，体操やレスリングといったスポーツ関係の協会内部におけるパワーハラスメントの訴えに対し，第三者委員会はハラスメントとは認めなかったなど，必ずしも明確な一致点は存在していないのが現状といえる。

•参考文献•

Heinemann, P.P. (1972) *Mobbning - gruppvåld bland barn och vuxna*, Natur och Kultur.

Olweus, D. (1983) *Mobbning - vad vi vet och vad vid kan göra*, Liber.

Olweus, D. (1993) *Bullying at School : What we know and what we can do*, Blackwell Publisher Ltd.

京都市教育研究所（1983）『児童・生徒の人間関係における意識と行動の調査—いじめの問題行動を中心に—』

国立教育政策研究所（2016）『いじめ追跡調査 2013-2015』

第28章 対話と議論の道徳教育

第1節　討議倫理

—————渡邉　満

　第二次世界大戦終了後，東西ドイツの分裂下の西ドイツでは，戦前のナチズムによる支配とホロコーストの蛮行などへの反省と戦後の急激な経済発展による学校教育の諸問題に厳しいまなざしが向けられ，現実社会の諸矛盾から距離を置いて教育を捉えてきた伝統的教育学に批判が行われていた。その伝統的教育学に代わって，経験主義的教育学と解放的教育学そしてそれらの影響をうけた新世代の研究者による精神科学的教育学が相互に対立しながら教育学の「現実主義的転換」の方向を学理論的観点から探り合っていた。[1]

　そこでの議論を支えたのが，フランクフルト学派の批判理論を継承し，批判的に克服する新たな社会理論を構築していた学派第二世代に属するハーバーマス（Habermas,J.）のイデオロギー批判の理論であった。解放的教育学と精神科学的教育学は，価値を教育研究から除外する経験主義的教育学に対して，ハーバーマスの「認識関心」の理論を教育の批判的再構築に導入して，学校教育（道徳教育）の問題の解決ではなく，パラドックス的な帰結を生じさせる，その原因の解明に取り組んでいた（小笠原，1985）。

　やがて，ハーバーマスの『認識と関心』における批判理論に対する自己批判，いわゆる「コミュニケーション論的転回」を契機に，教育学では，「教える一学ぶ」という教育的行為の構造と主体主義的枠組みを見直し，教育の相互主体的な構造の解明などへ移行していく（Mollenhauer, 1972, 1985）。

　この時期に教育と道徳教育研究に影響を与えたのが，ハーバーマスの『コミュニケーション的行為の理論』『道徳意識とコミュニケーション行為』そして

『討議倫理』である（Habermas, 1981, 1983, 1991）。彼の 1960 年代の「認識関心論」は，イデオロギー批判の枠組みのもとに，「技術的認識関心」による人びとの生き方の基盤にある「実践的認識関心」への一面的拘束から生じる近代社会の諸矛盾を指摘して，その克服の可能性を「実践的認識関心」の再生，すなわち「解放的認識関心」に求め，教育学に多大な影響を与えていた。しかし，1970 年代後半になると，「コミュニケーション的行為の理論」と道徳理論，そしてそれを基盤にした「討議倫理」は，「認識関心論」がもつ認識偏重と主体主義的思考の残存を自己批判的に克服して，日常の言語活動の構造的な役割に着目し，言語活動が伝達機能に限定されるのではなく，ひとつの相互主体的な社会的行為であるとの考え方（語用論）を基本にする。

その理論的核心は，「生活世界」という共有された思考のトポス（場）を基盤にした「言語行為論」と「妥当性理論」にある。話者の言明は一定の内容の伝達にとどまらず，聞き手との間で真理性，正当性そして誠実性の三側面からその正しさが確認され，疑義があれば，両者の間で修正と調整が行われ，了解が探られる。真理性は事実であるかどうかの正しさの確認，正当性は両者の社会的関係の基盤にある規範や道徳的言明の正しさの確認であり，誠実性は内心の恣意性のなさの確認である。この社会的規範の妥当性は社会を構成する規則やルールに与えられる承認の正しさでもあるが，これによって人間関係の修正や改善が行われ，社会の成立や諸問題の解決の道筋が示される。

この考え方は個人の道徳性と他者との関係がもつ構造的な質との相互的なつながりを明らかにしている。個人の道徳性の発達という観点だけでなく，討議による規範や道徳的言明の妥当性の見直しによって個人が参加する関係や共同社会も成長し，発達するという観点も浮上してくる。近代の教育や道徳に関する議論が陥りやすい問題のひとつは，主体主義的道徳観と客観主義的道徳観の対立であるが，現代でもリベラリズムと共同体主義（コミュニタリアニズム）との道徳論争はよく知られている。道徳教育の領域では，ピアジェやコールバーグの発達論とデュルケムの社会化論の対立は有名である[2]。それに対して，ハーバーマスの「討議倫理」はこの対立の克服に道を開いてくれる。

　一方，「討議倫理」には異論もでている。価値観の多様性が追求される現代社会では，対話的言語行為による合意を批判的に捉える見方もあるが，アレント（Arendt, H.）が述べるように，コミュニケーションが元々複数性を前提に置くものであるとすれば，その批判には慎重な検討が必要である³⁾。また，討議倫理による道徳教育には，利害渦巻く現実社会では理想主義的だとの批判も想定されるが，現実につながり，同時に，そこから相対的に距離を取り，理想的に保護された空間が学校であり，学校教育においてはこの批判は当たらないといえよう⁴⁾。

第2節　現代道徳教育論における対話と議論

――――西野　真由美

1 コミュニケーションの射程

　西洋の道徳哲学・道徳教育論の伝統は，その端緒とされるソクラテスの言葉，「人間にとって最大の善は，日々徳について語りあうことだ」（プラトン，38A，邦訳：52）に伝えられているように，対話や議論に特別な地位を与えてきた。だが，その位置づけは，20 世紀以降，新たな段階を迎えることとなる。

　近代哲学を象徴する「われ思う，ゆえにわれあり」は，外界を認識する自己完結した主体を出発点としていた。20 世紀の哲学は，その起点を大きく転回したのである。そこでは，他者は，孤立した自己が認知する対象ではなく，現実の場で実際に出会う受肉した存在である。自己と他者は，自己が他者を認知する一方的な関係ではなく，互いにさまざまな人びとが生きるこの世界に投げ込まれた存在である。人は，この生活世界のなかでさまざまな問題に出会い，時に利害や意見を対立させつつ，その解決を求めて対話を交わし，議論する。

　ハーバーマスの討議倫理の大きな功績のひとつは，議論が実りあるものとなるには，その参加者が語り合う場を共有することが求められるとして，実践的討議を実現するコミュニケーションを道徳教育の目標に掲げたことである。本節では，このような対話や議論が拓く道徳教育の可能性を検討しよう。

2 コミュニタリアニズムとリベラリズム─対立を越えて

　1980年代に顕著となったコミュニタリアニズムとリベラリズムの対立は，道徳教育の視点で捉えるなら，「学校は善を教えるべきか」をめぐる対立と総括できよう。だが，その対立する両陣営がそれぞれ，対話や議論などコミュニケーションという人間の営みを道徳の基盤と捉えていたことは注目に値する。

　たとえば，コミュニタリアニズムの旗手のひとり，テイラー（Taylor,C.）は，人間の生の特徴を「対話的な性格」（Taylor, 1991：33, 邦訳：45）と位置づける。思考や議論は常にだれかと共に行われる営みであり，内省（自己との対話）も実は他者との関わりから生まれているとするテイラーは，人間のアイデンティティは，自分にとって重要な他者との対話的な関係を通じて形成されると強調する。人は生涯にわたってこの重要な他者との対話を続けるがゆえに，「われわれのアイデンティティの刻印と維持は，生涯を通じて対話的なものなのである」（同書：35, 邦訳：49）。この重要な他者とは，現実の身近な人かもしれないし，私淑する偉人，あるいは作品上の人物かもしれない。テイラーは，このような他者との関わりが育まれる言語と文化を共有する伝統的共同体を道徳の根拠とみなし，その共通善の下で個人が何を為すべきかが判断されるとする。そして，現代文化のなかで「真正性（ほんもの）」という道徳的理想を掲げる人びとが，いかに生きるべきかを共に議論する姿を思い描く（同書：32, 邦訳：44）のである。

　他方，リベラリズムは，共同体を，自律した個人が各人の善を抱きながら，対話や議論によって新たに創造していくものと捉える。道徳性は，多様な他者が相互に承認しあう手続きとして，公正な議論を支える基盤となることによって，新たな共同性を生み出す原動力となる。

　リベラリズムの急先鋒であったローティ（Rorty,R.）は，共同体を出会いによってつくられる偶然的で広がりをもつものとみなす。伝統的な共同体の善が継承されていくだけなら，道徳に変革や進歩はない。しかし実際には，道徳には「進歩」がある，とローティは確信する。人類がさまざまな差別を乗り越え

てきた歴史はその証左である。この進歩を生み出すのは，宗教や人種などさまざまな差異を越えて他者の苦痛に連帯し，「自分たちとは大きく異なった人々を『われわれ』の範囲に含まれると考える能力である」（Rorty, 1989：192，邦訳：401）。このような共同体の創造において重要となるのが，互いに異なる善をもつ個人間の合意であり，その合意を生み出す熟慮や議論である。

　とはいえ，リベラリズムは，共同体による共通善の教育を全否定するわけではない。その批判が向けられているのは，対話的でない一方的な教え込みである。ただし，ここでの対話とは，単に話し合いながら教えることではない。教育において批判的理性の発達を促す過程が保障されているということである。善への教育に対するリベラリズムの姿勢は，ドゥオーキン（Dworkin,R）の次の言葉に象徴されよう。ドゥオーキンによれば，リベラリストは，ある人がその信念を変えるならよりよい人生を送れるだろうと思ったとしても，「その人自身がその信念を自分で，しかも正しいやり方で変えるのでない限り，その人の生をよりよくすることはできない」（Dworkin, 1989：283，邦訳：382）と知っているのである。それゆえ，熟慮や議論を通して，個人が自分自身のよりよい人生を選択する力を育てることがリベラリストの道徳教育の目標となる。

　一見すると，コミュニタリアニズムは言語と文化を通して善を共有する者同士の対話を，リベラリズムは，さまざまな善をもつ多様な人びとの間での議論を重視し，両者の道は交わることがないようである。ところが，両者の対立は，前世紀末頃から大きく変貌していく。通約不可能と思われた道徳教育の在り方をめぐっても，リベラリストの側から「リベラルな徳」の学習が提起され，徳倫理学において議論や熟議の学習が提唱され（第 23 章参照），二つの道は接近する。

　この背景には，社会全体の大きな変化がある。現代社会では，どんな価値の体系も異論の余地なく承認されることはない。伝統的な共同体の内部における多様な善の承認とグローバル社会が共有するさまざまな問題解決に向けた協働の要請は，対立を対話と議論という新たな段階へ止揚していったようにみえる。

　人がいずれかの伝統的共同体に生まれることが事実なら，新たな世界で新し

い共同を築いてきたことも歴史的事実である。現代の道徳教育論には，自らの属する社会の共通善の下で他者と共に共通感覚を育みつつ，多様な人びとの協働で新たな社会を創造する対話や議論に寄与する資質・能力を育てることが求められているのである。

3 対話と議論の道徳教育理論の構想

　対話や議論を軸とした道徳教育は現代のさまざまな道徳教育理論で紹介されている。ここでは，イギリスの教育哲学者ヘイドン（Haydon,G.）を参照して，学校の価値教育における議論の在り方の検討を参照しよう。イギリスの教育哲学には，議論による学校教育の可能性を提唱してきた歴史がある。ヘイドンもその流れを汲むひとりである。

　ヘイドンは，現代の価値教育では，議論は，手段というよりむしろ「目的」である，としてこういう。「人々が生涯を通して，個人的にも公共的文脈においても，互いの違いをめぐって互いを避け合ったり，衝突したりするよりも，むしろ向き合って議論しようとし，またそうすることができるということは，それ自体，価値教育の最も重要な目標の一つである」（Haydon, 2007：194）。

　まず，議論は，ある事柄について，異なる意見や選択肢が提起されうる時に成立する。だがそれは，法廷の弁論や政治的な論争，ディベートとは決定的に異なる。なぜなら議論が成立するには，次の3点が必要だからである。すなわち，議論では参加者同士が，① 互いに応答し合い，② 議論に貢献しようとする意図をもち，③ 他者の意見によって自分の考えを変える心構えをもつこと，が求められる。自身の考えの変容可能性が議論の大きな特徴であるがゆえに，議論の参加者には，他者の意見を尊重し，自分の考えを見直すことができる誠実でしなやかな姿勢が求められることになる（Bridges, 1979；Haydon, 2007）。

　一般に，子ども同士の議論における教師の役割は，互いの意見を関連づけたり，違いを明確化するよう促したり，例示や根拠を求めたりしながら，子どもの理解や判断の発達を支援し，双方向的な学びを成立させるファシリテーター的なものとみなされる。だが，それだけでは十分ではない。教室における議論

でとりわけ重要なのは，異なる立場に対する尊重，共感的な傾聴や想像力，建設的な批判と寛容さといった，議論に要請される諸価値を育てることなのである。

　ヘイドンが強調するのは，道徳的な議論を実りあるものにするには，スキルに加え，価値に関わる態度の学習が求められるということである（Haydon, 1999）。たとえば，議論に参加していない人の立場を考慮するには，ロールプレイングなどのエクササイズが有効であり，「他の人の立場だったらどうか」を考えることは道徳的思考の練習となる。議論のあとで，今日学んだことは何かを振り返る省察的な議論は，よりよい議論には欠かせないものとなる。これら一連の学習は，子どもに自然に起こることではなく，教師の指導が必要である。教師の役割は，単なるファシリテーター以上のものなのである。

　さて，教室における道徳的問題の議論においてもっとも問題となるのは，論争的なテーマを扱うことだろう。そのような場面で教師は自分の意見を表明してよいだろうか。

　一般に議論による学習では，教師に中立的姿勢が求められるとされる。たとえばブリッジズ（Bridges, D.）は，通常の授業では教師が答えを知っているため，議論においても子どもが教師の心を読み，教師の望む結論を導こうとしてしまうと警告し，中立的姿勢の意義を強調する（Bridges, 1979）。ただし，教師は自らが中立的であることを子どもに秘密にする必要はなく，なぜ意見を表明しないかを説明すべきであると助言する。そして，教師の意見表明は，子どもが教師の権威から離れて自由に議論できるようになるのを待つべきだという。

　教師が意見を控えれば，子どもの自由な議論が可能になるかもしれない。だがその一方で，別の危険も生まれる。対立的な議論は，極端な意見を助長したり，逆に，合意形成を強制したりする議論に陥りがちであり，議論を通して寛容や他者への信頼を育てるという目的に応えられなくなるのではないか。

　そこでヘイドンは，こうした対立に陥らない議論の可能性を求める。それは，議論の参加者が，問題の実践的な解決のために何を為すべきかを考えることである。ある問題状況での実践的解決を求める議論は，さまざまな選択肢が

242

可能であり，必ずしも他者を説得することを必要としない。ヘイドンによれば，このような議論は，真理を目指してはいないが，非理性的でも反理性的でもない。真理の探究と同様に，互いの見方を理解しあい吟味することが求められる。もちろん，真剣に合意に到達するための議論を経験することも大切だが，価値教育では必ずしも合意は目的ではない。むしろ，さまざまな未解決な問いを残し，不一致に終わるディスカッションは，さらなる探求へと子どもたちを誘うのだという。

　では，このような自由で互いの意見を承認しあう議論が，学校で実現可能だろうか。

　カラン（Callan,E.）は，研究者の道徳的対話への期待と一般の人びとの懸念との乖離に注目する（Callan, 1997）。道徳教育に対話や議論が必要であることは現代の道徳教育理論では自明なものとなっているにもかかわらず，実際の学校現場ではそれに対する反論が多くなってしまう，というのである。

　カランはその理由を，学校で真の道徳的ジレンマを扱うことのリスクによるものと分析する。開かれた対話が学級内に深刻な対立や極端な結論を生み出したり，あるいはまた，どんな多様性でも認められる，いわゆる anything goes と批判される相対主義に陥ったり，些細なことにも合意が得られなかったりと，対話や議論は学校の共同性を阻害してしまうと懸念されるからである。

　道徳的な問題について意見の異なる者同士の対話や議論が，協働探究的なものとなり，共に新たな考えや気付きに通じる実り豊かな議論となるには，異なる考えに出会った時に自然に生まれる否定的な感情をコントロールできる感情的・知的成熟さが求められる。それは単に教室に議論を導入すれば身に付くわけではない。対立を含む道徳的議論には，議論に求められる諸徳も含めた学習が不可欠であり，その学習プロセスを欠くなら，議論は無益などころか道徳的な弱体化を招く，カランはそう警告する。

　とはいえ，ここで学校での豊かな議論の実現を諦めるのは早急すぎるだろう。カランは，その手掛かりを，議論に必要な資質・能力や議論を価値あるものにできる徳が体験のなかで発達する，という知見に求める。教えられずとも

自然に発揮される「思いやり」のような徳と異なり，議論に関わる諸徳は，道徳的な問題をめぐる対話や議論の体験を重ねるなかで育まれる。カランは，だからこそ，学校はその体験にふさわしい場所だ，というのである。

　もちろん，この可能性を実際の学校で実現していくのは容易ではなかろう。カランは，学校における自由な議論のなかで，「フランス語を話すカナダ人はフランスへ帰れ」という意見が出たことがあった，という例を紹介する。この授業で教師はそれを自由な意見表明として尊重していたが，カランはその姿勢に疑問を呈する。他者の人権の尊重など，自由な議論に求められるルールが学ばれていないからである。

　この事例は，議論をスキルとしてのみ教えることの危険を示していよう。道徳的な議論には誠実さや思いやり，正義などの諸価値の実践が求められるという意味で，議論それ自体が学習を必要とする道徳的な実践なのである。それゆえ，学校における充実した議論を実現するには，これらの諸価値が織り込まれた実生活におけるさまざまな体験と，その体験を振り返って修正を重ねていく省察的実践によって，議論に求められる諸価値の成熟を促す道徳教育が要請されることになろう。対話と議論による道徳教育は，教室だけで完結させることはできず，現実世界とのつながりのなかで構想されなければならないのである。

4 展　　望

　学校の道徳教育における対話や議論に一致や合意を求めるべきか。この問いは，いまも開かれたままである。これは実際の教室でも同様だろう。唯一の解に到達する議論を真理探究と捉える子どももいれば，強制と受け止める子どももいる。結論の開かれた議論に多様で豊かな広がりを実感する者もいれば，答えが見えない探究には意味がないと背を向ける者もいるだろう。

　価値多元化社会を体験した私たちは，人間にとって幸福や善き生が普遍的な理想であるとしても，何が幸福かは人によって異なり，幸福の意味が多様であることを知っている。伝統的共同体がそれぞれに善き生の理想を共有してきた

という事実は，逆に，善き生の理想自体が多様であることを示している。そして，このように理想が多様であるということ自体が，すべての理想を実現することができない人間の有限性の証左であろう。

　ただ，何が幸福かは人それぞれ異なるとしても，人が幸福を求める思いや願いを私たちは共有することができる。それは，この現実世界での幸福の実現がいかに難しいかという生の事実を自分のこととして体験しているからだろう。その人間の「誤りやすさ」や「傷つきやすさ」は，道徳哲学史のなかで，異なる立場から道徳の源泉と捉えられ，対話や議論を要請してきた。

　人がそれぞれの人生において，答えがひとつでない問いに直面せざるをえない存在であるなら，その人生を生きる力を多様な対話や議論のなかで育てることが，現代における道徳教育の使命であるといえるのではなかろうか。

・注・···

　1）第二次世界大戦後の西ドイツにおける教育学研究の動向は教育科学の樹立と教育目標（成人性，Mündigkeit）などをめぐる教育科学的議論が展開された。その点については小笠原道雄編，（1985）を参照。伝統的教育学については，小笠原道雄編著（1984）を参照。

　2）コールバーグは晩年まではピアジェの立場に立っていたが，晩年にはハーバーマスの個人の道徳性にこだわり道徳がもつ社会的側面つまり倫理的側面を見逃しているとの批判や学校現場での道徳教育の課題に接するなかで，デュルケムの立場に近づいたといわれている。ジャスト・コミュニティ（Just Community）への方向転換がそれである。

　3）アレントは『人間の条件』（Arendt,H.（1958）*The Human Condition,* University of Chicago Press. 志水速雄訳〔1994〕『人間の条件』ちくま学芸文庫）において活動（action），すなわち人間の言語による相互行為の重要性を指摘しており，若いハーバーマスに大きな影響を与えたといわれている。また，道徳的な問題の解決に関する探究とその結果を個々人における自己の生き方への適用とは区別されなければならない。前者を探究，後者を適用，あるいは活用とよぶと，前者は相互主体的な協働の事柄であり，後者の適用・活用は個人の内心の自由の事柄であると思われる。

　4）渡邉満（2000）「道徳教育の再構築―コミュニケーション的行為理論を通して」小笠原道雄監修『近代教育の再構築』福村出版：83-96 参照。

• 参考文献 • ···

＊本文における引用文献の邦訳は，すべて本章執筆者による訳である。

プラトンからの引用は，ステファヌス版全集のページ番号段落番号を示す。邦訳ペ
　ージ番号は，久保勉訳（1964）『ソクラテスの弁明・クリトン』岩波書店による。

Bridges, D. (1979) *Education, Democracy, & Discussion*, Humanities Press.

Dworkin, R. (1989) *Sovereign virtue. The theory and practice of equity*, Harvard
　University Press.（小林公ほか訳〔2002〕『平等とは何か』木鐸社）

Callan, E. (1997) *Creating Citizens : Political Education and Liberal Democracy*,
　Oxford University Press.

Habermas, J. (1968a) *Thechnik und Wissenscaft als Ideologie*, Suhrkamp.（長谷川
　宏訳〔1970〕『イデオロギーとしての技術と科学』紀伊國屋書店）

Habermas, J. (1968b) *Erkenntnis und Interesse*, Suhrkamp.（奥山次良ほか訳
　〔1981〕『認識と関心』未来社）

Habermas, J. (1981) *Theorie des kommunikativen Handelns, 2Bde*, Suhrkamp.（河
　上ほか訳〔1985-1987〕『コミュニケイション的行為の理論』（上・中・下）未来
　社）

Habermas, J. (1983) *Moralbewußtsein und kommunikatives Handeln*, Suhrkamp.
　（三島憲一・中野敏男・木前利秋訳〔1991〕『道徳意識とコミュニケーション行
　為』岩波書店）

Habermas, J. (1991) *Erläuterungen zur Diskursethik*, Suhrkamp.（清水多吉・朝倉
　輝一訳〔2005〕『討議倫理』法政大学出版局）

Haydon, G. (2007) *Values in Education*, Bloomsbury.

Haydon, G. (1999) "Discussion of values and the value of discussion," In M.
　Leicester, S. Modgil, & S. Modgil (Eds.) *Classroom Issues*, Routledge.

Masschelein, J. (1991) *Kommunikatives Handeln und pädagogisches Handeln*,
　Deutcher Studien Verlag GmbH.

Mollenhauer, K. (1972) *Theorien zum Erziehungsprozeß*, Juventa Verlag.

Mollenhauer, K. (1985) *Vergessene Zusammenhänge : Über Kultur und Erziehung*,
　Juventa Verlag.（今井康雄訳〔1987〕『忘れられた連関』みすず書房）

Rorty, R. (1989) *Contingency, irony, and solidarity*, Cambridge University Press.
　（齋藤純一ほか訳〔2000〕『偶然性・アイロニー・連帯』岩波書店）

Taylor, C. (1991) *The ethics of authenticity*, Harvard University Press.（田中智彦
　訳〔2004〕『〈ほんもの〉という倫理　近代とその不安』産業図書）

小笠原道雄編著（1984）『ドイツにおける教育学の発展』学文社

小笠原道雄編著（1985）『教育学における理論＝実践問題』学文社

西野真由美（2011）「他者との対話的な関係づくり」『道徳教育論』培風館

附録　諸外国における道徳教育の実施状況

※本表では、日本の道徳科の目標や内容に近い学習等を実施している教科・領域等を取り上げている。なお、学年は小学校から高等学校までの通年表記（1~12/13年）である。

	イギリス（イングランド）	フランス	ドイツ	アメリカ
道徳教育に関する教科等の名称	「宗教科」（1~11学年）PSHE（Personal, social, health and economic education）（人格・社会性・健康・経済教育）市民性（Citizenship）	「道徳・市民」（1~12学年）	州によって異なる。多くの州で宗派別の「宗教科」（キリスト教）（1~12学年）が設置され、その代替科目として「倫理」「哲学」「価値と規範」「生活形成・倫理・宗教科」等の独立科目が設置されている。	州によって異なる各州では教科等は設置されていない。連邦政府の推進によって、人格教育（Character Education）が普及している。
教育課程上の位置づけ	宗教科は必修。市民科は、ナショナル・カリキュラムで中等教育の必修教科と規定。PSHE の位置づけは "non-statutory"（法に拠らない）学習領域・プログラム。	「道徳・公民」は、学習指導要領で必修教科。「市民性教育」は、1996年以降の教科省通達により学校で実施するよう求められている。	「宗教科」がわが国の基本法（憲法に相当）で必修と定められ、その代替科目として「倫理」等を規定。州により必修科目が異なる。「宗教」以外の科目を必修と定める州もある。	国・州ともに教科等の設置は定めていない。州の学校教育法には、人格教育を義務づけ、州の記述や実施を推奨する旨の記述がある。
国や州の法による規定	市民科はナショナル・カリキュラムで目標・内容を規定。PSHE は目標・内容を "non-statutory" として規定。方法は学校裁量。	国が策定する学習指導要領で目標・内容・学習活動等を規定。	各州が策定する「教育計画」「学習指導要領」等で目標・内容（取り上げるテーマ等）を規定。	人格教育を盛り込んでいる州では、目標を示し、学校の教育活動全体を通して推進するよう求めている。
各学年の授業時数	市民科：7~11学年。小学校数は学校裁量。PSHE：学校裁量。学校評価機関（Ofsted）はPSHEの設置を推奨している。	小・中学校（コレージュ）：週1時間。高校（リセ）：年間18時間。	宗教科：週1~2時間。多くの州、中学校以降（5~13年）で週1~2時間実施。小学校（1~4年）から実施する州もある。	学校によって異なる。
担当教員	市民科は専任教員が実施。中学校では専任教員か学年担任が担当となる。	小学校（1~5学年）は学級担任。中学校（6~9学年）は歴史・地理担当教員。高校（10~12学年）は主に歴史担当教員が担当。	「宗教科」等は全ての州で基本的に宗教に関する資格認定を受けた教員が担当。大半の州が専門の教員養成を設置。	定められていない。学校専任のカウンセラーが特定の時間を設けて実施する例がみられる。
評価	市民科は担当者目標に示されたレベルに準拠した評価を文章による評価。PSHE は学期末の "School Report" で文章による記述式の評価が行われている。	あり。知識、コンピテンシーに関する評価項目について4段階で評価。進歩の状況について記述式で評価。	「宗教科」「倫理」等による評価。数値（等級）による評価。小学校から設置している州では、数値により評価。数値的評価を行わず記述式で評価する州もある。	種類による評価はない。学校の判断で、学期末に記述式の評価を行うことがある。
教科書	民間出版社から自由発行（教科書の使用は義務）。	民間出版社から自由発行（教科書の使用は義務）。	宗教教育は各州文部省の検定を経て発行。	教科書としての発行はない。（授業で使用する教材や各種団体・出版社から発行）。
公立学校における宗教教育	宗教教育（礼拝等を含む）の実施は義務。宗教科は1~11学年で必修教科。	憲法により禁止。	宗派別の「宗教科」が州内で必修。ブレーメンなど一部の州では他教科目との選択必修。	宗派教育は憲法により禁止。
近年の動向	教育省、"British Values"（学校が推進すべき基礎的な英国的価値観）を公表（2014年）。「民主主義、法の支配、個人の自由、異なる信仰・信念への相互尊重・寛容」など。2020年度より、PSHE の内容の一部（人間関係等）の学習が必修化に位置づけられた。	学習指導要領には、義務教育段階で習得すべき「共通基礎」として、「個人と市民の育成」が示された。「市民」は2014年9月より実施。2018/19年に改定された。2018・19年には、他教科と関連づけられている。	欧州評議会が市民性教育の流れを受け、社会科や宗教科で伝統的な知識教育だけでなく実践的な態度の育成を図るようになっている。2007年から州共通の教育スタンダードの策定により、国は各州の教育に関与できなくなり、各州の自律性が高まっている。	2000年代には政府の公的資金によって人格（品性）教育が推進された。CEP（Character Education Partnership）等を民間教育事業者に、州内のプロジェクトへの支援、教材出版や教育事業の開発・提供などを行っている。国際的な組織であるATC21Sが提唱する「21世紀型スキル」と連動して人格教育が展開されるようになっている。

	中　国	韓　国	シンガポール	アラブ首長国連邦
道徳教育に関する教科等の名称	「道徳と法治」(1～9学年)「思想政治」(10-12学年)	「正しい生活」(1～2学年)「道徳」(3～9学年)「生活と倫理」(10-12学年)「倫理と思想」(10-12学年)「古典と倫理」(10-12学年)	「人格・市民性教育」(Character and Citizenship Education; CCE)(1～12学年)	イスラーム教育(宗教教育)(1～12学年)道徳科(1～12学年)(9-12学年では、2021年現在、単独教科としての設置準備が進められている)
教育課程上の位置づけ	国が策定する「義務教育課程設置実験方案」「普通高校課程方案」(2017、2020改訂)で開設科目名、科目(1～9学年)と規定。10-12学年と規定。	国が定める「教育課程」(学習指導要領に相当)で、教科群の中の一教科あるいは一領域(教科群名、科目名)で規定。小・中学校では「社会」「道徳」で必修。高校では「社会」(歴史・道徳を含む)	国の教育省が策定するシラバス(学習指導要領に相当)で、教科(必修)として規定。	連邦教育省がカリキュラムを策定。公立学校では、イスラーム教育・道徳科はともに必修。私立学校は、道徳科は必修、イスラーム教育はムスリムの生徒に必修。
国家[州]による規程	課程標準(学習指導要領に相当)に、各領域・科目の目標・内容等を規定。	国が定める「教育課程」においても、目標・内容等を規定。	教育省が学校段階別に、目標・内容・方法・評価法を明示。	連邦教育省が策定するカリキュラムにおいて、目標・内容や時数を規定。
各学年の授業時数	1～9学年:総授業数(26～34回)の7.9%(9年間の総授業回数9,522回のうち7～9%)1授業時間は示さていない。10-12学年:必修 6単位、選択必修 0～6単位、選択 0～4単位(1単位は18授業時間。1授業時間は45分)	1～2学年:年間128時間3～4学年:「社会」と合わせて2年間で272時間5～6学年:「社会」と合わせて2年間で272時間(「社会」単位時間40分)7～9学年:「社会」(道徳)として年間34週510時間10-12学年:3年間で教科群(歴史・道徳含む)から10単位を選択必修(1単位は50分・17回)	人格・市民性教育は次の三領域で構成。・CCE学習:価値・知識・スキルの学習。・ガイダンス:性教育・キャリア教育・情報モラル教育等のCCE活動・学校主体のCCE活動:行事などの体験活動	○イスラーム教育 1-12学年:週3時間 ○道徳科 1-12学年:週1時間(9-12学年では設置予定)
担当教員	専任教員が実施。	小学校(1～6学年)では学級担任。中学校以降は専任教員。	学級担任が実施。	社会科やアラビア語担当の教員が兼任する場合が多い。
評価	あり。数値による領域・科目の評価の他、課外活動の評価も実施されており、「道徳性」や「公民的資質」が文章による記述と数値(等級)で評価されている。	あり。目標に準拠した絶対評価。小学校では記述式の評価で、数値による評価を行わない。中学校以降は数値による評価も実施。	あり。子ども自らが学習目標を設定し学習を振り返る自己調整学習を支援するための評価と位置づけられ、自己評価、相互評価の育成が重視されている。	基本的には、課題をもとに点数による成績の返却のほか、自己評価を実施したり、子どもに教員評価のコメントを返却。
教科書	2017年より統一の教材を使用することとなった。各学年の教科書が順次刊行されている。	小学校は国定。中学以降は検定。	国定(小学校のみ民族母語別)	連邦教育省がパイロット版を発行。
公立学校における宗教教育	教育法(1995年)第8条により禁止。	宗派教育は教育基本法で禁止。宗教に関する知識を扱う宗教教育は実施。高等学校では宗教科も設置されている。	実施されていない。	公立学校ではイスラーム教育を導入。
近年の動向	「徳・知・体・美の全面発達」が教育課程に掲げられている。「核心素養」(中核的資質、キー・コンピテンシーに相当)を育成する教育課程改革が進められている。	韓国教育課程評価院が「教育課程」の研究・開発を行うとともに教科書の検定も行う。2015年に「教育課程」が改正され、コンピテンシーに相当する「核心素養」の育成が目指されている。	シンガポール版21世紀型コンピテンシーである「カリキュラム2015」(2010年公開)に基づくが改訂が実施。2021年1月に改訂が実施されている。	2017年より段階的に公立・私立学校で道徳教育が必修へ。

248

おわりに

行安　茂

　第2巻全体の内容のなかから現代日本の道徳教育にとって特に重要であると考えられるテーマをいくつか取り上げ，その課題と展望を考えてみたい。まず第1に注目される理論はコールバーグの道徳性の発達理論である。この理論は道徳的判断の発達段階の理論である。コールバーグはピアジェが子どもの知的発達を観察することによって確立した理論の継承者である。他方コールバーグはイギリスのヘア（Hare,R.M.）の倫理学からも影響をうける。ヘアは『道徳の言語』（1952）において主張される「べし」「よい」「悪い」といった道徳言語は行為や選択の指図を与える意味をもつという。ヘアはこの判断には欲求や情念は関与しないという。コールバーグはピアジェやヘアの理論を受容することによって道徳的判断は六段階を経て自律的判断が形成されるという。衝動や欲求と無関係に道徳的判断は形成されるであろうか。コールバーグはデューイの成長論をどう評価したか。

　第2に注目される点はイギリスのPSHE（人格，社会性，健康，経済教育）である。イギリスでは「子どもの精神的・道徳的・社会的・文化的発達」を促進するため「英国的諸価値」（SMSC）が推進された。これらの価値はいかにして共有されるか。これらの価値はいかにして統合されるか。諸価値が行動を通して実現されるとき，欲求や情念はどのような役割をもつと考えられているか。こうした問題を考えるとき，改めてラッセル（Russell,B.）の "Human Society in Ethics and Politics"（1954）を再評価する必要がある。ラッセルは以下のようにいう。「理性は諸君が達成しようとする目的への正しい手段の選択を意味する。理性は諸目的の選択とは何ら関係はない」と述べる。ラッセルはカントの義務の道徳論は誤っていると指摘し，「諸君は人々が何をなそうとしているかを知ろうとするならば，……人々の諸欲求の全体系をそれらの相対的強さと共に知らなければならない」という。これはデューイの道徳論と一致する。要

するに，「英国的諸価値」はラッセルの「諸欲求の全体系」の観点から再検討の必要があると考えられる。さらに，C. テイラーの『自我の源泉―近代的アイデンティティの形成』(1989) の視点からも検討されてよいと考えられる。

　第3はアメリカにおける「新しい人格教育」の評価と課題である。「人格」は character の訳語である。イギリスの PSHE の「人格」は person の訳語である。2つの英語の人格は同じ意味か，違った意味かが明確にされなければならない。そうでなければ読者は混乱するからである。アメリカの「人格」はカントの定言命法で使われる目的それ自身としての人格とどう違っているかを明確にする必要がある。アメリカにおける人格教育は全人格の育成であり，「認知的側面，情意的側面，行動的側面」をバランスよく指導することを目的とするといわれる。これら三側面は人間性においては分裂し，矛盾するが，これらは理論的にどのように統一されると考えられているのか。デューイは衝動と環境との相互作用によって行動の統一とその連続過程とをダイナミックに考えた。最近のアメリカの人格教育を主張する学者・思想家は誰であるか。デューイの成長論は人格教育論においてどのように評価されたか。

　第4は中国の道徳教育において儒教，朱子，王陽明はどう評価されているかという問題である。現代中国の道徳教育は「道徳と法治」の教科において進められている。その根拠は社会主義国家を建設する基本理念にある。しかし1990年以降資本主義的経済が発展し，個人の生活が重要視されてきたといわれる。社会主義の思想と自由主義とは道徳教育の理論においてどう調和するか。儒教，朱子学，陽明学は学校教育のなかで教えられているのか，排除されているのか。現実の中国人の行動のなかには儒教の諸徳が強く反映されているのをみるとき，普通科高校の「弁証法的唯物主義と中国の伝統」とは矛盾しないか。

　第5は「子どもの哲学 (P4C)」と「SEL (社会性と感情の学習)」とが注目される。P4C は本学会においてハワイの小学校の教師の指導のもとで子どもたちによって実践されたことがある。子どもたちが自由に問いを投げかけ，気楽に答えてゆくコミュニティづくりが大切である。

人 名 索 引

事　項　索　引

＊その「用語」の言及自体に意義があるもの（思いやり，公正等）は，言及されている箇所を抜き出しました。

256

新道徳教育全集　第2巻　諸外国の道徳教育の動向と展望

2021年6月30日　第1版第1刷発行　　　　　　　　〈検印省略〉

編著者　日本道徳教育学会全集編集委員会
　　　　柳　　沼　　良　　太
　　　　行　　安　　　　　茂
　　　　西　　野　　真　由　美
　　　　林　　　　　泰　　成
発行者　田　中　千　津　子
発行所　株式会社　学　文　社

郵便番号　153-0064　東京都目黒区下目黒3-6-1
電話（03）3715-1501（代表）振替　00130-9-98842

本全集の刊行にあたっては，公益財団法人上廣倫理財団からの助成を受けています。

.